OS
VIKINGS

Dados Internacionais de Catalogação na Publicação (CIP)
(Câmara Brasileira do Livro, SP, Brasil)

Rust, Leandro Duarte
  Os vikings : narrativas da violência na Idade Média / Leandro Duarte Rust. – Petrópolis, RJ : Vozes, 2021.

Bibliografia.
ISBN 978-65-5713-292-0

1. Idade Média 2. Vikings – História 3. Violência I. Título.

21-64973   CDD-948.022

Índices para catálogo sistemático:
1. Vikings : Civilização : História 948.022

Cibele Maria Dias – Bibliotecária – CRB-8/9427

LEANDRO DUARTE RUST

OS
VIKINGS

NARRATIVAS DA VIOLÊNCIA NA IDADE MÉDIA

Petrópolis

© 2021, Editora Vozes Ltda.
Rua Frei Luís, 100
25689-900 Petrópolis, RJ
www.vozes.com.br
Brasil

Todos os direitos reservados. Nenhuma parte desta obra poderá ser reproduzida ou transmitida por qualquer forma e/ou quaisquer meios (eletrônico ou mecânico, incluindo fotocópia e gravação) ou arquivada em qualquer sistema ou banco de dados sem permissão escrita da editora.

CONSELHO EDITORIAL

Diretor
Gilberto Gonçalves Garcia

Editores
Aline dos Santos Carneiro
Edrian Josué Pasini
Marilac Loraine Oleniki
Welder Lancieri Marchini

Conselheiros
Francisco Morás
Ludovico Garmus
Teobaldo Heidemann
Volney J. Berkenbrock

Secretário executivo
João Batista Kreuch

Diagramação: Raquel Nascimento
Revisão gráfica: Alessandra Karl
Capa: Rafael Nicolaevsky
Ilustração de capa: Charles Starrett / Flickr

ISBN 978-65-5713-292-0

Editado conforme o novo acordo ortográfico.

Este livro foi composto e impresso pela Editora Vozes Ltda.

"A primeira condição à qual deve satisfazer uma doutrina autêntica da não violência é de haver varado toda a espessura do mundo da violência; um movimento não violento corre sempre o risco de limitar a ideia de violência a uma forma particular, à qual se opõe com obstinação e estreiteza; é preciso ter medido o comprimento, a largura, a profundeza da violência – seu desdobramento ao longo da história, a envergadura de suas ramificações psicológicas, sociais, culturais, espirituais, o seu enraizamento em profundidade na própria pluralidade das consciências – faz-se mister praticar até o fim essa compreensão da violência, na qual esta exibe sua trágica grandeza, surgindo como a própria mola da história, a 'crise' – o 'momento crítico' e o 'julgamento' – que muda de súbito a configuração da história."

Paul Ricoeur, 1955.

Sumário

Agradecimentos e dedicatória, 9

Prefácio, 11

1 O trabalho do tempo: conhecer a violência na história, 15

2 No labirinto documental, um fio de sangue, 59

3 *Chuva de sangue*: sobre a diversidade da violência, 103

4 O que há em um nome? – O governo dos reis em disputa, 144

5 Em busca de unidade: a violência viking como processo histórico, 185

6 Um arremate: o que foi a violência viking?, 237

Referências bibliográficas, 245

Agradecimentos e dedicatória

Este livro foi escrito durante a pandemia de 2020. Ganhou forma entre os meses de maio e julho, quando a dureza do isolamento social já havia se apoderado por completo da minha rotina. Com o lar convertido em trincheira, e os hábitos, em barreira, me recolhi à feitura das páginas a seguir. Não por escapismo, evasão. Posso passar por contraditório, mas a verdade é que se escrevi ao me sentir esmagado pelo cotidiano foi porque encontrei uma forma de comunhão. Sozinho, por vezes sufocado, com a história, redescobri pontes até os outros. "*Surgi da meia-luz de vossas trevas. / Não temais a tortura que vos cerca. / Quem ama o amor, adora-lhe a tormenta. / O que vos turba é o que a mim vos une.*" Nos versos com que Stefan Zweig anunciou suas novelas de sofrimento, reencontro meu encontro com o passado. Este livro é obra do isolamento, mas não da solidão. A escrita, mais do que um trabalho, se fez um lugar de conexões e trocas.

Uma atmosfera de muito diálogo envolve os capítulos que virão. Desde a primeira versão, o manuscrito contou com comentários e contribuições generosas. Maria Filomena Coelho foi a primeira leitora. Sua sensibilidade e a perícia crítica não apenas me ajudaram a aprumar o raciocínio e a escapar de algumas obscuridades, como modificaram a maneira como eu situava o alcance e o significado dos casos e contextos estudados. André Gustavo de Melo Araújo foi outro interlocutor valioso, que também me ofereceu uma atenção de tipo raro: empenhada em pensar com o outro – não em remodelá-lo para que devolva um reflexo. Sou-lhe grato por me ajudar a enxergar diversas fragilidades e imprecisões. Deixo agradecimentos igualmente a Arthur Alfaix Assis, pelas ponderações e sugestões teóricas; a Johnni Langer, pela avaliação especializada e prestativa em indicações bibliográficas e documentais; e a Henrique Modanez de Sant'Anna, pela ajuda na lida com autores gregos e romanos. A Aline Santos Carneiro e a Samuel Rezende, os editores de humanidades da Vozes, que estenderam a este livro uma acolhida pautada por profissionalismo. A Marcelo Cândido da Silva, pela generosa redação do prefácio. A Flávia Pereira Lima e a Paulo De Marco Jr., que, mineiramente, com dois dedos de prosa à borda de uma mesa bem servida, fizeram florescer a motivação para escrever. A Kathelline Souza Santos, graças a quem este livro existiu em papel antes de ser impresso. A Alice Rust: por toda vida que ambienta e nutre todos e cada um de meus pensamentos.

Dedico este livro a meu filho, Gael. Que ele não conheça uma época em que buscar a não violência signifique viver à margem.

Prefácio

Em 1886, o historiador francês Gabriel Monod (1844-1912) publicou um artigo no qual comentava um dos episódios de violência descritos pelo Bispo Gregório de Tours (538-594) em seus "Dez Livros de Histórias": *"Eis aí um destes acidentes que não eram nem um pouco raros na sociedade germânica. Tácito nos fala dos terríveis efeitos da embriaguez nas pesadas e silenciosas naturezas germânicas que se cobriam de golpes e se matavam antes mesmo de começarem a se insultar"*[1]. Esse comentário resume bem a opinião sobre a Idade Média que, pelo menos desde o século XIX, predominou entre os historiadores franceses. Ela acabou por se tornar hegemônica nos manuais escolares escritos em vários países ocidentais até o final do século XX. Em oposição ao alto grau de refinamento e de eficácia do Estado romano e de suas leis, a violência medieval aparecia, por um lado, como o resultado da incapacidade dos povos bárbaros de reconstruírem um ordenamento jurídico digno desse nome sobre os escombros do Império Romano. Por outro, como a consequência direta da ausência de um poder central forte o suficiente para rechaçar as incursões de populações vindas do Oriente Próximo, do Norte da África, das Estepes ou da Escandinávia, ação em que Roma teria sido bem-sucedida – ao menos até o século IV. O vazio deixado pelo ordenamento jurídico romano teria levado ao predomínio do "direito bárbaro", fundamentado no direito pessoal à vingança – visão excessivamente otimista

---

1. MONOD, Gabriel. "Les aventures de Sichaire. Commentaire des chapitres XLVII du livre VII et XIX du livre IX de l'Histoire des Francs de Grégoire de Tours", *Revue Historique*, vol. 31, 1886, p. 259-290.

11

das instituições públicas romanas, sem dúvida, e extremamente pessimista em relação à Idade Média. É como se o mundo romano não tivesse conhecido a violência das guerras civis, o despotismo imperial ou, por vezes, a incapacidade dos poderes públicos de fazerem face a pilhagens, incursões violentas e mesmo ao estabelecimento de comunidades de "bárbaros" no interior das fronteiras do Império.

Na verdade, se comparados do ponto de vista da violência e dos mecanismos de resolução de conflitos, o Império Romano e as monarquias bárbaras têm mais em comum do que os historiadores estavam dispostos a admitir até a primeira metade do século XX. A começar pelos textos que fixavam as normas e definiam os modos de resolução de conflitos nos reinos que sucederam ao Império Romano no Ocidente, as chamadas leis bárbaras. Escritas em latim, por jurisconsultos especialistas em direito romano, tais normas foram elaboradas na forma de codificações, exatamente como o direito romano tardio. A partir dos anos de 1960, graças à antropologia jurídica e à renovação dos estudos sobre as sociedades da Alta Idade Média, a violência passou a ser vista não como algo endêmico e sem limites, mas como um fenômeno limitado por mecanismos como o exercício regulado da vingança ou a ação eficaz dos poderes públicos.

É a partir desse quadro interpretativo renovado que Leandro Rust constrói seu livro. *Os vikings: narrativas da violência na Idade Média* não é, como o próprio autor alerta, um estudo sobre a história viking ou sobre a história carolíngia. É um livro sobre as narrativas da violência (mais precisamente, sobre as ações de pilhagem, assassinatos e conquistas de normandos e francos descritas nas obras de cronistas e historiadores carolíngios ao longo do século IX). O autor dá ênfase a narrativas escritas por cristãos a respeito da violência perpetrada pelos pagãos. Essa ênfase traz consigo dois desafios interligados: o primeiro deles é a reputação violenta associada aos "vikings" por uma importante tradição historiográfica, tão eficaz que foi capaz de criar a ideia de uma identidade viking, o que não é corroborado nem pelos textos da época nem pela análise da cultura material; o segundo desafio é o da análise de uma escrita da história ancorada em diversos *topoi* retóricos, como a luta entre cristãos e pagãos, a punição enviada por Deus ao seu povo, os sinais precursores do fim do mundo, entre outros. Ambos os desafios são enfrentados de forma eficaz, graças a uma opção teórico-metodológica que é apresentada ao leitor desde o início da obra: ao analisar as narrativas cristãs, o autor se propõe a investigar aquilo que chama de "signos", ou seja, os detalhes involuntariamente incorporados por seus autores a suas obras. Seria o caso de um traçado pictórico, de uma frase ou expressão, de um gesto ou de algum outro componente introduzido no discurso para distinguir e individualizar o que é descrito ou representado. Assim, o "signo" seria um indício de significados e de relações que não estariam inteiramente sob o controle da intencionalidade do autor ou do artista. O signo que ele privilegia neste livro é o das alusões ao sangue nas narrativas da violência viking. É uma opção teórico-metodológica bem-sucedida, que o faz considerar esses relatos como algo mais do que uma fabricação destinada a compor relatos de martírio, justificar campanhas militares ou projetos missionários. As referências ao sangue seriam registros textuais de um tipo específico de violência: a violência política. Leandro Rust mostra que as incursões narradas nas fontes carolíngias não eram meras ações de destruição, menos ainda "choques de civilizações", mas formas de competição pela terra, pelos recursos e pelo poder.

Este livro oferece ao leitor uma interpretação original e instigante a respeito da violência na Idade Média. Mostra, ainda, que a história política, ao contrário do que vaticinavam as previsões mais pessimistas do final do século passado, tem muito ainda a nos dizer a respeito das sociedades medievais.

Marcelo Cândido da Silva
Universidade de São Paulo

* * *

1
O trabalho do tempo: conhecer a violência na história

> "Ah, o tempo é o mágico de todas as traições... E os próprios olhos, de cada um de nós, padecem viciação de origem, defeitos com que cresceram e a que se afizeram mais e mais."
>
> João Guimarães Rosa, 1962.

1 Na arena das aparências

8 de junho de 860. A abadia de Saint Bertin foi invadida por vikings. Embora o norte da Gália fosse alvo da "fúria das gentes do norte" há décadas, pela primeira vez os invasores entraram no mosteiro. O lugar estava quase deserto, despovoado. Alarmados, os beneditinos fugiram. Quatro deles, porém, se recusaram a partir. Dois sacerdotes e dois diáconos asseguraram preferir morrer a sobreviver à ruína do cenóbio, como se suas almas jamais encontrassem repouso em outro lugar. O registro histórico os descreve destemidos, guiados por coragem inabalável desde o instante em que se depararam com a presença da desolação. Então permaneceram, determinados a suportar qualquer medida de sofrimento que lhes fosse imposta. Sua resiliência foi duramente testada.

Foram pacientemente torturados. Vorado, o mais velho, um religioso "decrépito", foi surrado e deixado nu no frio por três dias, ao fim dos quais estava à beira da morte. O outro sacerdote do grupo, Vinebaldo, foi "macerado por açoites afiados" e não foi o fim. Aos olhos dos invasores, o homem cujas carnes foram cortadas era uma figura incômoda, intoleravelmente franzina, esguia. Consequência dos jejuns e rigores da vida monástica, a magreza clerical aparentemente desconcertou os nórdicos, que reagiram com zombarias. O documento menciona *irrisionibus*, fala em "risos desdenhosos" como se identificasse o conhecido som de um anúncio. Que aquele corpo frágil acabava de ser declarado objeto defeituoso à espera de algum manejo. Os vikings então passaram a redesenhá-lo, encorpá-lo de repente, fazendo-o inflar em instantes, o que corrigiria a incômoda silhueta: tentaram encher o estômago do religioso derramando líquido através das narinas. Como ferrete da crueldade, a troça "o deixou semivivo". Gira a roda-viva dos suplícios. É a vez de outro. Gervaldo, o diácono que era tido como o mais vigoroso, o mais forte dos quatro religiosos, suportou golpes ainda mais agudos, excruciantes, mas desferidos com o mesmo escárnio. Consta que sobreviveu, mas nunca "regressou à saúde anterior". Como a palavra *sanitas*, "saúde", pode aludir à boa disposição do corpo tanto quanto à da mente, não sei dizer se jamais recuperou o vigor físico ou a lucidez. Talvez isto que aparece no documento como "zombaria" o tenha enlouquecido. Por fim, o outro diácono. Seu nome, Regenhardo. Era o mais jovem. Por considerá-lo *succulentior*, "o mais suculento", os invasores decidiram levá-lo. A juventude do religioso teria atiçado um apetite por prata: dos quatro, eis aquele que renderia farto resgate – como sugeriu Janet Nelson, esse parece ser o sentido por trás da expressão. Regenhardo resistiu. Debateu-se, atirou-se ao chão. Recrutou cada músculo disponível para a missão desesperada de rechaçar o destino que o privaria do maior bem: a chance de encomendar a alma entre aquelas paredes e de confiar o corpo ao cemitério da abadia. Por fim, prevaleceu. Escapou ao cativeiro e encontrou o martírio. Foi perfurado por lanças e partido em fraturas até que "ofereceu sacrifício a Cristo, exalando a alma enquanto o sangue escorria". Faleceu na invasão.[1]

Narrada em *Os milagres de Saint Bertin*, uma pequena coleção de histórias sobre as proezas espirituais do santo patrono da abadia, a cena cala fundo em nosso imaginário. Com relatos assim retocamos a imagem do viking como modelo de brutalidade, retrato de uma existência em que constranger ou submeter pela força física era conduta normal, um tipo capaz de agir sem tomar conhecimento de barreiras éticas ou legais. Inclusive, é comum que tal caracterização seja utilizada para pincelar um forte contraste social. Em uma cena como essa, os personagens representariam o encontro de experiências coletivas díspares, seriam os atores de histórias quase opostas. Segurando o cabo da arma, o mundo pagão, no qual (segundo se acredita) o ideal guerreiro de uma glória imortal se desdobrava em indiferença pelo sofrimento; no qual a violência era o costume que fortalecia a identidade de grupo, a tradição engrandecida à vista de todos. Ferido pelo gume metálico, o mundo cristão, cujo ambiente social supostamente avançava na formulação de uma ética centrada nas noções de responsabilidade e de culpa; no qual o uso generalizado da força física era – através de um processo lento e irregular, mas igualmente contínuo e abrangente – contido como fator determinante para projetar fama e *status* ao ser convertido em prerrogativa de instituições.[2] Estar

---

1. MIRACULA SANCTI BERTINI. MGH SS 15/1, p. 509-510. Cf. ainda: GUÉRARD, François Morand. *Cartulaire de l'Abbaye de Saint-Bertin*. Paris: Imprimerie Royale, 1841, p. 107-108. Desde aqui, um esclarecimento: não apenas esta, mas todas as traduções, para o português, das narrativas latinas medievais utilizadas neste livro são de minha autoria. A invasão de Saint Bertin é mencionada por: NELSON, Janet. The Frankish Empire. In: SAWYER, Peter (Ed.). *The Oxford Illustrated History of the Vikings*. Oxford: Oxford University Press, 1997, p. 28-29; COUPLAND, Simon. The Vikings on the continent in myth and history. *History*, vol. 88, n. 290, 2003, p. 186-203, no caso especificamente nas p. 194-195.

2. Talvez, o caso mais conhecido sobre a defesa da assimetria seja: SMYTH, Alfred P. *Scandinavian Kings in the British Isles, 850–880*. Nova York: Oxford University Press, 1977. Sobre esse "processo civilizador" que caracterizaria a Cristandade, cf. BRUNDA-

exposto a agressões como as que ocorreram na abadia de Saint Bertin teria sido o alto preço cobrado à Cristandade por regular o recurso coletivo à violência quando os povos ao seu redor não o faziam.

Dentre as experiências atuais, a que mais se aproximaria de um saque viking é o terrorismo – acrescentaria o historiador Daniel Baraz. A imprevisibilidade na escolha do alvo, a surpresa na execução do ataque, a explosão de violência concentrada, tudo lembra "uma atmosfera de terror conscientemente criada", cravou Baraz.[3] Propagada como um ponto de vista que permite sondar a profundidade histórica dos atentados realizados pela Al-Qaeda ou descobrir o longo passado por trás do retorno da pirataria a mares do século XXI, a descrição arrebatou adeptos mundo afora, do jornalismo à literatura acadêmica.[4] Porém, por mais sugestiva que possa ser, a caracterização dos vikings como terroristas de sua época coleciona críticos e opositores. Aliás, o ceticismo não tem por alvo somente as comparações entre guerreiros nórdicos e homens-bomba afegãos ou piratas somalis, mas alcança toda a explicação delineada no parágrafo anterior. A disparidade que desenha um "choque de culturas" entre um norte primitivo e um sul civilizado não passaria de uma aquarela descuidada, cujas cores escorreram descontroladamente sobre a tela, borrando todo entendimento, distorcendo informa-

---

GE, James. The limits of the war-making power: the contribution of the medieval canonists. In: REID JR., Charles J. (Ed.). *Peace in a Nuclear Age*: the Bishops' Pastoral Letter in perspective. Washington: The Catholic University of America Press, 1986, p. 69-85; KERSHAW, Paul. *Peaceful Kings*: peace, power, and the early medieval imagination. Oxford: Oxford University Press, 2011; ARMSTRONG, Karen. *Campos de Sangue*: religião e a história da violência. São Paulo: Companhia das Letras, 2016.

3. Tradução do autor, cf. BARAZ, Daniel. *Medieval Cruelth*: changing perceptions, Late Antiquity to the Early Modern Period. Ithaca/Londres: Cornell Universty Press, 2003, p. 60.

4. É o caso de: LEHR, Peter. *Pirates*: a new history, from Vikings to Somali raiders. Nova Haven/Londres: Yale University Press, 2019, p. 9-62; ISSAC, Steven. Terrorism in the Middle Ages: the seeds of later developments. In: LAW, Randall D. (Ed.). *The Routledge History of Terrorism*. Londres/Nova York: Routledge, 2015, p. 46-59.

ções, sombreando detalhes decisivos e deixando uma camada de omissões e simplificações – assim defendem numerosos estudos.[5]

Há décadas, o contraste entre a sociedade cristã e a nórdica tem sido colocado em xeque. Revisões concluem que a imagem de mundos diametralmente opostos quanto ao uso da violência era pouco mais que uma comparação sensacionalista. Advertem que uma narrativa como a do ataque a Saint Bertin não pode ser considerada evidência suficiente e, sobretudo, mostram o quão equivocado é pinçá-la dos documentos e isolá-la das demais relações entre cristãos e pagãos. Histórias assim surgem em meio a um vasto repertório de contatos sociais. Elas coexistiam com um variado entrosamento pacífico, que tomava forma, por exemplo, através do comércio, mi-

---

5. *"A história da Era Viking é frequentemente contada com os escandinavos ingressando dramaticamente na cena europeia, perturbando a ordem no continente e além [...]. Essa visão dramática das interações entre duas 'culturas' localizadas geograficamente [...] está enfraquecida pelo fato de que o contraste cultural entre eles estava longe de ser agudo. Nenhuma dessas duas 'culturas' era homogênea ou estritamente definida no interior de sua área geográfica e interações extensivas em diversos níveis haviam criado e continuaram a criar 'familiaridade' cultural antes da Era Viking"*. Tradução do autor de: CROIX, Sarah; VAN DER PLUIJM, Nelleke Jssennagger. Cultures without borders? Approaching the cultural continuum in the Danish-Frisian coastal areas in the Early Viking Age, *Scandinavian Journal of History*, s. vol., 2019, p. 1-23, sendo que o trecho traduzido consta nas p. 1-2. Ver ainda: ELLIS, Caitlin. Remembering the Vikings: violence, institutional memory and the instruments of history. History Compass. Publicado em 9/12/2020: https://onlinelibrary.wiley.com/doi/full/10.1111/hic3.12644. Acesso em 15/12/2020; WINROTH, Anders. Viking violence. In: GORDON, Matthew; KAEUPER, Richard; ZURNDORFER, Harriet (Ed.). *The Cambridge World History of Violence, 500-1500*. Cambridge: Cambridge University Press, 2020, p. 100-120; MILLET, Victor; SAHM, Heike. *Narration and Hero*: recounting the deeds of heroes in literature and art of the early medieval period. Göttingen: De Gruyter, 2014; BUC, Philippe. Ritual and interpretation: the early medieval case. *Early Medieval Europe*, vol. 9, n. 2, 2000, p. 183-210; LÖNNROTH, Lars. The Vikings in history and legend. In: SAWYER, Peter (Ed.). *The Oxford Illustrated History of Vikings*. Oxford: Oxford University Press, 1997, p. 225-249; PAGE, Raymond Ian. *"A Most Vile People"*: early English historians on the Vikings. Londres: Viking Society for Northern Research, 1987; FRANK, Roberta. Viking atrocity and skaldic verse: The Rite of the Blood-Eagle, *English Historical Review*, vol. 99, 1984, p. 332-343; SAWYER, Peter. *The Age of the Vikings*. Nova York: St. Martin's Press, 1972.

grações, casamentos interculturais e alianças políticas, além de concorrer com relatos sobre violências perpetradas em sentido oposto. Isto é, de dentro para fora da Cristandade latina, com pagãos sendo consumidos por morte e dor em nome da cruz. Aliás, continuariam os críticos, um discurso cristão sobre flagelos e tormentos infligidos por um "outro" deve ser decomposto, pacientemente desmontado. Pode ser que as partes existam graças a ideias ocultas à visão do todo. Essa linguagem de perseguição e vitimização era antiga. Estava tão entranhada na tradição, que uma mente treinada nas artes da educação cristã – como era o caso do narrador da invasão de 860, seja ele quem for[6] – estava habituada a editar, reformular, amplificar e a inventar histórias de martírio. A ponto de torturas e crueldades representarem uma ênfase em questões que preenchiam a vida de quem narra, não necessariamente as existências dos protagonistas da trama. A polarização entre algozes e vítimas pode ser efeito de uma história fabricada.

Pesquisas atuais têm dado razão aos críticos.[7] E a revisão tem chegado cada vez mais longe, modificando a maneira de ler a violência viking. Premissas que há bem pouco tempo eram consensuais

---

6. Por vezes, a passagem é atribuída a Folcuin (c. 935-990), monge de Saint Bertin e abade de Lobbes. No entanto, parece-me que a antiga hipótese de Oswald Holder-Egger se mantém persuasiva: este segmento dos chamados Milagres de Saint-Bertin integra uma narrativa composta por um monge da abadia em fins do século IX e posteriormente incorporado aos registros de uma memória institucional mobilizada e reformulada por Folcuin na segunda metade do século X. Cf. HOLDER-EGGER, Oswald. Monumenta Bertiniana Minora: Miracula S. Bertini Sithiensia. MGH SS 15:1, p. 507.

7. Aqui, por "pesquisas" me refiro a um panorama de estudos que abrange não somente o interesse pela "era viking" – cf. referências na nota 5 –, mas que também incluem a investigação sobre o manejo do discurso persecutório pelas elites cristãs de diversos contextos, como é o caso de: MOSS, Candida. *The Myth of Persecution*: how early Christians invented a story of martyrdom. Nova York: Harper Collins, 2013; JENKINS, Philip. *The Lost History of Christianity*: the thousand-year golden age of the Church in the Middle East, Africa, and Asia – and how it died. Nova York: HarperOne, 2008; LEEMANS, Johan (Ed.). *More Than a Memory*: the discourse of martyrdom and the construction of Christian identity in the history of Christianity. Leuven/Paris/Dudley:

foram relativizadas; a sorte virou para muitas de nossas certezas, e o que era tido como simples e categórico agora intriga e desperta suspeitas. Mas acredito que certo aspecto do debate mereça um olhar mais detido. Não porque deveríamos poupá-lo de críticas, como se fosse um ponto acertado, algo a ser deixado intacto porque já teria sido comprovado. Trata-se precisamente do contrário. É preciso meditar sobre ele porque, por alguma razão, o temos dispensado de revisões, não o submetemos ao crivo da dúvida. E não se trata de um aspecto qualquer, mas de uma ideia mestra, uma certeza determinante para os rumos do entendimento. Tanto os defensores daquele contraste quanto os críticos lidam com um relato tal como o referido há pouco como um *registro completo e definido*, evidência bem-acabada, pronta para ser averiguada e comparada. Em ambos os lados do debate, é comum se referir à exposição da violência como uma figura integral e explícita, na qual a realidade já estaria aberta à investigação, à disposição para verificação. Lida-se com a narrativa como se esta fosse (ou fracassasse em ser) a *descrição global do aspecto e das propriedades da violência*. Sei que, neste ponto, o argumento é uma fórmula vaga, difícil de ser vislumbrada – tentarei esclarecê-lo a seguir. Por ora, basta dizer que se trata de uma ideia seminal, decisiva para pensar a história da Idade Média e sobre a qual nada há de óbvio ou elementar. Observe-se.

2 O espectro do indeterminado

O ponto relevante, aqui, é a facilidade com que se assume que uma narrativa como essa sobre o saque de Saint Bertin seja avaliada como *um conjunto de dados*; que, ao tê-la diante dos olhos, cabe reagir ao texto, ou seja, verificar se as informações dispostas são coe-

---

Peeters, 2005; MIDDLETON, Paul (Ed.). *The Wiley Blackwell Companion to Christian Martyrdom*. Oxford: Wiley-Blackwell, 2020.

rentes com o quadro geral formado por nossos conhecimentos. À leitura, um desafio imediato: testar se devemos ou não confiar no que acabamos de ler. A violência, portanto, "está aí", já estaria nitidamente colocada em cena. Alguém pode disputar seu sentido, mas não sua trama e dimensões. Sua extensão, até onde vão os nexos sociais que a estruturam; o número de agentes implicados; o rol de causas e propósitos em movimento no enredo: tudo já estaria indexado. A percepção do passado foi satisfeita. Vemos o real, resta avaliá-lo.

Fixado o ponto de partida, a violência é ligada a um ou outro significado. Pode-se cogitar que tenha sido justificada ou desmedida, clara ou distorcida, resultado espontâneo de genuíno código cultural ou a reputação útil a algum projeto de poder. Como vimos, é possível até mesmo negá-la, condená-la ao esquecimento como fantasia ou invenção. Mas não se pode pôr em dúvida sua *unidade*, *aquilo que ela é*: uma ação com começo, meio e fim *objetivamente* recortados. A ontologia não desassossega. A certeza de estar diante de um episódio inteiriço, completo, uma totalidade tangível, é o grau zero do debate, a linha de largada para a formulação dos posicionamentos em disputa. De um lado, está a opção de que o relato guarda as marcas reais da violência; de outro, a de que ele fabrica marcas fantasiosas. Ou a violência ocorreu precisamente como narrada ou ela simplesmente não ocorreu; ou ela está aí ou está ausente; ou tudo ou nada. Uma vez na arena das aparências, é matar ou morrer.

Se a razão se move assim, entre extremos, é porque não lida com o indeterminado. Ao contrário, a polarização indica que os debatedores já responderam à mais relevante de todas as perguntas implicadas em um tema como esse: conhecemos a violência? Sabemos percebê-la como passado? A resposta tem sido um "sim" radiante. Supostamente, nossas alternativas são simples: ou a violência é ou não é o evento *tal como narrado*. Isto, porém, não esgota a questão. Há outro caminho. Trata-se da possibilidade de que um relato como aquele com o qual comecei estas páginas torne a violência inteligível porque a posiciona contra um pano de fundo de outras experiências violentas. Que se trate de uma versão que captura uma parte do que foi vivido ao assimilá-la a um rol de referências já sedimentadas. Que a narrativa contenha somente uma parte de um episódio real. Essa parte, no entanto, é mais do que mero fragmento: é um *foco que satisfaz* uma percepção prévia sobre a natureza e o significado da violência. Para nós, leitores do século XXI, a percepção que estrutura o foco narrativo é uma teia de referenciais e relações cujas dimensões estão ocultas, algo cuja extensão prolonga-se além da leitura, permanecendo por ser descoberta mesmo após a compreensão ter conquistado a última linha. Eis como consigo resumir o argumento: o *conteúdo sobre violência* presente num registro histórico *extrapola*, invisível e sem peso, a *composição de uma cena violenta* nesse mesmo registro. Para perceber a violência como passado é preciso partir em busca do espectro do indeterminado.

É difícil seguir caminho por essa terceira via. Seu primeiro efeito é desnortear. Ela eleva o grau de incertezas ao indicar que as experiências sobre a violência estão inscritas no texto, embora o ultrapassem. Como, então, continuar percorrendo a trilha para o real? Como vislumbrar os demais momentos constitutivos do evento? Onde encontrá-los? O que ler? Outros documentos? Mas essas outras fontes históricas já não seriam evidências de outras experiências? Como ter a certeza de que lidamos com o mesmo conteúdo? Não há respostas fáceis quando a solução parece estar no vazio das margens e das entrelinhas. Porém, além de desnortear, a alternativa se insinua moralmente temerária, perturbadora.

Cogitar que os contornos da violência são desconhecidos provoca – com razão – a suspeita de que se está relativizando o que não pode ser considerado relativo. Não há nada incerto na violência; sua definição é objetiva e evidente; ela é todo emprego de força física ou simbólica que ameace ou acarrete dano, prejuízo ou privação a pessoas ou bens; todos fatos discerníveis, nitidamente observáveis:

eis a certeza que reencontramos todo o tempo, do dia a dia ao dicionário.[8] A ética sofre e a razão protesta. O golpe contra o corpo, a destruição material, a interrupção de uma vida não deveriam ser vistos como ocorrências indeterminadas e opacas, menos ainda como "assimiladas" a algo mais, a não ser por parte de quem os nega ou justifica. Em nenhum dos dois casos, assim assegura o senso comum, deveríamos nos deixar confundir. A violência é o real desnudo, ação dolorosamente crua. Pensar de outra maneira seria encorajar um entendimento que termina por relativizar a violência, tornando-a tolerável. Tal advertência moral é salutar. Talvez porque me assalte o espírito constantemente, tendo a considerar que pensar assim é uma tentativa de evocar uma cláusula de proteção contra a quebra do contrato ético que é viver em sociedade. Em termos historiográficos, porém, ela é o motivo pelo qual algo do passado parece escorrer entre os dedos quando se tenta decifrar as realidades da violência ao longo do tempo. Pois o protesto leva de volta à ideia mestra mencionada no parágrafo anterior. À certeza sobre a unidade evidente e o reconhecimento instantâneo da violência. De que modo? Voltemos à recordação sobre junho de 860.

Tal argumentação exige a conclusão: os piratas vikings que invadiram Saint Bertin eram "obviamente" violentos. Neste ponto, já não importa se eles existiram na história ou na imaginação, se foram personagens reais ou inventados, pois a narrativa supostamente os apresenta como *obviamente violentos*. Há uma disputa sobre onde aplicar a conclusão – na história das sociedades ou das lendas? –, mas não sobre a conclusão em si. Encilhada sobre aquele imperativo moral, a certeza vai esporeando a leitura, instigando o raciocínio a avançar em uma única direção: pode-se considerar

---

8. ROSENBERG, Mark; BUTCHART, Alexander; MERCY, James; NARASIMHAM, Vasant; WATERS, Hugh; MARSHAL, Maureen. Interpersonal violence. In: JAMINSON, Dean T. et al. (Ed.). *Disease Control Priorities in Developing Countries*. Washington: The World Bank, 2006, p. 755-770.

o relato verídico ou falso; um leitor pode se deter e encará-lo como um acontecimento real ou pode contorná-lo, deixá-lo para trás como quem supera uma miragem. No entanto, não seria possível cogitar algo mais: que o registro não seja nem verdadeiro, nem falso; mas *outra coisa*.

Há um quê de paradoxo nessa perspectiva alternativa. Aqui, a narrativa conta com princípio e fim, mas não é vista como relato integral. Isto porque um registro como o que se encontra em *Os milagres de Saint Bertin* não simplesmente coloca o leitor ou o ouvinte em face de algo ocorrido, mas de *uma racionalidade* a respeito do que ocorreu. É preciso mudar a maneira de encarar a coesão do relato. É vital que se deixe de interpretar as linhas de coerência que o sustentam como a síntese sobre o que se fala e considerá-las como as marcas de um julgamento sobre a natureza e a importância do evento então narrado. A dificuldade que incomoda feito uma farpa mental é que o narrador passa a ser visto como aquele que, precisamente ao se apresentar como submisso à força dos fatos, colocou em prática uma modalidade de dominação sobre esses mesmos fatos, avaliando e selecionado eventos, personagens, atitudes, atributos, omissões e adaptações. Sob esse ponto de vista, a causa que levou ao aparecimento da trama não foi a busca por capturar ou englobar um acontecimento, mas *designá-lo*, isto é, dotá-lo de uma aparência específica ao regular as maneiras de visualizá-lo, ordenando a capacidade de recordá-lo. Isto que se lê é, portanto, uma arrumação dos elementos reais, que foram dispostos segundo exigências de diversos esquemas mentais de explicação, como a tradição, o interesse, a moralidade, o estereótipo, o temor, além, é claro, da limitação do testemunho, das informações e notícias. Esquemas mobilizados durante o ato de escrever sem que o narrador os distinguisse ou explicitasse. Esquemas que são o relato. O essencial dessa argumentação consiste nisto: o próprio texto institui e constitui o que narra como violência. Ou, como dizia, ele designa o ocorrido e, designando, modifica o designado.

Agora, o ponto central é cogitar que a coerência e a assertividade com que se falou sobre a violência derivem de um trabalho de criação do qual o registro é (a) um resultado parcial e (b) cuja parcialidade foi demarcada por condições que estruturavam a percepção social da ação violenta. Por "condições" me refiro a categorias, socialmente constituídas, que definiam o *status* de um fenômeno como violento, que localizavam a atuação da força física ou de um poder além do tolerável ou justificável: interesses, crenças, códigos legais, por exemplo. Não iremos muito longe se não detalharmos esse processo, sem demonstrar como ocorre a estruturação desse *status*. Tentarei fazê-lo em breve, na próxima seção. Por ora, o mais importante é reter o essencial, uma visão geral que pode ser assim sintetizada: o agente histórico que descreveu um fato como "violento" elaborou uma *recorrência*. Ele assimilou o episódio a um pano de fundo de disposições já estabelecidas sobre a natureza da violência, tendências socialmente construídas a respeito do que é nocivo, excessivo ou deletério. Assim, o foco narrativo é uma concretização de (c) condições mais amplas de inteligibilidade, a atualização de conteúdos gerais que resultavam de experiências outras sobre a violência. Experiências (d) raramente expostas porque já incrustadas no senso de familiaridade com que o agente percebia o mundo social. Grande parte das relações que constituíram a presença textual da violência jaz no abismo das entrelinhas, nos vazios das bordas. Desconhecida pela literalidade, desaparecida para os olhos. Em face da narrativa convertida em passado, que perdeu o lastro da vida; com testemunhas, vítimas e algozes inalcançáveis, reduzidos a pó pela finitude, deve-se contar com a vastidão daquilo que foi abolido pelo tempo e pela morte. Para nosso entendimento, a vastidão do que falta saber.[9]

---

9. Essa argumentação tem enorme dívida para com uma leitura específica, da qual tomei emprestada a expressão "vastidão do que falta saber": GIANNETTI, Eduardo. *Autoengano*. São Paulo: Companhia das Letras, 1997, p. 70-75, especialmente p. 70-71.

Como passado, despontando fora dos limites do tempo presente, a violência não é simplesmente o que parece. Sua extensão é invisível a olho nu. Para mapeá-la é necessário recorrer a instrumentos analíticos. Pensar assim significa considerar que a experiência da violência não seria um *dado*, resultado já aberto ao escrutínio, mas, como venho dizendo, um fato em deslocamento pela composição textual, *uma descrição feita, desfeita e refeita no próprio documento histórico*, em elaboração no instante em que foi narrada. O registro sobre a violência deve ser retificado – decomposto, descosido, desmascarado – para que uma objetividade possa emergir. Afinal, como fenômeno situado no tempo, a violência é oculta e inconstante; está envolvida por um encadeamento retrospectivo de significados que: um, estavam subentendidos e, dois, geravam efeitos figurativos variáveis cada vez que eram mobilizados. Para conhecer a violência como passado não basta reagir ao texto que a enuncia. É preciso superá-lo com seus próprios termos.[10]

Um momento. Mas, como seria possível viver um *fato mutável*? Se é assim que a violência está contida nos documentos, que experiência ou conduta pode ser considerada real? Terá a relação social com a violência sido volátil, inconstante? Nesse caso, que tipo de vivência seria essa? As gerações passadas definiam um acontecimento como violento e momentos depois já não o reconheciam como tal? Elas viam e em seguida deixavam de ver? Aprovavam e censuravam abertamente a mesma coisa? Exato, essa é precisamente a compreensão indicada aqui. Há um trabalho do tempo na percepção da violência. Ao correr sobre os sentidos, o devir afeta a maneira de recordar um ato violento, conduzindo as consciências a diversas etapas de aceitação e confronto, a numerosas combinações de conformação e aversão. A passagem do tempo é um

---

10. Toda argumentação desenvolvida neste subcapítulo é tributária de: RICOEUR, Paul. *História e verdade*. Rio de Janeiro: Editora Forense, 1968.

fluxo de relações éticas. Ocorre que esse movimento das tensões psicológicas em torno de uma recordação afeta a capacidade de identificar causas, dimensões e desdobramentos envolvendo o que foi vivido. O tempo age sobre os modos de reconhecer a violência, ele os desloca, modifica, exigindo daquele que narra a formulação de *novos reconhecimentos*. Como materialização dessa exigência, um documento não entrega ou oferece "a" violência ao olhar, mas consuma uma tentativa de fixar a percepção, de render a visão sobre o fato e adestrá-la. Um relato dirige a leitura até um ponto de observação assentado pela ação do tempo. Até um enquadramento que, delineado pelas circunstâncias, delimitou e afetou a composição da cena violenta. O relato é, a um só tempo, *produto e técnica* desse enquadramento.[11]

Regulada por condições implícitas, aberta à variação involuntária, a percepção da violência apresenta uma coerência mais frágil do que muitas vezes pressupomos. Dada a importância da afirmação é necessário demonstrar – declarar não basta. Por isso, gostaria de pedir ao leitor ou leitora que me acompanhasse de volta ao episódio que inaugura este capítulo: quem veria a morte infligida por pagãos que zombavam do suplício alheio senão como violência? Quem, em posse da plena razão, enxergaria outra coisa sem ter cedido ao cinismo ou à indiferença? A resposta: ninguém menos do que o narrador de *Os milagres de Saint Bertin*. A mesma consciência que apresentou saqueadores vikings como sujeitos que saboreavam o desespero, responsáveis por converter a abadia em teatro de tormentos, também os descreveu como quem, matando, guardava o bem; figuras que, ao causar dor e aniquilar a vida, agiam como juízes justos guiados pela mão de Deus. Como? Reatemos a narrativa.

---

[11]. A argumentação deste parágrafo foi profundamente influenciada pelas teses de: HONNETH, Alex. *Luta por Reconhecimento. A gramática moral dos conflitos sociais*. São Paulo: Editora 34, 2009.

3 A audiência em viés de ponto cego

Após a zombaria cruel, os vikings saquearam a abadia. É então que ocorrerá algo prodigioso. Uma "grande quantidade de [objetos de] prata" foi empilhada sobre o altar da igreja e confiada a um dos torturados, que então foi encarregado pelos próprios pagãos de guardá-la para que nada fosse subtraído. Entretanto, logo após o grupo se afastar da igreja, outro surgiu. Em rota entre um alvo e outro, o segundo bando decidiu arregimentar outros vikings para se apoderar do que havia sido deixado com o monge alquebrado. Mas o plano foi descoberto. Aparentemente, a liderança viking não tolerou a tentativa de apropriação. Foram julgados e condenados à morte. "Sacrílegos", eles foram enforcados na entrada sul do mosteiro. Eis o prodígio! Graças aos méritos de Bertin, o patrono espiritual da abadia, um sacrilégio foi exemplarmente evitado pela mão pagã. Diz o narrador que os cadáveres dependurados à porta da casa religiosa eram a prova cabal de um "evidentíssimo juízo promulgado pelo Senhor e de uma rápida punição dos infiéis".[12] Detenhamo-nos aqui por um momento.

"Infiéis" não é sinônimo de "pagãos", não é um termo genérico para os invasores. A palavra distingue um subgrupo entre os saqueadores. Até esse ponto da trama, pode-se dizer que todos estão nivelados, que formam um grupo de iguais. A situação muda quando alguns tentam remover os bens sob a guarda do monge. Pois os bens em questão não eram meramente "riquezas". Os objetos de prata foram depositados como *donaria*, isto é, dons voluntariamente concedidos ao mosteiro. Mesmo provisória, por mais que se tratasse de guarda temporária, a transferência era um ato sagrado. Não obs-

---

12. MIRACULA SANCTI BERTINI. MGH SS 15/1, p. 510; cf. ainda: GUÉRARD, François Morand. *Cartulaire de l'Abbaye de Saint-Bertin*. Paris: Imprimerie Royale, 1841, p. 108. Cf. ainda: NELSON, Janet. The Frankish Empire. In: SAWYER, Peter (Ed.). *The Oxford Illustrated History of the Vikings*. Oxford: Oxford University Press, 1997, p. 29.

tante ter partido de homens alheios à fé, a doação foi, nestes termos, consumada, espiritualmente selada. Há aqui um ajuste, operado na narrativa de modo engenhoso e em tudo interessado: tal ato teria sido verdadeiramente cristão, embora praticado por não cristãos. Nesse arranjo, interessa notar que ao depositar o tesouro no altar, os vikings protagonizaram uma ação sacralizada *per se*, que repercute na eternidade independentemente de identidade e índole, sequer da fé daquele que o promove. A mensagem é clara. A natureza sagrada do gesto é uma fortaleza inexpugnável, doar é um ato absoluto. Que os bens de prata tenham sido depositados por mãos salpicadas por sangue cristão não convinha ao caso. As torturas não invalidavam o gesto, dor e zombaria não o poluíam. O saque viking surge como a história de validação de uma norma fundamental para mosteiros medievais, sobretudo casas beneditinas como Saint Bertin: o que é doado deixa de ser propriedade pessoal ou mesmo temporal e *deve ser considerado inviolável*.[13] A mensagem é clara porque é estratégica. O episódio é um sortilégio, um feitiço narrativo. Enquanto guia os olhos da imaginação para uma invasão nórdica, ele fala sobre algo mais, sobre outra coisa.

Pois há nas entrelinhas uma presença invisível. Um implícito que irrigava o relato de significado e, provavelmente, causava impacto em leitores e ouvintes. O texto oculta a identificação, mas, ao agir dessa maneira, os pagãos da trama assumiam a feição de um tipo social comum naqueles tempos. Para entendê-lo melhor é preciso notar uma sutileza: a doação é, na prática, *restituição*. É isso

---

13. A norma assumia maior importância para as comunidades beneditinas porque mantinham relação singular com a transferência laica de riquezas, como notou, há muito tempo, Joseph Lynch, cuja constatação pode ser encontrada em uma formulação que traduzo a seguir: "*Diferentemente de outras regras monásticas que proibiam qualquer forma de doação para o mosteiro, ela* [A Regra de São Bento], *todavia, permitia ao recrutado a escolha de oferecer sua propriedade ao pobre ou ao mosteiro*". In: LYNCH, Joseph H. *Simonical Entry into Religious Life from 1000 to 1260*: a social, economic, and legal study. Columbus: Ohio University Press, 1976, p. xiv.

que os saqueadores fazem. Momentaneamente, como se improvisassem uma maneira de liberar as mãos para se ocupar de novo alvo, eles restituem um patrimônio eclesiástico que havia sido usurpado. Acontece que casos assim eram frequentes entre cristãos.

De camponeses aos magnatas, os laicos da época carolíngia eram frequentemente denunciados por invadir terras, desviar rendas ou alienar bens clericais, e, para escapar às punições ou legitimar as posses contestadas, muitos acusados ofertavam a propriedade ilicitamente mantida, ou parte dela, como doação a um mosteiro – não necessariamente à diocese de onde o patrimônio foi removido. Muito do que era transferido para as abadias da época era uma riqueza que afrontava privilégios e tradições. Em olhares alheios, essa doação era ato torpe; os monges, gananciosos da pior espécie. Os lábios de abade diziam "dom" ou "oferenda", os ouvidos de bispo registravam "usurpação" ou "transgressão". O gesto que o relato descreve como intrinsecamente sagrado – uma restituição monástica – volta e meia era taxado como ultraje, agravo cometido contra uma autoridade superior, já que os bispos francos se consideravam os governantes da vida eclesiástica e, por extensão, dos bens que a constituíam. A decisão sobre abrigar bens no interior de uma abadia cabia ao bispo, não aos monges – assim determinavam os concílios da época. Ardia a chama da suspeita quanto a uma intromissão intolerável. Pois tal acolhimento inscrevia as riquezas no espaço monástico, esboçando uma transferência patrimonial operada à revelia do juízo episcopal. Embora monges se declarassem "mortos para o mundo", os mosteiros da época estavam profundamente envolvidos nas estratégias de legitimação de fortunas senhoriais, muitas das quais amealhadas através da violação dos direitos de propriedade reclamados por outras vozes eclesiásticas.[14]

---

14. O problema da gestão da propriedade eclesiástica pela autoridade episcopal abrange uma série de sínodos carolíngios reunidos desde 742 a 836 e que perpassam os temas das "usurpações" e dos "confiscos" – ou da "secularização da propriedade eclesiástica", segun-

Pode-se imaginar o rastilho de protestos, litígios e contestações que as restituições provocaram em meio ao clero. O ato atribuído a vikings sanguinários era uma prática tão controversa dentro da Igreja quanto lucrativa para uma abadia como a de Saint Bertin. A cena da doação pagã é, portanto, *uma convicção*, não só uma descrição. Ao mencioná-la, o narrador defende um ponto de vista, toma partido e formula uma declaração polêmica: é instantaneamente legítimo tudo o que é doado a um mosteiro. O episódio é uma tentativa de persuasão, de ganhar a percepção da audiência e fazê-la enxergar como verdade óbvia e universal – supostamente testemunhada até mesmo por pagãos – o que era, amiúde, uma conduta que semeava a discórdia entre cristãos. A recordação sobre o saque viking de 860 contém uma proposta subliminar sobre como repartir papéis e distribuir competências no interior da sociedade cristã.

A memória sobre as violências exerce, aqui, um efeito aliciador. Tenta influenciar a audiência sobre questões outras, transformando o saque em critério para julgar diversos conflitos sociais. Conquis-

---

do referência cristalizada na historiografia –, além de implicar tentativas de normatização das oblações e direitos de posse. Cf. DE SYNODIS IN GERMANIA, GALLIA ET ITALIA. MANSI vol. 12, col. 355-382; MGH Conc. 2/1, p. 1-50; CONCILIUM PARISIENSE IV. MANSI vol. 14, col. 529-601; MGH Conc. 2/2, p. 596-601; CONCILIUM AQUISGRANENSE. MANSI vol. 14, col. 671-736; MGH Conc. 2/2, p. 704-724. Quanto à afirmação "os bispos francos se consideravam governantes da vida eclesiástica", cabe lembrar que o governo episcopal sobre a hierarquia eclesiástica – a regular, incluída – era lastreado por decisões régias e ratificado em concílios: ADMONITIO GENERALIS. MGH Cap. 1, p. 52-62, especialmente p. 54; CONCILIUM AQUISGRANENSE. MANSI vol. 14, col. 147-246, especialmente col. 153-163; MGH Conc. 2/1, p. 307-464, especialmente p. 318-326. Para toda a argumentação ao longo do parágrafo: LYNCH, Joseph H. *Simonical entry into Religious Life from 1000 to 1260...*, p. 3-18; ROSÉ, Isabelle. Interactions between monks and the lay nobility (from the Carolingian Era through the Eleventh Century). In: BEACH, Alison I.; COCHELIN, Isabelle (Ed.). *The Cambridge History of Medieval Monasticism in the Latin West*. Cambridge: Cambridge University Press, 2020, p. 579-598; MOORE, Michael Edward. *A Sacred Kingdom*: bishops and the rise of Frankish Kingship, 300-800. Washington: The Catholic University of America Press, 2011, p. 328-367.

tar a razão ao comover; dirigir ao conquistar. Ao impressionar com um relato sobre torturas e oferendas, sobre sofrimento e reparação, a narrativa induz a uma adesão silenciosa, convertendo o leitor que embarcou na trama em um simpatizante da ideia de que uma doação ofertada a monges detinha um *status* jurídico superior como direito titular de propriedade: ainda que provisória, a restituição teria conferido um caráter de posse legítima e permanente ao saque. O texto *propõe* garantias de legalidade à riqueza (lícita ou ilícita) que tenha sido depositada sobre o altar monástico. Tenta envolvê-la com a proteção de um simbolismo jurídico, mesmo após vinculá-la aos sofrimentos de quatro monges. Vejamos a mesma ideia por outro ângulo.

A investida do segundo grupo não desponta como segundo saque, como ato típico da capacidade dos mais fortes de estabelecer a posse sobre o cenário de seu predomínio. Traumática para os subjugados, a posse oriunda de um saque era socialmente efetivada e encontrava, na Cristandade, quando obra de cristãos, muitos caminhos até a legalização.[15] Em lógica afiada, o texto nega essa possibilidade ao segundo grupo, fazendo sua investida figurar como prática ilícita. Não porque violassem um "direito ao saque" ao roubar o que acabava de ser separado como já pilhado. E sim porque subtraíam *patrimônio restituído*. Pela segunda vez, vikings visaram bens em poder de monges. Mas a cena não é um *déjà-vu*. Antes era saque; agora, sacrilégio. Um muro jurídico foi erguido. A doação ao altar separou as ações, diferenciando os grupos de saqueadores nórdicos. Se o primeiro violou a posse religiosa sobre os bens de prata, o segundo bando cortejou algo ainda mais grave de um ponto de vista monástico: por pouco não anulou *o gesto que fundava a prerrogativa religiosa de possuir*. Na magnitude da ameaça, o alcance da dependência. A narrativa se eleva em um pico de tensão, inscrevendo uma

---

15. Cf. REUTER, Timothy. *Medieval Polities & Modern Mentalities*. Cambridge: Cambridge University Press, 2006, p. 231-250.

medida de crime e castigo que supera a da crueldade de suplícios e zombarias para tentar transformar esta ideia em verdade natural: ofertar dons a mosteiros era ato vinculante; o instante criador de uma ligação real entre a comunidade e a materialidade. Doar deveria ser percebido como gesto ininterruptamente efetivo e substancial, jamais aparente ou simulado. Deveria ser reconhecido como enlace próximo de Deus. Consequentemente, violar esse vínculo era atentar contra uma verdade maior, sublime, sagrada.

Está lavrada a convicção de que a doação a monges detém *status* jurídico superior. Tão superior que a fazia pairar muito acima da origem do bem doado, longe do alcance de toda crueldade que o conduziu até a mão concedente. O depósito junto ao altar apagaria as manchas de pecado, aniquilando qualquer traço maligno que tenha marcado a trajetória da riqueza – mesmo aquela obtida através do escárnio de dores cristãs, arrancada por atos desapiedados. O texto mesclou um imperativo audacioso à descrição da violência viking: reconheçam, a oferta de bens usurpados ou adquiridos de modo vil não comunica injustiça ou crime ao mosteiro; o violador que toca o altar ao ofertar uma dádiva põe em movimento virtudes celestiais, não transmite mazelas humanas. Na acústica da imunidade beneditina, a conexão com o sagrado silencia os conflitos terrenos. Não é implicação acidental. Esse desfecho que cala rivais e educa sobre a nulidade das disputas em torno das doações para mosteiros é um engajamento narrativo e orientou o registro do ocorrido em Saint Bertin. É uma condição que estruturou a percepção da violência cometida por viking contra bens, corpos e prerrogativas.

Ao ressaltar o apetite por sangue, os golpes e a zombaria viking, o texto fala sobre uma proposta de organização social. Imperceptivelmente, ele inclina o discernimento em direção a um compromisso quanto às ações de *personagens outros*. Assenta as premissas capazes de suscitar aceitação para diversas condutas: que a contrapartida material ofertada a monges (frequentemente realizadas por laicos violentos "feito pagão") era legítima; que as queixas suscitadas (amiúde, entre os bispos) eram nulas; que o favorecimento a abadias era prerrogativa inviolável. A narrativa sobre o saque de junho de 860 emulou contendas e sujeitos sociais da própria Cristandade. Para a mente guiada por tal lógica, quem violava a doação rompia um vínculo que alcançava diversos segmentos da sociedade, afrouxando as amarras de numerosos comportamentos. Viking ou cristão – mais precisamente, *viking assim como um cristão* –, esse transgressor desatava um laço supostamente vital à correta ordem da Cristandade. Delito que repercutia mais longe que dores e zombarias infligidas a um indefeso. Esses violadores são os infiéis, alvos de uma punição "rápida".

O adjetivo é medida de intensidade e de tempo. Ele indica que o enforcamento foi uma resposta providencial, a reação à altura das circunstâncias, sentença suficientemente severa, sumária, proporcional à gravidade da infração. Também indica que foi uma pena momentânea e provisória. A punição era breve porque a história se repetiria. Vikings que se divertiam "a ferro e fogo" retornariam e, entre eles, haveria novos infiéis. Contudo, o que estamos lendo? Uma previsão? Acaso a narrativa pressentia o futuro? Aparentemente, sim; historicamente, não. Por tudo que foi dito nos seis parágrafos anteriores, a repetição já era uma realidade quando a pena do narrador corria sobre o manuscrito. As violências contra a restituição patrimonial aos mosteiros – não custa insistir, essa é a história contada – eram eventos que ocorriam com regularidade, multiplicando-se ao longo de décadas de tal modo que a reincidência, sua continuidade, era uma expectativa comum, uma bagagem de vida já acumulada pelas gerações eclesiásticas da época. A linguagem teológica guarda aqui um histórico constantemente renovado de impasses, disputas que ressurgiam e para as quais parecia não haver uma punição definitiva, uma sentença capaz de inibir a conduta de uma vez por todas. Ao se valer de "pagãos" para punir "infiéis",

Deus teria revelado a verdade inquietante: inesgotável, a infração possuía muitas faces. Por misericórdia, Ele a conteve desta vez. Porém, a causa da violação continuava vigente no mundo. A clemência era, portanto, advertência: agora, a ofensa maior (a desfiguração das riquezas monásticas) foi impedida; a congregação foi poupada da transgressão considerada mais grave. A morte dos infiéis assegurava um amanhã à comunidade. Amanhã que não era ameaçado quando os monges tinham os corpos rasgados, torcidos, vazados. Neste relato, a violência arde, corta e mata; mas, acima de tudo e antes de toda dor, ela é aquilo que subtrai riquezas e anula o direito de possuir.

4 A inconstância do real

Nessa segunda parte da história, a mão do narrador se retrai e já não tinge as ações sobre os corpos com as cores do tormento. O próprio autor parece ter rasgado o *script* do enredo ao substituir a máscara dos antagonistas. Os mesmos personagens que torturaram são os instrumentos de um julgamento sagrado. Mais. Sua ação é a mesma: infligir dor e morte. Mas o que antes era aflição foi agora convertido em castigo, o que era a sangrenta tortura está convertido em misericórdia redentora. A lâmina rasgando a pele era um dano, um prejuízo à vida, mas e a corda enroscada na garganta? Nesse relato, ela é um fato que priva ou repara, que constrange ou protege? Está apresentada como violação ou justiça? Outras vidas foram tiradas, mas o narrador enxerga novas perdas? Este ainda é um relato sobre *violentia*?

A visibilidade afeta a realidade social da violência. Revestir um ato violador com predicados como "justo" e "injusto", "divino" e "mundano" ou "cristão" e "infiel" pode fazer mais do que minimizar ou relegar as vítimas a dores e sofrimentos solitários. Ligar o ato a significados específicos pode fazer com que ele desapareça como fenômeno social, pode torná-lo invisível. Isso ocorre porque uma violência não é realidade exclusivamente objetiva. Toda atenção ao advérbio "exclusivamente". Ele enfatiza que a ação objetiva, a ocorrência empírica, está lá, mas não segue só. Há algo mais. A violência é força, ameaça, ferida, dor e violação. Porém, é força, ameaça, ferida, dor e violação como ações julgadas negativas. É algo mais do que um determinado fato. Ela é esse *fato como valor*, ou seja, classificado segundo um critério. A violência é uma ocorrência bruta – objetiva e exterior às consciências – reposicionada por quem narra como fato dotado de um *status* regulador, isto é, capaz de instituir responsabilidades, obrigações, restrições, autorizações, sanções. Eis o que são "dano", "prejuízo", "privação" ou "maligno": critérios de avaliação do real e de regulação do convívio. Uma vez modificados os critérios, a capacidade de perceber e reagir à violência muda. A presença social da violência é afetada e deslocada.[16]

É o que faz a narrativa sobre 860. A ação viking está aí enquadrada por um arranjo de noções sobre o corpo e a condição humana, ou seja, a violência assume alguns aspectos em razão de uma antropologia cristã. Note-se. Violar um corpo não é algo suficiente para configurar dano grave. Isso porque a narrativa parte da premissa de que a fratura e a ferida agravam um processo de deterioração que é intrínseco ao ser humano. O corpo, no relato, é uma matéria em contínuo estado de corrupção, é naturalmente defeituoso, como prova a fragilidade de Vorado, o monge mais velho a quem o relato se refere como "decrépito" antes das torturas começarem. E mesmo o religioso mais forte e vigoroso cede, desvanece e tem o corpo desfeito. Os carrascos do relato não estão diminuindo a natureza dos corpos, não estão agindo contra ela, mas acelerando sua deterioração, completando subitamente, em poucos dias, um desfecho que levaria anos, décadas. Sua ação é condenável, os atos são execráveis

---

16. A argumentação concentrada neste parágrafo foi decisivamente influenciada pelas leituras de: ŽIŽEK, Slavoj. *Violência*: seis reflexões laterais. São Paulo: Boitempo, 2014; SEARLE, John R. *The Construction of Social Reality*. Nova York: The Free Press, 1995.

e represensíveis, pois infringiam o conhecido limite para a ação humana – o desenho que Deus conferiu à humanidade –, mas eles não atuavam *contra naturam*, isto é, na contramão da natureza, o que era, nos termos dessa visão de mundo, algo muito mais grave.[17]

Com os objetos de prata não é assim. Seu caso extrapola essa lógica. Não porque fossem inanimados, sólidos, metálicos e, como tal, imperecíveis. Mas, sobretudo, porque foram consagrados. A doação modificou sua natureza. Uma vez depositados sobre o altar, eles deixaram de ser bens meramente terrenos e se tornaram patrimônio espiritual. Razão pela qual são nomeados *donaria*, "dons". Convertidos em objetos sagrados, se tornaram depositários de uma essência eterna, que não envelhecerá ou deteriorará. A essência, no entanto, foi inoculada por um gesto, sua presença naqueles objetos decorria de um contato fundador: a vinculação com o altar. Enlace completado com a designação do monge como guardião do patrimônio restituído. E porque desfaria exatamente essa ligação, subtraí-los à guarda do religioso seria desfigurá-los. Porque quebraria o elo que criou a proximidade com o sagrado, remover seria danificar, corromper. Seria, enfim, um "sacrilégio". Regida por um critério teológico implícito, cuja presença está além da narrativa, essa história faz da disputa pela riqueza uma violência manifesta e absoluta, da qual Deus se encarregara direta e imediatamente. As disputas pelo corpo são aí violências oblíquas, incompletas – toleráveis.

E assim, quem provocou a primeira cometeu um ato mais grave que rasgar a carne ou quebrar ossos de um homem vivo. Por isso os

---

17. Cf. BOQUET, Damien; NAGY, Piroska. *Medieval Sensibilities*: a history of emotions in the Middle Ages. Cambridge: Polity Press, 2018; RICHES, Samantha; BILDHAUER, Bettina. Cultural representations of the boy. In: KALOF, Linda (Ed.). *A Cultural History of the Human Body*. Oxford: Bloomsbury, 2014, p. 181-202; ASAD, Talal. On ritual and discipline in medieval Christian monasticism. *Economy and Society*, vol. 16, n. 2, 1987, p. 159-203; BYNUM, Caroline. *Jesus as Mother*: studies in the spirituality of the High Middle Ages. Berkeley: University of California Press, 1982.

causadores da disputa são diferenciados como "infiéis". O nome os hierarquiza, os faz subir um degrau na escala de periculosidade e gravidade. O relato *classificou* o infiel como tipo humano mais violento que um pagão. E é sob *essa perspectiva* que, se este último o mata, o mal foi "verdadeiramente" evitado, uma perda foi impedida. Enforcar o infiel não foi avaliado como uma experiência sobre violência, mas sobre justiça. Como se pode constatar, o desfecho resulta de classificações singulares, específicas, que, por sua vez, decorrem das crenças, das práticas vigentes e da organização social alcançada por uma religiosidade. Como tal, as classificações não são naturais, consensuais ou meramente factuais. Os vikings de *Os Milagres de Saint Bertin* não são "obviamente" violentos. A aparente obviedade é efeito de um enquadramento, de uma leitura profundamente seletiva, de ajustamentos ideológicos que tomaram partido de certas dores, de algumas mortes e, sobretudo, de prejuízos muito particulares.

5 Definindo violência

A violência tampouco é aí um atributo inato. O documento medieval não a registra como uma característica étnica ou um traço de personalidade coletiva. Mas como *aspecto de certas ações* realizadas pelos saqueadores. A presença da violência oscila ao longo da conduta dos vikings, que agem violentamente enquanto dispõem de vidas cristãs, mas não durante a execução dos "infiéis", momento em que se comportaram "divinamente". Eram "sedentos por sangue como um cão" enquanto saqueavam a riqueza monástica, contudo, não mais no instante em que depositaram a prataria no altar da igreja, quando consumaram uma conduta imaculadamente cristã. A presença da violência não era fixa, mas variável e reversível segundo ajustes ideológicos ocultos que não refletem somente uma opinião ou preferência do autor, mas uma experiência acumulada pelo narrador no interior de um grupo, de uma instituição – no caso, a comunidade monástica – e, nela, de uma correlação de interesses coletivos. A variação da visibilidade da violência não decorria da alteração meramente subjetiva dos critérios de classificação de um ato ou de uma conduta. Não era pontual ou arbitrária. O deslocamento denota uma lógica partilhada, uma racionalidade que reúne algo além de preferências, vontade e criatividade daquele que narra. Tentarei detalhar essa última ideia.

Sobrepor a integridade da propriedade eclesiástica à integridade da constituição dos corpos como critério para localizar a violência não é originalidade do narrador sobre o saque de 860. Trata-se de um traço recorrente na cultura monástica da Alta Idade Média, especialmente entre beneditinos. Escrita no século VI, a *Regra de São Bento* fixara a total entrega de si à vida espiritual como elemento definidor da rotina monástica. Essa plena disponibilização implicava, inclusive, a dor. Castigar o corpo era preceito a ser observado por todos da comunidade, bem como suportar injustiças e perseguições – consta no rol de boas obras prescritas no quarto capítulo da Regra. Um beneditino deveria enfrentar todos os dias sua condição de criatura transitória e terrena, manter o discernimento agarrado à certeza de ser pó, vida em dispersão, existência que se desfaz a cada pulsação. Com igual rigor, ele deveria zelar pela estabilidade do mosteiro, que incluía não fraudar, esbanjar ou remover ao uso comum os bens que foram solenemente doados no altar.[18] O critério para classificação da violência adotado pelo narrador não é, portanto, uma predileção autoral. É uma *norma*: um modelo de conduta vigente ou uma regra investida de autoridade por um grupo. Por conseguinte, a *violência é a ocorrência que, ao violar a integridade de algo, é investida de um status negativo segundo uma norma e incor-*

---

18. Cf. BUTLER, Cuthrbert (Ed.). *Sancti Benedicti Regula Monachorum*. Friburgo: Herder, 1927.

pora características constituídas pela interação social. Sendo "*status negativo*" categoria que adquire sentidos diversos, abertos a muitas traduções culturais.

Historicamente, a violência tem muitas facetas. Sob um prisma proeminentemente jurídico, ela costuma despontar como a conduta "brutal", "criminosa", "hedionda". À luz de prioridades políticas, ela pode ganhar a forma de um ato "ilegítimo" ou "arbitrário". É provável que uma linguagem primordialmente moral a faça emergir como "degradante", "perversa", "cruel", "desumana". Em termos religiosos, ela é expressada como "profana", "sacrílega", "maligna". E há ainda a possibilidade que poderíamos chamar de econômica, em que a violência é o "deletério", "destrutivo", "danoso". Estou ciente da abertura que a argumentação cria para imprecisões e ambiguidades. Esse raciocínio pode, por exemplo, borrar a linha que distingue violência e crime ou inflacionar a importância da linguagem como fator constituinte, ao ponto de parecer que estou considerando a violência como um fenômeno essencialmente discursivo – não estou. Abraçarei o risco porque penso que esse raciocínio enfatiza dois aspectos valiosos para uma compreensão histórica. Primeiro, que a presença social da violência resulta, parcialmente, de um conjunto de atitudes, condutas e regras mais abrangente e complexo do que o simples emprego da palavra *violentia*. De tal modo que esse conjunto pode entrar em ação mesmo quando o nome "violência" não é mencionado. Em segundo lugar, dispor as ideias dessa maneira é insistir no primordial, na mola mestra de tudo dito até aqui: narrar uma violência não é registrar apenas um fato específico, indexar uma coisa única ou pontual; é designar um acontecimento complexo, que entrelaça elaborações culturais e normativas, regulado por outras experiências sobre o agir violento. Chegamos a uma definição que dá o que pensar e requer atenção paciente. Pois tal definição acarreta, ao menos, dois desdobramentos decisivos.

O primeiro já foi declarado: é a ideia de que o reconhecimento da violência resulta, em parte, de fatores que foram estratégicos para os atores históricos e nem sempre claros para historiadores. Agora, levemos ao extremo: isso implica que a razão para algo ter sido considerado abuso, dano ou supressão pode não ser a conduta ou o ato que está colocado em evidência. A referência que orienta a percepção pode não estar declarada na narrativa. O relato sobre 860 o ilustra com perfeição. Alguns vikings aparecem como mais violentos (os "infiéis" punidos por Deus) do que outros (os indistintamente "pagãos") por violarem algo que não está explicitado, sobre o qual o autor não escreveu: o preceito tácito de que a integridade patrimonial do mosteiro tem prioridade sobre a integridade física e mental dos monges. A descrição das violências não é uma janela discursiva pela qual o passado nos chega, mas uma fotografia que dirige e modela o ato de percebê-lo. A violência não está contida na *prima facie* das descrições, mas se estende por estratagemas e ideias que transbordam escolhas e marcos narrativos. Isso não é tudo. O desdobramento chega mais longe. Se o que orientou a narrativa não está explicitado, não está declarado, como, então, podemos ter certeza do compromisso do autor com o que estava sendo narrado? Se a mão que escrevia era guiada por algo oculto, alojado em um subterrâneo da linguagem, como podemos ter certeza de que o narrador não alterou, substancialmente, o que está explícito para atender às exigências desse preceito velado? Na realidade, não podemos.

De volta, então, ao episódio. A primeira investida pagã contra Saint Bertin expôs a congregação ao risco de falhar como beneditina. Recordemos: os monges fugiram. Ao contrário do que prescreve a *Regra*, eles não "suportaram a perseguição pela justiça". Um caso como esse poderia arruinar a legitimidade da comunidade, pois a invasão poderia ser vista como o episódio que pôs fim a uma farsa, que despiu uma fraude ao escancarar que tais homens não eram, em verdade, filhos devotos de São Bento, afinal, eles fugiram. No calor da hora, teriam renegado o ensinamento do pai espiritual. Tal hipótese ganha força quando se constata que *Os milagres de Saint Bertin* foram escritos após a década de 890, trinta anos depois.[19] O relato era a memória de uma comunidade que sobreviveu à invasão e que *enriqueceu nas décadas seguintes*. Quando o episódio foi relembrado, um crescente patrimônio estava atrelado ao prestígio espiritual da abadia, que seguia exposta a ataques vikings, como o ocorrido em abril de 891, quando a abadia foi saqueada por cerca de 550 guerreiros. A pilhagem ficaria gravada a ferro na memória da comunidade e, a julgar pela maneira como mobilizou o narrador de *Os milagres*, foi, provavelmente, o que o motivou a se debruçar sobre o manuscrito e recordar o episódio de décadas atrás.[20]

A importância do que se passou sob o teto da abadia naquele junho de 860 decorria de atitudes e demandas provocadas algum tempo depois, nos anos 890. As dúvidas, então, cravam as garras: a tortura efetivamente aconteceu ou foi acrescentada à trama para que a comunidade não fosse acusada de descumprir a própria regra? Quatro monges ficaram e abraçaram o martírio ou são personagens imaginados para engrandecer uma instituição pressionada? O que foi narrado, um caso real ou uma garantia legal? Um drama alheio ou a exigência da norma? Provavelmente, jamais saberemos como a invasão ocorreu. Sem a reminiscência de quem o viveu, o fato, em si, está perdido. Os efeitos da passagem do tempo são irrecobráveis.

---

19. A redação pode, inclusive, ter sido resultado de uma versão ainda mais tardia, datando do século X. Cf. HOLDER-EGGER, Oswald. *Monumenta Bertiniana Minora*. MGH SS, 15/1, p. 507; BILLY, Pierre-Henri. Hagiographie et onomastique. In: NADIRAS, Sébastien (Dir.). *Noms de Lieux, Noms de Personnes*: la question des sources. Pierrefitte-sur-Seine: Publications des Archives Nationales, 2018, p. 1-14.

20. MIRACULA SANCTI BERTINI. MGH SS 15/1, p. 512-516; cf. ainda: GUÉRARD, François Morand. *Cartulaire de l'Abbaye de Saint-Bertin*. Paris: Imprimerie Royale, 1841, p. 133; FOLCUIN. Gesta Abbatum Sancti Bertini Sithiensium. MGH SS 13, p. 623.

No entanto, *algo ocorreu* – eis o segundo desdobramento da definição apresentada há pouco. Atrelada a normas não declaradas e interesses ocultos, a versão literal conferida aos acontecimentos é uma armadilha discursiva, um relato seletivo e direcionado; é uma avaliação sobre como ver o passado, não uma descrição exaustiva do que foi visto. Nesse sentido, ela não é uma narrativa simplesmente interessada em registrar o que ocorreu. Por outro lado, sua elaboração é um acontecimento. Precisamente por ser um engajamento, o texto é o registro de que algo *efetivamente violou, em algum grau, uma norma vigente*. A própria parcialidade e o caráter estratégico do relato são evidências de que a comunidade vivenciou uma violência na investida viking de junho de 860. Provavelmente não ocorreu como está narrado, não foi isto que o redator colocou perante nossos olhos. Mas isto que vemos é uma reação a ela, uma designação de sua existência. Se sondarmos a maneira de narrar – isto é, se explorarmos como a narrativa cria sentido e não apenas o tema sobre o qual ela versa –, podemos tentar dimensionar essa violência. No caso aqui mencionado, por tudo o que foi visto, arrisco uma resposta simples. Não tenho o suficiente para afirmar que vikings torturaram, mataram, enforcaram; mas encontrei o bastante para concluir que seu aparecimento ameaçou a integridade do patrimônio de Saint Bertin. É provável que violências interpessoais tenham ocorrido. Contudo, como passado, são menos plausíveis, porque a narrativa registrou surras, flagelações e morte como pretexto. Não se trata, com isso, de taxá-los de simples subterfúgios ou de alegações vazias de conteúdo real. Mas de afirmar que sua importância está, primordialmente, em compor o enredo como um pré-texto. Como premissa, antecedente que sustenta a certeza de que em junho de 860, a ação dos vikings expôs a comunidade a prejuízos incomuns, tidos como mais graves que o suplício de monges. Eles agravaram uma conduta conhecida: encolheram as posses monásticas e pisotearam prerrogativas de propriedade, algo potencialmente irreparável para a abadia, dependente de uma imunidade patrimonial contestada no interior da própria Igreja cristã. Vulnerabilidade material, ferida aberta no direito de possuir bens, violação da integridade institucional. Eis uma violência que o documento efetivamente registra.

Até aqui, detive nossa atenção em um caso. Miramos um episódio que integra uma constelação de registros. E quanto aos demais? E quanto aos muitos quadrantes do vasto Império Carolíngio, em cuja paisagem encontramos Saint Bertin? É possível arriscar uma resposta historicamente abrangente? Em termos mais diretos: o que era a violência viking documentada no interior do Império Carolíngio ao longo do século IX? Responder a essa pergunta é o objetivo desta obra.

6 Por que a violência viking?

Este livro é um estudo sobre história da violência. Não é um estudo sobre a história escandinava ou a carolíngia. As páginas a seguir não investigarão as culturas nórdicas da chamada Era Viking, assim como não explicarão o funcionamento do Império Carolíngio. Tais temas estão presentes, mas como um pano de fundo. Elas dirão, isto sim, o que foram as ações e condutas vikings que as elites imperiais classificaram como violências. Assim definido, o tema tem dimensões menores, comedidas, mas é igualmente importante e tem lugar destacado entre os assuntos atualmente relevantes no estudo da história. A violência desses personagens medievais nos atrai e nos interessa muitíssimo. Ao menos é isto o que dizemos a nós mesmos cotidianamente.

A violência viking tem exercido um fascínio contínuo sobre nossa época – a julgar pela frequência com que ela desperta interesse. Seja como cinema ou jogos, *heavy metal* ou literatura, nacionalismo ou religiosidade, é razoável dizer que ela perpassa a cultura e povoa a imaginação em diversas partes do globo, incluindo algumas onde não há traços de uma presença viking na história da sociedade.[21] Cenas sangrentas protagonizadas por guerreiros nórdicos interessam uma parcela significativa da população, atiçam a atenção de indivíduos e grupos de diferentes segmentos sociais. Tendo em vista a incessante oferta de filmes, séries de TV, documentários e livros ilustrados, não é exagerado dizer que esse misto de horror e fascínio provoca em muitos de nós uma insaciável cobiça por imagens e representações. Como bem colocou a historiadora Larissa Tracy, "a imagem do viking selvagem, coberto com o sangue de seus inimigos, festejando na matança ao seu redor, tem sido um rótulo das representações sobre invasores escandinavos medievais na mídia moderna desde os anos de 1950."[22]

Basta abrir o navegador de internet e realizar uma pesquisa rápida sobre "vikings" para constatar que os viajantes marítimos e saqueadores nórdicos estão envoltos em uma reputação que apela profundamente à sensorialidade dos públicos do século XXI. Embora estejamos habituados a pensar a violência como resultando de múltiplas causas, algo cuja realidade envolve tensões sociais, funcionamento econômico e ideologias políticas – quer se trate

---

21. SIGURDSON, Erika Ruth. Violence and historical authenticity: rape (and pillage) in popular Viking fiction. *Scandinavian Studies*, vol. 86, n. 3, 2014, p. 249-267. A referência torna oportuna uma informação: não encontrei episódios de estupro na documentação. O caso que costuma ser interpretado como tal consiste justamente no episódio de invasão de Saint Bertin, em junho de 860, objeto de estudos deste capítulo. No caso, a referência consiste no termo *ludibria*, que Albert D'Haenens considerou alusão ao estupro – como visto nessas páginas, optei pela tradução do termo como "zombaria", seguindo a leitura crítica de Simon Coupland em: COUPLAND, Simon. The Vikings on the continent..., p. 186-203. Sobre o alcance da representação dos vikings no mundo contemporâneo, excelentes ilustrações podem ser encontradas em numerosos verbetes que compõem a obra: LANGER, Johnni (Org.). *Dicionário de História e Cultura da Era Viking*. São Paulo: Hedra, 2017, especialmente p. 719-781.

22. Tradução do autor, cf. TRACY, Larissa. Vikings: brutal and bloodthirsty or just a misunderstanding? *Medievalists*, 2015. Acesso em 09 de junho de 2020: https://www.medievalists.net/2015/02/vikings-brutal-bloodthirsty-just-misunderstanding/

do Egito faraônico ou dos Estados Unidos da América –, quando voltamos o foco para os vikings, a imagem que desponta é a de protagonistas de uma violência tão simples quanto aguda: visceral, pessoal, direta.

Nossa época não os vê apenas como extremamente violentos, mas como violentos de um modo único. Formulada por Anders Winroth, a constatação é certeira.[23] Por mais desconcertante que seja, deve-se admitir: tal imagem de passado nos hipnotiza e arrebata, provocando um interesse que perpassa gerações e perdura por décadas. O estereótipo dos vikings como os personagens mais violentos de toda Idade Média persiste como um velho refrão que é redescoberto de tempos em tempos. As crescentes preocupações com causas humanitárias, com a proteção das minorias e com o cultivo da tolerância e da diversidade como valores coletivos não inibe essa caracterização do passado ou, melhor dizendo, não diminui o poder de atração dessa estética da violência. "É curioso que em uma época [...] em que os meninos são ensinados a 'usar suas palavras' em vez de seus punhos," eis como o problema foi recentemente elaborado em uma página da *Web*, "[em que] os jovens são inculcados com uma 'retidão política' que enfatiza os valores modernos de sensibilidade, inclusão e não violência, que os vikings sejam vistos com uma admiração tão acrítica".[24] Qual a razão para isso? Alguma forma de nostalgia? As projeções a respeito da violência viking expressariam

---

23. WINROTH, Anders. Viking violence..., p. 100; ARCINI, Caroline Ahlström. *The Viking Age*: a time of many faces. Oxford e Phildelphia: Oxbow, 2018, especialmente p. 55-64.

24. Tradução do autor, cf. JACOBSEN, Barry M. The Vikings: an enduring fascination! *The Deadliest Blogger: Military History Page*, 2017. Acesso em 19 de novembro de 2020: https://deadliestblogpage.wordpress.com/2017/07/11/the-vikings-an-enduring-fascination/. Cf. igualmente: BARNES, Terry L. Reflections on our fascination with Vikings and what it tells us about how we engage with the past. *Medievalists*, 2015. Acesso em 19 de novembro de 2020: https://www.medievalists.net/2015/08/reflections-on-our-fascination-with-vikings-and-what-it-tells-us-about-how-we-engage-with-the-past/

um desejo por condutas julgadas perdidas? Ou se trata de escapismo? De idealizar um tempo em que indivíduos não eram responsabilizados por concretizar (o que nós consideramos) excessos de ambições impetuosas? Difícil saber. Para ir além do psicologismo prosaico é preciso uma pesquisa sistemática e abrangente.

Seja como for, tal fascínio muito provavelmente é uma das razões que nos levam a naturalizar a violência viking, isto é, a considerar como sendo elementar, unitário, óbvio e constante o que é complexo, compósito, intrincado e mutável. Porque consumimos tão apaixonadamente tais narrativas visuais, nos colocamos por inteiro ao abrigo da certeza de que as coisas foram exatamente como vemos. Sem estranhá-las, não nos distanciamos para observá-las; sem distanciamento, não questionamos nossos hábitos de pensar: o que foi a violência viking? Conhecemos o bastante sobre suas dimensões? Temos o suficiente para medir e apurar o que está colocado em cena? Já dispomos de todo o necessário para delinear o passado? Ou será que conviria contar com nosso desconhecimento? Fato é que lidamos com essa violência como algo constante, imediatamente explícito, como o fluxo de acontecimentos em estado bruto, uma sucessão de lances presumidamente estridentes e cujas dimensões já estão abertas à observação.[25] Acontecimentos a respeito dos quais a historiografia, em uma exuberante diversidade que reúne desde pesquisas arqueológicas a estudos psicológicos, surge perpassada por dois campos opostos. Já mencionei isso. Mas, por sua importância, não custa revisitar a ideia com um pouco mais de profundidade.

---

25. Essa argumentação foi fortemente influenciada pela leitura de outra obra de Carlo Ginzburg, na qual consta o arremate: "*Parece-me que o estranhamento é um antídoto eficaz contra um risco que todos nós estamos expostos: o de banalizar a realidade (inclusive nós mesmos).*" Cf. GINZBURG, Carlo. *Olhos de Madeira*. Nove reflexões sobre a distância. São Paulo: Companhia das Letras, 2001, p. 41.

7 Da firmeza da rocha ao rodopio da ventania

De um lado, estão os que a consideram dado objetivo, como uma impressão digital deixada sobre os documentos por expedições predatórias, agressões unilaterais motivadas por um código de conduta tribal. A violência seria, neste caso, a face crua de uma cultura que, enraizada na pré-história, irrompia sobre a sociedade carolíngia atraída por crises e instabilidades. Atentos à vulnerabilidade do mundo cristão, vikings se lançavam à invasão e ao saque, avançando sobre o continente com ações que rendiam o máximo de devastação com o mínimo de mobilização, asseguram autores desde a década de 1970.[26] Sob tal olhar, o valor histórico dos documentos é extraído do dorso liso das narrativas, que surgem como registros diretos do passado. "Nenhuma leitura neutra das fontes [oriundas] da França nos anos 850 [...] pode negar a violência bárbara liberada pelos homens do norte", assegurou Francis Donald Logan, historiador e professor emérito. Cujo raciocínio foi além: "parece adequado dizer que as invasões iniciais [...] foram seguidas por violência, provavelmente violência gratuita".[27] Muito pode ser dito sobre uma leitura como essa e os capítulos deste livro desempenharão o papel de contra-argumentar. Por ora, gostaria de chamar atenção para duas ideias.

Comecemos pelo verbo "negar". Ele indica que, para o autor, a violência viking é um assunto a ser abordado através de atitudes excludentes: ser negado ou admitido. Aqui, o desafio de compreender parece ser, fundamentalmente, uma questão de escolher entre alternativas fixadas de antemão, possibilidades já estabelecidas sobre uma informação. Que, portanto, é dada como revelada, consensual,

---

26. WALLACE-HADRILL, John Michael. *The Vikings in Francia*. Reading: University of Reading, 1975; WORMALD, Patrick C. Viking studies: whence and whither? In: FARRELL, Robert. T. (Ed.). *The Vikings*. Londres: Phillimore, 1982, p. 128–153.
27. Tradução do autor, cf. LOGAN, Francis Donald. *The Vikings in History*. Nova York/Londres: Routledge, 2005, p. 189.

esclarecida; a respeito da qual não paira dúvida alguma. Em tal raciocínio, perguntar "o que é a violência viking?" não faz sentido. A resposta, presume-se, é óbvia. O que conduz à segunda ideia: que a explicação histórica é, ao menos em parte, uma manutenção da neutralidade do observador perante "o óbvio". Uma leitura neutra dos documentos é não só considerada possível, como isenta de riscos. Acontece que não é.

O elogio à neutralidade é refúgio para a naturalização que citei há pouco. Os traços de uma imparcialidade espontânea, um mero "bom senso acadêmico", são, na realidade, as linhas que projetam um lugar para acomodar a certeza de que os medievais escreviam sobre a violência sem sentir o peso de condicionamentos. Como se exercitar a memória sob as exigências de uma norma fosse o mesmo que prestar um depoimento no calor de uma vivência, retornar ao aqui e agora da ocorrência para tatear o ocorrido. Quando regida pelas normas da comunidade ou da instituição, a ação de rememorar não recita um evento, mas o integra à busca por resguardar uma identidade, deter um poder, legitimar uma ação. Sob regência de normas, a memória serve para fazer avançar um grupo. Reaver o passado é secundário.

Em casos dessa ordem, recordar significa reelaborar o ocorrido para provocar um aprendizado, para conformar atitudes e escolhas e torná-las condizentes com os interesses do grupo ou classe. Fixar a memória da violência é ocultar a travessia por esquecimentos, manipulações e obrigações.[28] Aspectos que escapam a uma abordagem como a executada por F. D. Logan, que advoga pela neutralidade do historiador como se ela nada mais fosse do que um dever de ser fiel a uma neutralidade original da própria informação. E mais. A esta altura da reflexão, estamos lidando com um postulado cientificamen-

---

28. RICOEUR, Paul. *A memória, a história, o esquecimento*. Campinas: Unicamp, 2007, p. 71-104.

te insustentável: que os documentos seriam "fontes imparciais".[29] Ou, conforme as palavras de outro autor, estamos cogitando a ideia de que "a atividade viking está descrita em diferentes contextos [...] e não parece haver nenhum tratamento ideológico consistente sobre os invasores, [...] não parece haver nenhuma base para acreditar que os analistas [isto é, autores medievais] eram conscientemente seletivos de seu material relacionado a vikings".[30] A neutralidade é uma justificativa para deter a análise no nível do que é aparente e intencional. A história, contudo, não é uma razão reta.[31]

Do outro lado da arena historiográfica, estão os que asseguram ser a seletividade ideológica uma característica incontornável dos registros. Que os relatos sobre a violência viking não podem ser tomados como testemunhos em primeira mão da realidade, já que são um discurso condicionado por premissas, objetivos e expectativas ditados pela cultura cristã. Os documentos fazem algo mais do que registrar uma violência: eles constroem e manipulam as maneiras de percebê-la. Como diversos estudos recentes têm demonstrado, trata-se de uma perspectiva cientificamente consistente e profícua,[32]

---

29. A literatura especializada sobre essa questão é vasta. Pontualmente, enquanto escrevo, tenho em mente as seguintes referências críticas a essa lógica: NEALE, Stephen. *Encarando os fatos*. São Paulo: Editora da UNESP, 2016; GINZBURG, Carlo. *O fio e os rastros*: verdadeiro, falso, fictício. São Paulo: Companhia das Letras, 2007.

30. Tradução do autor, cf. ARMSTRONG, Simon. Carolingian coin hoards and the impact of the Viking raids in the Ninth Century. *The Numismatic Chronicle (1966-)*, vol. 158, 1998, p. 131-164, citação da p. 134-135.

31. Para além de uma expressão trivial ou mero efeito estilístico, recorro a "razão reta", aqui, como conceito retirado da filosofia hobbesiana. Conforme o pensador setecentista, em tradução de minha lavra: *"Essa medida comum, alguns dizem, é a razão reta; com eles eu concordaria se houvesse tal coisa a ser descoberta ou conhecida 'in rerum natura'. Mas, usualmente, aqueles que invocam a razão reta para decidir qualquer controvérsia têm em mente a sua própria".* THOMAS HOBBES. *The Elements of Law Natural & Politic*. Londres/Nova York: Routledge, 2013, p. 188.

32. Remeto a afirmação particularmente ao recente artigo publicado por Caitlin Ellis: ELLIS, Caitlin. Remembering the Vikings: violence, institutional memory and...

à qual este livro, por força de numerosas dívidas conceituais e empréstimos metodológicos, se filia.

Essa proposta, porém, cria um risco que é simetricamente oposto ao que acabei de mencionar. O empenho para evitar a naturalização da narrativa, algumas vezes, conduz a uma inversão: ele esvazia o valor de evidência do texto sobre o que foi narrado. Quando se chega a esse ponto, os documentos já não são encarados como se registrassem alguma violência real, mas símbolos e representações que teriam sido empregados para expressar um propósito pré-existente – e, como tal, independente – dos episódios narrados. Bastaria ao pesquisador manter um olhar vigilante para se chegar à constatação de que não se trata de registros factuais, mas de propaganda; de uma manobra ideológica realizada para criar uma reputação que escandalizasse ouvintes e leitores; que os comovesse e mobilizasse, provocando, então, adesão a uma causa já existente no mundo do narrador.

O auge desse revisionismo ocorreu nos anos de 1990. Contudo, o risco de "perder de vista o lado violento dos vikings"[33] não cessou, segue à espreita. De tempos em tempos, a ênfase recai inteiramente na utilidade da história para a posição social de quem narra. E

Cf. ainda: BATTAGLIA, Marco. Identity paradigms in the perception of the Viking diaspora. In: DENTE, Carla; FEDI, Francesca (Ed.). *Journeys through changing landscape*: literature, language, culture and their transnational dislocations. Pisa: Pisa University Press, 2017, p. 279-316; CROSS, Katherine. "But that will not be the end of the calamity": why emphasize Viking disruption? In: BINTLEY, Michael D.J.; LOCKER, Martin; SYMONS, Victoria; WELLESLEY, Mary (Ed.). *Stasis in the Medieval West?* Questioning change and continuity. Nova York: Palgrave MacMillan, 2017, p. 155-178; COWEN, Alice. *Writing Fire and Sword*: the perception and representation of violence in Viking Age England. (Tese de Doutorado) University of York, 2004. Acesso em 9 de junho de 2020 em: http://etheses.whiterose.ac.uk/14058/

33. Tradução do autor, cf. PRICE, Neil. Viking armies and fleets in Brittany: a case study for some general problems. In: BEKKER-NIELSEN, Hans; NIELSEN, Hans Frede (Ed.). *Beretning fra treogtyvende Tværfaglige Vikingesymposium*. Odense: Odense University Press, 1991, p. 7-24, referência da p. 7.

por posição social, subentende-se uma instituição, a Igreja. Nessa perspectiva, as histórias sobre torturas e saques vikings não teriam registrado acontecimentos, mas justificativas para algum projeto de poder, o qual, por sua vez, não seria difícil desvendar. Narrando crueldade e pavor, clérigos e monges buscavam mobilizar os poderosos da época. A prosa impactante era uma tentativa de convencer reis, duques e condes a dispor de recursos e homens para cristianizar populações "ameaçadoramente" pagãs. Tais histórias eram uma propaganda que visava instrumentalizar as riquezas e a influência dos aristocratas para a expansão territorial da Igreja; conforme sugeriu a historiadora francesa Lucie Malbos.[34] Tendo por base estudos de grande relevância dos anos 1960 e 1970 – mas extrapolando o alcance de suas conclusões em diversos aspectos[35] –, tal perspectiva acaba por reduzir as narrativas cristãs a expressões emocionais de projetos de poder. O que foi descrito como violência viking teria sido uma dramatização, exagero retórico, caricatura disforme. Uma distorção que se descola do real.[36] A história, contudo, não é uma razão fraudada.

A primeira atitude frequentemente interrompe a leitura dos documentos no limite do explícito, ao passo que a segunda pode conduzir ao paroxismo de conferir importância somente ao que não está inscrito. Como escapar a essa contraposição? É possível assinalar a particularidade que provocou a escrita do fato sem reproduzir

---

34. MALBOS, Lucie. Les raids Vikings à travers le discours des moines occidentaux: de la dénonciation à l'instrumentalisation de la violence (fin VIIIe – IXe siècle), *Hypothèses 2012: travaux de l'École Doctorale d'Histoire*. Paris: Publications de la Sorbonne, 2013.

35. SAWYER, Peter. *The Age of the Vikings*...; D'HAENENS, Albert. *Les Invasions Normandes en Belgique au IXe siècle. Le phénomène et sa repercussion dans l'historiographie medieval*. Louvain: Publications Universitaires de Louvain, 1967.

36. Cf. por exemplo: MORDEN, Lesley Ann. *How much material damage did the Northmen actually do to Ninth-Century Europe?* (Tese de doutorado) Simon Fraser University, 2007.

o enredo mecanicamente? A mesma indagação por um outro ângulo: como desarticular os implícitos, pressupostos e silêncios de um texto sem desfigurá-lo ou anulá-lo? É possível buscar uma leitura crítica e manter algum contrapeso para a arbitrariedade? Sim, é possível. Controlar os incômodos de contraposições desse tipo, moderar o risco de ir aos extremos em um estudo histórico é uma das funções do chamado "paradigma indiciário", proposto pelo historiador italiano Carlo Ginzburg e adotado como método durante a pesquisa que resultou neste livro.[37]

O modelo consiste, fundamentalmente, em direcionar a investigação para um ou mais signos involuntariamente incorporados à narrativa. Os signos consistem em detalhes culturalmente relevantes: um traçado pictórico, uma frase ou expressão, presentes na cena como dados marginais, "pormenores normalmente considerados sem importância, ou até triviais" – termos do próprio Ginzburg. Fixar o foco sobre tais dados é fazer mais do que colecionar preciosismos ou satisfazer alguma obsessão por detalhes. Essas referências são historicamente reveladoras porque consistem nos momentos em que o controle do artífice sobre a imagem ou o texto, executado segundo regras e modelos, era imperceptivelmente pressionado por influências circunstanciais. Precisamente por ser periféricas, tais marcas eram fendas por onde emergiam tensões que escapavam à força gravitacional da tradição cultural e aos direcionamentos traçados pela intenção. No caso de um texto, isso implica compreender que certas palavras ou expressões, aparentemente banais, são, na realidade, referências sensíveis das ligações entre a narrativa e o contexto.[38]

Como tal, o signo, essa "miudeza", permite sondar o que podia ser dito através de uma imagem ou de um enunciado para além

---

37. GINZBURG, Carlo. *Mitos, Emblemas e Sinais*: morfologia e história. São Paulo: Companhia das Letras, 1989.

38. GINZBURG, Carlo. *Mitos, Emblemas e Sinais*..., p. 148-158.

do que foi pretendido ou planejado. É, assim, indicador de lógicas implicitamente atuantes, que escapavam à intenção e ao cálculo. É a marca minúscula criada pelo peso de experiências únicas, irrepetíveis, específicas porque imbuídas de singularidades e limitações de um contexto, delineadas pelas contradições e qualidades vividas no bojo de relações particulares e acontecimentos específicos. "Signo" é um conceito que reposiciona o vestígio como termo chave, reescreve a reputação de um traço mínimo. Um selo teórico com o qual um indício silencioso reaparece como o entalhe eloquente que condicionamentos históricos – vínculos ideológicos, pressões por controle social, limites criados pela dependência econômica – imprimiram sobre a composição da narrativa. Conforme arrematou o próprio Ginzburg, "se a realidade é opaca, existem zonas privilegiadas – sinais, indícios – que permitem decifrá-la".[39] O registro minúsculo conduz a conexões profundas da vida social, como as que conferem realidade social à violência.

No caso desta investigação, o signo é o aparecimento das alusões ao sangue. Como tentarei demonstrar, eis um aspecto culturalmente marcante durante os séculos VIII e IX, e cujo emprego inscrevia marcas qualitativas na narrativa. Essa diferenciação consta, por exemplo, no relato do saque de Saint Bertin em junho de 860. Por ser uma "miudeza", ela quase passa despercebida. Porém, basta recordar o enredo para notar quão singular é seu aparecimento.

Como vimos, quatro beneditinos teriam sido torturados pelos saqueadores. Todas as vítimas teriam sido feridas e golpeadas. No entanto, apenas uma delas aparece em cena sangrando: Regenhardo, religioso mais jovem que "ofereceu sacrifício a Cristo exalando a alma *enquanto o sangue escorria*". Na cena, a integridade física dos quatro religiosos é dilacerada. Ossos estalam por toda parte, peles e músculos são rasgados. Mas a narrativa declara ensanguentado apenas um.

---

39. GINZBURG, Carlo. *Mitos, Emblemas e Sinais...*, p. 177.

Assimetria inverossímil, insustentável. E não somente à luz de um realismo ingênuo.[40] O vocabulário empregado pelo narrador torna improvável – quiçá, ilógico – que Regenhardo tenha sido o único a sangrar. Recordemos: Vorado foi espancado; Vinebaldo, "macerado", sofrendo feridas lancinantes; e Gervaldo "suportou golpes ainda mais graves", que o teriam levado à loucura. Por que somente Regenhardo tem seu sangue mencionado? Será porque é o único que, segundo a narrativa, faleceu? Se for esse o caso, "sangue" é um signo que retrata a conduta viking sob o teto do mosteiro ou é uma figura retórica necessária para convencer uma audiência cristã sobre a verdade do martírio? Cogitemos o segundo caso: se a palavra for convenção, o efeito da aplicação de um estilo ancestral, o que isso revela sobre a percepção da violência? Essa percepção pode ser explicada? E que conteúdo histórico poderia ser extraído de tal explicação? Os capítulos a seguir consistem em um contínuo exercício para pensar dessa maneira. Eles apresentam os resultados de uma pesquisa que foi conduzida fazendo perguntas desse tipo – que serão, portanto, respondidas no transcorrer do livro. Menções ao sangue formam o fio condutor desta tentativa para compreender o que foi a violência viking no Império Carolíngio.

8 Um epílogo: a autoria destas páginas

Este livro resulta de uma tentativa de compreender algo constatado noutro estudo. Em 2018, publiquei *Bispos guerreiros: violência*

---

40. Há muito em jogo nesta expressão. Para além das vinculações ao senso comum, o "realismo ingênuo" tem sido encarado como uma das condições epistemológicas mais desafiadora nesta passagem de séculos, com implicações que vão da realidade virtual ao pensamento conversador, dos algoritmos computacionais às "fake news". Cf. PRONIN, Emily; GILOVICH, Thomas; ROSS, Lee. Objectivity in the eye of the beholder: divergent perceptions of bias in self versus others. *Psychological Review*, vol. 111, n. 3, 2004, p. 781–799; SEARLE, John R. *Seeing Things as They Are*: a theory of perception. Oxford: Oxford University Press, 2015; BECK, Ori. Rethinking naive realism. *Philosophical Studies*, vol. 176, n. 3, 2019, p. 607–633.

e fé antes das Cruzadas. Em busca por explicar o comportamento e a inserção social de homens de armas formalmente proibidos de empunhá-las, deparei-me com evidências que encurralaram muitas de minhas certezas e afrontaram meus valores morais. Todas diziam respeito à violência. Em primeiro lugar, estavam os diversos registros documentais de que a existência da dor, da morte e da tragédia humana não é suficiente para provocar um reconhecimento da violência. Pois a percepção dessa realidade depende de fatores que estão muito além do que ocorre entre a vítima e o perpetrador. Mais. Com uma regularidade perturbadora, a pesquisa indicava que os fatores decisivos, as relações efetivamente fundamentais em tais casos, não eram a conduta ou o ato narrado. A última palavra sobre a violência frequentemente era fixada por quem não a vivenciou e segundo critérios orientados por questões outras, como uma preservação da autoridade, da hierarquia, do patrimônio, do controle social.

Além disso, o estudo de 2018 me confrontou com outro dado imprevisto. Embora a realidade da violência decorresse de uma classificação em incessante disputa, se tratava, de fato, de uma experiência sobre violência. A classificação modelava uma sensibilidade acerca de certos acontecimentos e comportamentos como violações a serem repreendidas, punidas e revertidas. O repúdio à violência existia nas sociedades medievais; a violência, porém, era outra. Um bispo que degolava cristãos e gritava ordens de matança protestava vigorosamente contra a *violentia*. Historicamente, portanto, a capacidade de indignar-se, revoltar-se e resistir ao império da violência ocorre de diversas maneiras, com lógicas que escapam a quem – como é meu caso – foi educado sob a crença inegociável na existência de direitos humanos universais. Lógicas que estão por ser exploradas e explicadas.[41]

---

41. RUST, Leandro Duarte. *Bispos guerreiros*: violência e fé antes das Cruzadas. Petrópolis: Vozes, 2018.

Foi o que me propus a fazer. Após a publicação de *Bispos guerreiros*, busquei um tema em que a violência fosse o próprio objeto de estudos – não uma questão transversal, apenas uma variável no foco da pesquisa. Um estudo pontual sobre história dos incêndios entre 880 e 1080[42] me proporcionou contato com a documentação sobre as "invasões do século IX", entre as quais, as investidas vikings sobre o continente europeu. A experiência descortinou um horizonte de possibilidades. Até então eu não fazia ideia da vastidão e da complexidade dos registros históricos sobre as incursões "dos homens do norte". Por uma mescla de praticidade e limitações do conhecimento que poderia elaborar, decidi ater-me à documentação redigida no Império Carolíngio.

"Império Carolíngio" é uma expressão que remete a uma medida convencional de tempo e de espaço. Cronologicamente, ela abrange do ano 800 (quando a coroa imperial foi colocada pela primeira vez sobre a cabeça de um "rei dos francos", neste caso, Carlos Magno) a 888 (quando a morte de Carlos III sepultou a hegemonia da dinastia carolíngia à frente do Império). Geograficamente, a expressão tem por referência a unidade política que recobriu grande parte do que conhecemos como Europa ocidental. Isto é, em termos atuais aproximados, do norte da Espanha ao sul da Dinamarca, do litoral atlântico francês ao maciço central húngaro. Este livro está circunscrito a tais convenções, com exceção da data inicial: esta história da violência viking abrange de 781 a 888.

Apresentado o plano geral das ideias, é chegado o momento de trilhar o rastro da violência. É hora de seguir o fio de sangue.

* * *

---

42. RUST, Leandro Duarte. Uma calamidade insaciável: espaço urbano e hegemonia política em uma história dos incêndios (880-1080). *Revista Brasileira de História*, vol. 36, n. 72, 2016, p. 61-84.

2
No labirinto documental, um fio de sangue

> "Sangue é um suco muito precioso..."
>
> Mefistófeles, por Goethe, 1808.

1 Um pormenor intrigante

Pode-se imaginar a cena como uma travessia em mar de gente. A cidade, Nantes, estava tomada por uma multidão de romeiros, vindos das mais diversas partes, quando o grupo de monges surgiu intramuros. Eram as festas de São João Batista, junho de 843. Com as ruas apinhadas, talvez a chegada dos religiosos passasse despercebida; engolida imediatamente pela maré alta da aglomeração, levada pelo incessante ondear dos devotos. Contudo, é provável que os tonsurados tenham sido notados assim que cruzaram o portão. Não só pela força da hierarquia social, por eventual reverência dos celebrantes à distinção suscitada pelos trajes, símbolos e gestos monásticos, mas, principalmente, porque aquele grupo aportava em Nantes para desembarcar uma bagagem valiosíssima. Difícil saber se os objetos eram volumosos, mas é possível supor que fossem transportados com cuidado cerimonioso, zelo incansável. Talvez o grupo tenha avançado abrindo caminho, partindo a imensidão humana, forçando passagem para os objetos mais do que para si. Pois aqueles não eram pertences de viajantes ou acessórios de penitentes. Como se descobriu, era carga santa.

Os religiosos não eram um grupo celebrante, mas em fuga. Buscavam abrigo após abandonar o mosteiro de Inde levando consigo as relíquias e o tesouro. A decisão de partir veio logo após ouvirem os rumores sobre "piratas normandos", navegando rio acima. Um itinerário fatal: cedo ou tarde os invasores alcançariam o cenóbio, fundado às margens do Loire. Decidimos abandonar o lugar para que as relíquias escapassem aos inimigos pagãos – talvez essa tenha sido a versão contada às autoridades locais após encontrarem proteção entre muralhas que, erguidas pelos romanos, resistiam ao assédio do tempo e intimidavam a marcha dos séculos. Se as coisas transcorreram assim, o relato impregnou o ar com um odor de apreensão. Pois no lamento dos religiosos teria ecoado um prenúncio. Inde ficava a pouco mais de dez quilômetros de distância. Chegar ao mosteiro correspondia a alcançar a cidade. Se o que diziam fosse verdade, a contagem regressiva para o instante em que os invasores pisariam a sombra de Nantes já se esgotava. A presença dos refugiados era voz anunciando: os últimos grãos estavam prestes a cair na ampulheta da desventura humana. Segundo a documentação, após a estocada da notícia, o Bispo Gonhardo agiu rapidamente. Confiando no cinturão ancestral de pedra, reuniu os fiéis e se aquartelou na igreja, talvez o mais robusto edifício em toda cidade. Não foi suficiente. Vikings escalaram o paredão, ganharam as ruas, alcançando a fortaleza improvisada. Tomados por um "furor bárbaro", irromperam pelo santuário, "mataram o bispo e causaram o massacre do povo indefeso". Clérigo ou laico, ninguém foi poupado. Foram horas de devastação. Por fim, entregue ao apetite das chamas, a igreja fumegava enquanto prisioneiros eram arrebanhados para as embarcações nórdicas. O ferro e o fogo dos piratas logo cobririam toda a região.[1]

---

1. Essa versão consiste em uma compilação de informações encontradas nas fontes compostas entre 850 e 950. Duas versões, no entanto, foram adotadas como textos de referências, dos quais provém a maioria das citações, sendo elas: EMENTÁRIO. De translationibus et miraculis sancti Filiberti. In: POUPARDIN, René (Ed.). *Monuments*

Tudo ocorreu *sem sangue*, ao menos textualmente. Eis um traço intrigante. Narrar um episódio como o saque de Nantes sem vislumbrar derramamento de sangue pode nos parecer uma falácia, uma versão fraudada dos fatos, algo farsesca. Afinal, matar dezenas – talvez centenas – com a lâmina é fender a pele, golpear, ferir e, como tal, fazer sangrar. Ou essa é uma história sangrenta ou simplesmente não é história alguma – poderíamos dizer. Entretanto, nos registros de época, o episódio transcorre sem menção a "sangue", não obstante a insistência com que se mencionava outros elementos. Aliás, tais registros compuseram cenografias variadas para a invasão. Uma vez coligidas, as diversas versões sobre o ataque viking formam um conjunto abundante em detalhes, colorido por minúcias. A documentação é pródiga em pormenores. Os medievais colocaram o acontecimento em cena de muitas maneiras, que variavam, em grande medida, em razão do detalhamento da trama.

Por exemplo, alguns compiladores do episódio saciaram a memória dizendo que "o povo indefeso" foi morto pelos invasores, enquanto outros precisaram ressaltar que as vítimas eram "muitos clérigos e laicos de ambos os sexos".[2] No primeiro caso, a matança recai sobre uma coletividade de iguais; no segundo, sobre grupos juridicamente distintos. Do lamento pela morte comum passa-se ao pranto pelo ultraje a hierarquia e privilégios. Nas lembranças de um monge contemporâneo ao saque, o bispo, o clero e uma multidão de

---

de *l'Histoire des Abbayes de Saint-Philibert*. Paris: Alphonse Picard, 1905, p. 59-60; MIRACULA MARTINI ABBATIS VERTAVENSIS. MGH SS Rer. Merov. 3, p. 573. A única exceção é a alusão aos "piratas normandos", expressão retirada de: ANNALES BERTINIANNI. MGH SS Rer. Germ. 5, p. 29. Foram ainda levadas em consideração: CHRONICON FONTANELLENSE. IN: LAPORTE, Jean (Ed.). *Société de l'Histoire de Normandie*, ser. 15, 1951, p. 79; ANNALES ENGOLISMENSES. MGH SS 16, p. 486; FRAGMENTUM CHRONICI FONTANELLENSIS. MGH SS. 2: 302. A construção narrativa foi igualmente balizada pela leitura de: COUPLAND, Simon. The vikings on the continent in history and myth. *History*, vol. 88, n. 2, 2003, p. 186-203.

2. ANNALES BERTINIANNI. MGH SS Rer. Germ. 5, p. 29.

fiéis aparecem com as gargantas cortadas. A escala da mortandade sugere que tenham sido executados em espaço aberto, amplo, provavelmente fora da igreja, que, é importante notar, não é mencionada.[3] Já outra versão, redigida décadas depois, confere a Gonhardo outro posicionamento em cena: como o protagonista de uma morte única, impressionante. Seu assassinato não só ocorre dentro da igreja, como em plena liturgia. Agora, o prelado tem a vida ceifada enquanto declamava *sursum corda* ("corações ao alto"), uma exortação de abertura para o rito romano. Morto durante a missa, golpeado enquanto celebrava a fé para consolar as almas, o bispo se desgarra da massa de degolados e surge engrandecido como uma "vítima sagrada".[4] Pastor e rebanho, desiguais inclusive na morte. As provas de uma superioridade do episcopado adensavam os detalhes.

As variações eram expressões culturais, por isso eram abundantes. Os pormenores sobressaíam, inclusive, nos modos de redizer, para contar novamente. Por exemplo, em poucas linhas, a ação contra a igreja surge descrita com três palavras distintas: *incendio*, *flamma* ("chamas") e *igne* ("fogo").[5] As armas empunhadas para a matança são definidas como *gladii* ("espadas"), mas também, genericamente, como *ferro* ("aço").[6] Os registros não são monótonos,

---

3. EMENTÁRIO. De translationibus et miraculis sancti Filiberti..., p. 59-60.
4. MIRACULA MARTINI ABBATIS VERTAVENSIS. MGH SS Rer. Merov. 3, p. 573. As variações na versão do saque de Nantes foram pontualmente analisadas por: COUPLAND, Simon. The Vikings on the continent..., p. 190-194.
5. HISTORIA SANCTI FLORENTII SAMURENSIS. In: MARCHEGAY, Paul; MABILLE, Émille (Ed.). *Chroniques des Églises d'Anjou*. Paris: Jules Renouard, 1869, p. 219. Cf. ainda: CHRONICON SANCTI MAXENTII PICTAVENSIS. In: MARCHEGAY, Paul; MABILLE, Émille (Ed.). *Chroniques des Églises d'Anjou*. Paris: Jules Renouard, 1869, p. 362-363.
6. As variações constam em: EMENTÁRIO. *De translationibus et miraculis sancti Filiberti*..., p. 59-60; HISTORIA SANCTI FLORENTII SAMURENSIS. In: MARCHEGAY, Paul; MABILLE, Émille (Ed.). *Chroniques des Églises d'Anjou*..., p. 219, MIRACULA MARTINI ABBATIS VERTAVENSIS. MGH SS Rer. Merov. 3, p. 573.

as versões são matizadas e adaptadas. Detalhamentos e discrepâncias, adicionados posteriormente e por narradores que sequer haviam nascido quando a cidade foi conquistada, fazem do ataque um acontecimento com muitas aparências. O que quer que tenha ocorrido em Nantes em junho de 843 está perdido, desaparecido na maior parte, de modo que toda tentativa de reconstrução dos fatos será provisória e imaginária. Porém, restaram muitas indicações textuais. *A alusão ao sangue não é uma delas.* Os documentos dos séculos IX e X *não* são irrigados por ele.

2 Sangue, desejo moderno

Tal característica frustra um desejo moderno. Afinal, a modernidade acalenta uma intensa paixão coletiva pelo sangue e nos compele, constantemente, a encontrá-lo em toda parte. Tenho enorme dificuldade para explicar esse fenômeno – cuja realidade, no entanto, me alcança incessantemente. Por vezes, o cotidiano parece saturado por "sangue". Como nome ou imagem, ele sobrecarrega os telejornais e o noticiário. Filmes, séries, literatura, pintura, artes plásticas: sua presença encharca as alternativas de entretenimento e evasão. Observe a política. Parece não haver garganta capaz de resistir a expressões como "sangue nas mãos", "nosso sangue", "política no sangue", "sangue do povo"... Acesse algum site ou aplicativo de músicas e faça uma busca. Entre as letras cifradas e os nomes de bandas, do samba ao *punk rock* (com destaque para o gospel), a lista reunirá dezenas de milhares de sugestões que fazem de sangue som e melodia. Decifrado como fluido corporal, sangue nos influencia sob mil disfarces: como ênfase, justificativa, promessa, metáfora, caráter, ilusão, fantasia, estigma, valor, emoção, estímulo, acusação, ideal, objeto, procedimento, oferta, identidade, mistério, aviso, força, limite, neurose, fetiche, estética, essência...

A primeira hipótese que me ocorreu foi cogitar que a massificação de sua presença cultural decorresse da medicalização do consumo.[7] O apelo do raciocínio residia no fato de o contínuo crescimento da jurisdição médica sobre a rotina e os hábitos se manifestar como uma terapêutica do sangue. Na medida em que consumimos não só medicamentos, mas variada programação diária de informações médicas, as obrigações perante o sangue converter-se-iam em rotina, explicando como nos acostumamos a tê-lo sempre em conta, examiná-lo, coletá-lo, decompô-lo, monitorá-lo, tratá-lo, doá-lo, estocá-lo, transferi-lo... A ideia tem certo peso. A medicalização do consumo poderia ter exportado a hematologia – o estudo do que corre em nossas veias – para muito além do consultório ou do hospital. Contudo, dois fatores encurralaram tais conjecturas. A cronologia. Pois os indícios dessa ressurgência camaleônica de "sangue" na cultura ocidental precedem, em ao menos três séculos, a medicalização do consumo (tida como um fato posterior à Segunda Guerra). E a complexidade. Já que a abrangência e a versatilidade dessa familiaridade vão além da integração da vida social como dimensão da saúde.[8] Então, cedi. Abandonei a hipótese, sem dispor de substituta. Meu insucesso, todavia, não nos imobiliza. A lacuna não impede de avançar. Afinal, nestas páginas, o essencial é notar que a presença de "sangue" é uma ânsia para a mente moderna.

Ele povoa a relação com o sagrado e a espiritualidade, uma vez que diversas ideias sobre a condição humana, o mundo metafísico,

---

7. SANTOS, Luiz A. de Castro; MORAES, Cláudia; COELHO, Vera Schattan P. Os anos 80: a politização do sangue. *Physis-Revista de Saúde Coletiva*, vol. 2, n. 1, 1992, p. 107-149.

8. Todo o parágrafo articula a compreensão de "medicalização do consumo" de Gilles Lipovetsky, inclusive na escolha dos vocábulos e termos. Cf. LIPOVETSKY, Gilles. *A felicidade paradoxal*: ensaio sobre a sociedade de hiperconsumo. São Paulo: Companhia das Letras, 2007, p. 53-59; LIPOVETSKY, Gilles; SERROY, Jean. *A estetização do mundo*: viver na era do capitalismo artista. São Paulo: Companhia das Letras, 2015, p. 394-399.

a redenção e a danação, bem como sobre a distinção entre os seres ganham forma através de expressões como "o sangue de Cristo", "o sangue dos mártires", "a remissão pelo sangue" e "sacrifícios de sangue".[9] Raciocínio de largo alcance, aplicável da religião à teoria econômica. Cruzemos a paisagem mental dos modernos, passemos dos insondáveis assuntos da alma à previsibilidade das relações de produção, e lá estará ele. Reencontraremos essa intimidade simbólica. Uma frase como "o dinheiro é o sangue da comunidade" educou gerações de escolásticos e de fisiocratas – persuadindo-os sobre um suposto papel prioritário do comércio na geração de riquezas – e não perdeu o apelo, a julgar pela frequência com que os economistas falam em "capital de giro" e em "fluxo de caixa" como um líquido a correr por veias.[10] A política é um dos domínios na qual nossa linguagem mais sanguinifica princípios, pessoas e condutas. Hobbes assegurava que a propriedade e os bens móveis devem ser pensados como aspectos vitais à nutrição da soberania, a "corrente sanguínea de um Estado".[11] Desde a publicação de *O Leviatã*, em 1651, essa maneira de pensar englobou o tributo, o território, a diplomacia, a política externa, o direito, datas e ce-

---

9. Cf. ANIDJAR, Gil. *Blood*. A Critique of Christianity. Nova York: Columbia University Press, 2016, p. 79-135.

10. Dois exemplos pontuais, meramente ilustrativos: "*Para a empresa, o capital de giro no sentido amplo representa o sangue que circula pelas várias fases do ciclo operacional*". In: MALVESSI, Oscar Luiz. *Capital de giro*: políticas e modelos. (Dissertação de Mestrado) Fundação Getúlio Vargas, 1982, p. 1; "*o fluxo de caixa, o sangue da empresa, é o tema da preocupação básica do administrador financeiro*". In: GITMAN, Lawrence. *Princípios da administração financeira*. São Paulo: Pearson, 2004, p. 84.

11. Tradução do autor, cf. THOMAS HOBBES. *Leviathan*. Oxford: Oxford University Press, 1998, p. 167. Cf. ainda: ERIKSEN, Christoffer Basse. Circulation of blood and money in Leviathan-Hobbes on the economy of the body. In: BEK-THOMSEN, Jakob; CHRISTIANSEN, Christian Olaf; GAARSMAND JACOBSEN, Stefan; THORUP, Mikkel (Ed.). *History of Economic Rationalities*: economic reasoning as knowledge and practice authority. Dordrecht: Springer, 2017, p. 31-41.

lebrações cívicas. Quem pode dizer quanto da vida pública contém a frase "nação é sacrifício, abnegação e sangue"?[12]

A modernidade secularizou "sangue". Converteu propósitos e dilemas mundanos na essência de seus significados, fez do aqui e agora o princípio organizador de seus usos linguísticos. Do ponto de vista da interação social, "sangue" não remete, prioritariamente, a mistério, tabu e redenção, mas a condição, afinidades e poder. Dessacralizada, a palavra se tornou *meio teórico* largamente utilizado para abordar os posicionamentos sociais em seus aspectos mais heterogêneos. A literatura psicanalista é um caso eloquente. "Sangue" é aí figura tridimensional. É simultaneamente um conceito para a natureza dos vínculos sociais, símbolo para a personalidade coletiva e índice da vida psíquica individual. Erich Fromm, por exemplo, dizia que a separação do núcleo formado por "afinidade de sangue" empurrou o homem para o pertencimento a grupos maiores e absorveu sua identidade em uma psicologia coletiva definida por novas fontes de coesão: linguagem comum, crenças comuns, ordem social comum. Entretanto – seu pensamento prossegue –, essa assimilação deu à luz um pavor profundo: o de ser esmagado por um isolamento psíquico. A liberdade que desacorrentou os laços tradicionais inspirou o medo de viver feito átomo, destacado e solitário. Em luta contra o retraimento, para escapar ao terror da existência ilhada, "o

---

12. BONAVIDES, Paulo. Reflexões sobre nação, Estado social e soberania. *Estudos Avançados*, vol. 22, n. 62, 2008, p. 195-206. A extensão da resposta impressiona em uma série de autores brasileiros, que, por "sangue", se referiam a imensa gama de fenômenos que abrangiam da índole individual até o legado institucional. Caso de Gilberto Freyre, que muito provavelmente incluiria na resposta a essa pergunta desde a diplomacia (*"A política externa do Brasil durante muito tempo será influenciada por essas suas relações com os países cuja tendência é para continuar a enriquecer a América Portuguesa com o seu sangue, os seus valores humanos, o trabalho dos seus camponeses, dos seus lavradores, dos seus operários, dos seus artesãos, dos seus técnicos."*) até o futebol (*"o jogo brasileiro de foot ball é como se fosse dança. Isto pela influência, certamente, dos brasileiros de sangue africano [...]"*. FREYRE, Gilberto. *Novo mundo nos trópicos*. São Paulo: Editora Nacional/Edusp, 1971, p.162-163, 97, respectivamente.

homem se refugia em uma nova 'idolatria de sangue', da qual o nacionalismo e o racismo são as expressões mais evidentes". À primeira vista, as expressões parecem um improviso antropológico, dois rótulos primitivistas que estampariam um formato pré-histórico sobre complexos problemas da era capitalista. A leitura atenta, porém, capta a imensa distância que separa a "afinidade" e a "idolatria de sangue". Com um talento inconfundível, Fromm as fixou como os pontos de partida e de chegada de um pensamento que perpassa a força estabilizadora do parentesco, o impacto das liberdades individuais, a indestrutibilidade do narcisismo, o aprisionamento na obsessão nacional e racial.[13]

Na vereda dos séculos, a secularização se traduziu em abertura semântica. Trazido dos céus à terra, "sangue" comporta significados intercambiáveis e, não raro, imprevistos. Habituados a tê-lo sempre à disposição para espelhar a existência, talvez não percebamos a plasticidade desafiadora dos modos de usá-lo. Aqui vai uma ilustração. Consideremos a seguinte descrição de um conhecido personagem da política ocidental: "[ele] acumulou, por onde passasse, munição nova para incendiar e sangrar o mundo dessas elites que ele considera como uma casta blindada formada pelos traidores do povo". Agora, cogitemos a provocação: aqui, o verbo "sangrar" é, seguramente, uma referência a derramamento de sangue? Se o tomar por caracterização literal, nossa compreensão estará sobre solo firme? Certamente, não. A frase, que à primeira vista pode remeter a um Cromwell e ao regicídio, a um Robespierre e à guilhotina, ou a um Stálin e aos expurgos soviéticos, é na realidade uma epígrafe a respeito de Steve Bannon e da maneira transgressora como ele

---

13. Neste parágrafo, sobrepus diferentes passagens encontradas em: FROMM, Erich. *The Anatomy of Human Destructiveness*. Nova York/Chicago/São Francisco: Holt, Rinehart and Winston, 1973, p. 80; FROMM, Erich. *The Heart of Man*: it's genius for good and evil. Nova York/Evanston/Londres: Harper & Row, 1964, p. 55-56. Tradução do autor.

combinou redes sociais, *Fake News*, ódio e populismo.[14] A espontaneidade camufla a versatilidade embutida no nome, pois "o familiar é o habitual, e o habitual é o mais difícil de 'conhecer', isto é, de ver como problema, como alheio, distante, 'fora de nós'" – já dizia Nietzsche.[15] O manto da naturalidade recobre um constante trabalho de modelagem e experimentação semântica. Claro que foram conservadas aplicações consolidadas, padronizadas. Mas as formas típicas se tornaram elásticas, matéria-prima para combinações tão surpreendentes quanto sutis. "Sangue" é um sinal e um instrumento manobrado para propósitos diversos, manuseado em construções de sentido que coroam perspectivas pessoais.

É uma espécie de ícone moderno que um maço de páginas sob o título *Batismo de Sangue* (Frei Betto, 1983) tenha sido assinado por um dominicano sem se tornar questão de teologia, que a obra não tenha sido disputada como uma tentativa de deslocar dogmas e crenças. A expressão "batismo de sangue" consta no acervo de formulações e categorias que a Igreja romana reivindica como doutrina submetida à sua guarda. Que um religioso, educado na instituição, a tenha mobilizado para qualificar a memória sobre luta armada e tortura durante a ditadura militar brasileira – desviando-a dos usos autorizados por Leão XIII ou Pio X – é uma demonstração emblemática da abertura de sentidos que predomina nos tempos modernos. Um tal caso parece pronunciar: cada indivíduo detém uma parcela do poder para fazer a verdade coagular como tinta.

Aliás, a escrita da história proporciona um ângulo privilegiado para observar esse pluralismo que permite a escolhas pessoais triunfar sobre a eventual norma institucional. "Sangue" é uma bússola que aponta para muitas direções, indicando, simultaneamente, o

---

14. EMPOLI, Giuliano da. *Os engenheiros do caos*. São Paulo: Vestígio, 2020, p. 33.

15. NIETZSCHE, Friedrich. *A Gaia Ciência*. São Paulo: Companhia das Letras, 2001, p. 251.

rumo de diversas regiões do passado. Seu alcance muda expressivamente de autoria para autoria, tracejando um mapa intelectual que representa um pouco de tudo: desde fraudes genealógicas locais (como fez Evaldo Cabral de Mello no penetrante *O nome e o sangue – Uma parábola familiar no Pernambuco colonial*, de 1989) à geopolítica dos confrontos internacionais (caso dos estudos que Emmanuel Hecht e Pierre Servent reuniram sob o título *O Século de Sangue, 1914-2014: as vinte guerras que mudaram o mundo*, de 2014). Um mesmo nome designando desde ideologias e mitos (conforme as definições adotadas em 2009 por Demétrio Magnoli ao compor *Uma Gota de Sangue: história do pensamento racial*) até o funcionamento secular das instituições (como ilustra a estampa adotada para a extensa pesquisa lançada em 2001 por Peter M. Beattie: *Tributo de Sangue. Exército, honra, raça e nação no Brasil*).

Em larga medida, ser moderno é pensar a existência em termos de "sangue". Uma vista d'olhos, como a que realizamos nos parágrafos anteriores, basta para notar que uma linguagem sanguinificada conferiu aspectos ao ser e à corporeidade, estabeleceu códigos para relações de trabalho e a concentração da riqueza; embasou a formação da autoridade e da coletividade; calibrou privilégios, direitos, desigualdades; irradiou emoções, crenças e consensos. Quem pertence ao tempo presente encontra em "sangue" o nome e a coisa que faz e desfaz os mais significativos conceitos da vida social.[16]

A propensão para ler o mundo em vermelho é uma segunda natureza para a mente moderna. Raramente percebemos sua onipresença e força. O hábito de converter atributos sanguíneos em medida de realismo já não parece ser um traço que nos constitui, mas um lugar simbólico que habitamos, o nicho cultural onde conduzimos

---

16. Aqui, a argumentação é particularmente tributária de toda arquitetura conceitual composta por Gil Anidjar em um estudo instigante sobre o sangue como "elemento" central das diversas fenomenologias que caracterizam a trajetória histórica da Cristandade. Cf. ANIDJAR, Gil. *Blood*. A Critique of Christianity....

nossa existência. Dada a frequência com que reencontramos o sangue como substância, elemento, símbolo, valor e metáfora, já não parece que o possuímos: pertencemos a ele. Isso explica por que muitos historiadores lidaram com aquela característica dos textos medievais como se olhassem para uma ausência evidente, uma lacuna supostamente óbvia e à espera de ser preenchida, desatenção a ser reparada. Muitos estudiosos parecem partilhar a certeza de que um relato como aquele sobre o saque de Nantes seria uma descrição a ser naturalmente completada por um intérprete moderno. Como se "sangue" sempre estivesse lá, como um componente atuante, porém calado. Uma presença que, sequestrada da menção objetiva, aguarda quem lhe retire a mordaça. "Talvez, nenhuma menção era feita ao sangue em tais casos porque sua presença teria sido presumida", sugeriu um especialista em literatura medieval.[17] Com efeito, ao traduzir registros sobre a violência viking, muitos autores inscreveram o sangue na narrativa. Ao verter o latim medieval para línguas modernas, irrigaram o passado com expressões sanguinolentas.

3 O tempo rendido ao olhar

É o que costuma acontecer com a tradução de uma passagem escrita por um monge chamado Notker, falecido na abadia de Saint Gall em 912. Quando contava pouco mais de quarenta invernos, esse beneditino conhecido pelo espírito erudito e a língua tartamuda – ele passaria à posteridade como "Notker, o Gago" – recebeu uma encomenda invulgar. O Imperador Carlos III encarregou-o pessoalmente de compor um relato dos feitos de seu bisavô, Carlos Magno. Notker era escritor prolífico. Sua pena legou-nos dezenas de obras entre as quais hinos, versos e vidas de santos. O

---

17. Tradução do autor, cf. JONES, George Fenwick. The treatment of bloodshed in Medieval and Modern Literature. *Studia Neophilologic*a, vol. 70, 1998, p. 83-88, citação da p. 84. Tradução do autor.

pedido imperial, contudo, consumiu anos de disciplina monástica e, mesmo assim, permaneceu inacabado. Dois dos três livros que comporiam a obra foram concluídos. E é no segundo livro, dedicado às proezas de armas do imperador ancestral, que se encontra a passagem em questão.

A certa altura, o monge descreve como "Godofredo, rei dos normandos" desafiou um tanto sorrateiramente o poder carolíngio. Aproveitando-se de uma viagem prolongada de Carlos Magno, ele invadiu uma região fronteiriça do reino dos francos. Após saquear terras próximas ao rio Mosela, o rei retornou vitorioso, mas foi morto pelo próprio filho. Ao ouvir sobre o desfecho, Carlos rendeu glórias a Deus, mas lamentou: "Ah, ai de mim, porque não mereci ver minha mão cristã se divertir com aqueles cabeças-de-cachorro".[18] Essa frase icônica que Notker colocou nos lábios de Carlos Magno surgiu assim em uma edição moderna: "Ah, ai de mim, porque não fui considerado digno de ver minhas mãos cristãs mergulhando no sangue daqueles demônios com cabeça de cachorro".[19] Se há uma palavra que corresponda a "sangue" na passagem em latim, escapou-me – aliás, também não encontrei aquela que teria sido traduzida como "demônios". Além disso, o verbo com o qual o imperador expressa sua frustração está redigido como *luserit*, uma declinação de *lūdere*, que comporta muitos significados: "divertir-se", "jogar", "imitar", "ridicularizar", "provocar" ou mesmo "enganar". "Mergulhar" é uma acepção, no mínimo, excepcional; quiçá improvável. O humor foi destacado como expressão de invencibilidade e poderio

---

18. NOTKER BALBULUS. Gesta Karoli Magni. MGH SS Rer. Germ. N.S. 12, p. 75-76. MONACHUS SANGALLENSIS. De Carolo Magno. In: JAFFÉ, Philippus (Ed.). *Bibliotheca Rerum Germianicarum*. Berlin: Weidman, 1867, vol 4, p. 687.

19. Tradução do autor, cf. GRANT, Arthur James (Ed.). *Early Lives of Charlemagne by Eginhard and the Monk of St. Gall*. Londres: Chatto & Windus, 1926, p. 138. Essa versão foi adotada pelo site *Internet History Sourcebooks Project*, mantido e regularmente atualizado por Paul Halsall: https://sourcebooks.fordham.edu/basis/stgall-charlemagne.asp#back40. Acesso em 28 de abril de 2020.

militar, não o apetite sanguinário. Aspecto há muito estudado sobre a prosa do monge de Saint Gall.[20]

O senso de humor que Notker atribuiu a Carlos Magno era de inspiração romana. Como antigo César, o rei franco de suas recordações divertia-se às custas de sofrimentos, dores físicas e mortes. Dificilmente isso ocorreria sem romper a pele, ferir ou mutilar. Admitamos: sim, o texto vocaliza um ímpeto para dispor da vida e do sangue alheios. No entanto, a história perde algo quando um autor moderno confere ao sangue uma presença textual que ele não possui. Certas diferenças entre os medievais e nós são esquecidas antes de terem sido compreendidas. O fio desse raciocínio leva, por exemplo, à palavra *caedēs*. Antigos e medievais empregavam-na como nome para a matança, para um descontrole da força letal. Esse núcleo semântico encontra correspondência em termos como "massacre", "carnificina", a já mencionada "matança", "assassinato" ou "tentativa de assassinato". Eis uma lista eminentemente *jurídica*. Longe de ser genérico, este é um vocabulário legalista, que repercute noções do direito. As alternativas nessa lista não priorizam a descrição, mas a classificação das ações como excessivas, injustas. Uma frase como "deste momento em diante já não era uma batalha (*pugna*), mas um massacre (*caedēs*)"[21] opera uma distinção legal entre guerra justa e injusta. Quando o confronto não condiz com uma batalha, matar pode ser considerado tirania. A morte infligida adquire outro peso. Distinção que costuma ser embaralhada quando o termo *cae-*

---

20. KERSHAW, Paul. Laughter After Babel's Fall: misunderstanding and miscommunication in the Early Middle Ages. In: HALSALL, Paul (Ed.), *Humour, History and Politics in Late Antiquity and the Early Middle Ages*. Cambridge: Cambridge University Press, 2002, p. 179–202; INNES, Matthew. "He never even allowed his white teeth to be bared in laughter": the politics of laughter in the Carolingian Renaissance. In: HALSALL, Paul (Ed.), *Humour, History and Politics...*, p. 131–56. INNES, Matthew. Memory, orality and literacy in an Early Medieval Society, *Past and Present*, vol. 158, 1998, p. 3-36.

21. TITO LÍVIO. *History of Rome*. Cambridge: Harvard University Press, 1940 (Loeb Classical Library), vol. VI, p. 394.

dēs faz correr sangue sobre o primeiro plano de nossa imaginação. Eis alguns exemplos.

Pelas mãos de François Guizot, intelectual de enorme influência na França durante o século XIX, *caedēs* se tornou *met à sang*, "pôr a sangue".[22] Assim, uma passagem como a que registra "[o rei] devasta Angers com pilhagem, fogo e massacre, bem como outras vilas que pôde alcançar,"[23] se tornou "[o rei] devasta, pilha, passa Angers a fogo e sangue, bem como outras vilas que pôde alcançar". De modo sutil, tênue, uma mudança é operada na figura da violência. De palco de um massacre, Angers passa a ser *um ente* que sangra. Com a cidade humanizada, a tradução enuncia um senso de proximidade antropomórfica que, por sua vez, é capaz de diminuir a distância emocional do leitor em relação ao texto. A dosagem da carga emotiva injetada na leitura foi alterada.

Vejamos algo recente. Arrisquemos um saldo de aproximadamente duzentos anos. Em 2009, ao traduzir a *Crônica* do abade Regino de Prüm, valioso relato sobre a época em que vikings navegavam por rios francos, o professor britânico Simon Maclean optou por *bloodbath*: *caedēs* é, agora, "banho de sangue".[24] Aqui, um esclarecimento. Não estou sugerindo que a opção tenha sido descabida, tampouco que seja considerada erro. *Caedēs*, por vezes, era redigida como metonímia para a guerra, o morticínio, a violência. Em casos assim, uma redação que envolva "sangue" pode captar com exatidão o conteúdo objetivo atrelado a tais ações ou estados. Não se trata de mini-

---

22. Tradução do autor, cf. GUIZOT, François. *Collection des Mémoires Relatifs à l'Histoire de France*. Paris: J.L.J. Brière, 1824, vol. 4, p. 175.
23. ANNALES BERTINIANNI. MGH SS Rer. Germ. 5, p. 58.
24. REGINO DE PRÜM. Crônica. In: MACLEAN, Simon (Ed.). *History and Politcs in Late Carolingian and Ottonian Europe*: The Chronicle of Regino of Prüm and Adalbert of Magdeburg. Manchester: Manchester University Press, 2009, p. 185, 211. O texto latino de referência é proveniente de: REGINO DE PRÜM. Chronicon. MGH SS Rer. Germ. 50, p. 118, 138.

mizar a dificuldade técnica ou dar a entender que há uma maneira de fazer com que o ato de traduzir deixe de ser escolha, um sacrificar de possibilidades. O ponto sobre o qual insisto é outro. Traduzir é proporcionar um horizonte de possibilidades através das palavras, é abrir a linguagem para a *ampliação* do pensamento. E *bloodbath* parece restringir, fixar uma possibilidade muito específica.

Onde outros decidiram por *carnage* ("massacre", "carnificina"),[25] Maclean optou por uma redação de enorme *impacto moral* na língua inglesa. A era elisabetana consagrou a cena banhada em sangue como ícone para o descontrole vergonhoso. Algumas das mais famosas obras de Shakespeare a imortalizaram como símbolo para a deflagração de uma existência trágica. Em *Macbeth*, por exemplo, é prova cabal de fracassar no autocontrole, a marca deixada pelo voluntarismo que gotejará remorso ininterruptamente, formando um fluxo de culpa e necessidade de julgamento. À medida que se popularizou, a dramaturgia promoveu "banho de sangue" ao posto de expectativa corrente de um imaginário nacional e moderno. A tradução fixa a palavra como portadora de uma especificidade. Com efeito, um genérico e relativamente frequente *caedēs* é transformado em veículo para a aparição repetitiva de um extraordinário espetáculo sangrento, elevando as chances de uma leitura que encurte a distância entre crônica medieval e tragédia moderna. E o caso está longe de único. Já havia ocorrido na tradução das *Crônicas carolíngias* lançada pela Universidade de Michigan nos anos 1970 e reeditada deste então. Incorporando aparições para o sangue, corremos o risco de modificar as referências que enquadram a narrativa das cenas.[26]

---

25. Como fez Janet Nelson, ao traduzir os *Anais de Saint Bertin*: ANAIS DE SAINT-BERTAIN. In: NELSON, Janet L. (Ed.). *The Annals of St-Bertin*: Ninth-Century Histories. Manchester/Nova York: Manchester University Press, 1991, p. 50. Neste caso, trata-se de uma passagem que consta em ANNALES BERTINIANNI. MGH SS Rer. Germ. 5, p. 25.

26. SCHOLZ, Bernhard Walter (Ed.). *Carolingian Chronicles*: Royal Frankish Annals and Nithard's Histories. Ann Arbor: The University of Michigan Press, 1972, p. 173.

O caso mais emblemático que encontrei ocorreu em uma publicação espanhola. Em ao menos quatro trechos de dois documentos distintos, Javier del Hoyo e Bienvenido Gazapo – o primeiro, um catedrático em filologia – reescreveram a expressão *ferro et igni cuncta devastat* ("a devastou inteira a ferro e fogo") como *la devastó a sangre y fuego* ("a devastou a sangue e fogo").[27] Aqui, a tradução foi uma espécie de alquimia: transformou metal em sangue. Com a difusão de alusões ao sangue, a escrita perde um pouco da força de experiência jurídica e incorpora o traço de uma animalidade naturalizada. As distâncias entre os medievais e nós deixam de sugerir outra racionalidade e passam a denotar certa desumanidade.

Não se trata de uma tecnicalidade sem importância. O silêncio eclesiástico sobre o sangue não era uma ausência, mas *uma característica*. Tampouco era circunstancial ou acidental. Estamos diante de um dado cultural, um padrão discursivo com o qual gerações explicaram o mundo à sua volta. Consideremos algumas das documentações mais usadas pelos historiadores e a afirmação ganhará força. Comecemos pelos *Anais de Saint Bertin*. Sua redação foi obra de dois eclesiásticos distintos. Iniciado nos anos 830 por Prudêncio, bispo de Troyes, esse relato sobre a marcha anual de acontecimentos envolvendo os reinos francos foi continuado por outro prelado após a morte do escriba. Hincmar, arcebispo de

---

Sobre o significado moral do sangue na dramaturgia elisabetana: COOPER, Helen. *Shakespeare and the Medieval World*. Londres/Nova Delhi/ Nova York/Sydney: Bloomsbury, 2010, especialmente p. 139-169; O'CONNELL, Michael. Blood begetting blood: Shakespeare and the mysteries. In: MORSE, Ruth; COOPER, Helen; HOLLAND, Peter (Ed.). *Medieval Shakespeare*: past and present. Cambridge: Cambridge University Press, 2013, p. 177-189.

27. DEL HOYO, Javier; GAZAPO, Bienvenido. *Annales del Imperio Carolingio*. Madrid: Ediciones Akal, 1997, p. 93, 94, 105, 140. Na mesma página do último caso mencionado, a palavra latina *sanguinem* ocorre ao menos duas vezes. Os textos em latim adotados para comparação foram aqueles empregados na tradução, conforme esclarecimento dos editores. Cf. ANNALES REGNI FRANCORUM. MGH SS Rer. Germ. 6, p. 151, 153, 165. ANNALES BERTINIANNI. MGH SS Rer. Germ. 5, p. 19.

Reims, se encarregou dos registros na década de 860 e os manteve até o ano de sua morte, 882. Como descrição de conflitos, encontrei a palavra "sangue" três vezes. Por outro lado, me deparei com "fogo" compondo a cenografia das guerras aproximadamente 24 vezes.[28] Quando observados pelas lentes de Prudêncio e Hincmar, ataques vikings deixavam um rastro de incêndio mais do que de campos ensanguentados.

Poucos conflitos, vale frisar, faziam o sangue correr ao longo das linhas de uma narrativa. Passemos a outro documento, *Anais de Saint Vaast*. Tendo sido confeccionado na principal abadia vizinha à cidade de Arras, no início do século X, esse texto contém a perspectiva de quem habitava uma das regiões mais afetadas por incursões vikings. Mas, a imagem que sobressaiu da leitura não diferiu quanto ao aspecto ressaltado. Deparei-me com "sangue" em dois trechos, ao passo que "fogo" emergiu ao menos 47 vezes.[29] Talvez, o caso mais eloquente esteja nos *Anais de Xanten*, cuja composição ocorreu em Lorcsh e em Colônia. Nos registros que cobrem o período de 838 a 879, época em que os francos foram alvo de numerosos grupos de "piratas normandos", não encontrei menções a sangue como um traço característico de tais contatos. Quatro décadas, com invasões, conflitos e guerras registrados quase todos os anos.[30]

Como explicar esse silêncio?

---

28. Para a referência a "sangue" foram consideradas as seguintes redações: *sanguis* e suas variações (como *sanguine, sanguinem, sanguinis*) e *cruor*, quer como substantivo, adjetivo (*cruentus, cruentis, cruentum*) ou advérbio (*cruenter*). A expressão "na descrição de conflitos" implica que o levantamento lexical não incluiu episódios da história sagrada: isto é, aqueles em que o sangue é uma grandeza eucarística – o "sangue de Cristo" – ou uma ocorrência milagrosa – como o caso de uma camisa que, ao ser passada à ferro, foi misteriosamente tingida de sangue. Edição considerada: ANNALES BERTINIANNI. MGH SS Rer. Germ. 5.

29. Edição considerada: ANNALES VEDASTINI. MGH SS Rer. Germ. 12.

30. Edição considerada: ANNALES XANTENSES. MGH SS. Rer. Germ. 12.

4 Uma cultura da violência?

O primeiro passo consiste em evitar o senso comum, isto é, o estereótipo de uma Idade Média que trivializava a violência. Não é tarefa simples. A reputação dos medievais como rotineiramente violentos está profundamente enraizada em nosso dia a dia. Estamos sempre no raio de seu alcance. A indústria cinematográfica a retoca assiduamente e a cada vez que o faz emprega uma tecnologia capaz de hipnotizar por seus efeitos realistas. Aliás, a certeza sobre a impetuosidade medieval é uma *commodity* artística cuja cotação está em alta há décadas nos mercados de entretenimento. Ela responde por uma parcela expressiva do valor agregado a *games*, produções para *streaming*, opções de lazer, festivais e até a práticas esportivas. Com "medieval", rotulamos um consumo regular de um ideal duplo de justificação: daquilo que nosso modelo de cidadania qualificou como excesso corporal e, simultaneamente, de realização pessoal através da imposição física. Ideal que nos chega por outras vias, como a literatura, a cultura popular, as tradições religiosas, as mitologias políticas e o conhecimento científico.[31] Sim, o saber científico. Universidades e centros de pesquisa ocupam lugar importante nessa lista. Afinal, a reputação de uma Idade Média saturada de violência condiz com as conclusões veiculadas em publicações especializadas e estudos de grande impacto. Não obstante distintos, senso comum e saber científico por vezes se aproximam e, em alguns casos, se tocam, surgindo uma interseção de influências conceituais, empréstimos e apropriações. A compreensão acerca da violência medieval é um desses casos.

---

31. Cf. GEARY, Patrick. *O mito das nações*. São Paulo: Conrad Editora do Brasil, 2005; KLINE, Daniel T. (Ed.). *Digital Gaming Re-imagines the Middle Ages*. Nova York: Routledge, 2014; ELIOTT, Andrew B. R. *Medievalism, Politics and Mass Media*: appropriating the Middle Ages in the Twenty-first Century. Cambridge: D. S. Brewer, 2017; STURTEVANT, Paul. *The Middle Ages in Popular Imagination*: memory, film and Medievalism. Londres: I.B. Taurus, 2018.

Muitos pesquisadores asseguram que ela ocupava a "centralidade nas estruturas do poder e mesmo nas relações sociais cotidianas",[32] sendo a conversão da agressividade e da força bruta em tabus algo relativamente novo, ocorrido há pouco mais de trezentos anos. Quando se considera a imensidão da história, na espessura milenar das sociedades, seria forçoso reconhecer, segundo essa visão, quão recente é a adesão social à valorização da integridade física como um princípio fundamental; quão jovem é a ética que carimba "proibido" sobre tudo o que ameaça a preservação da vida humana. Como afirmou Robert Muchembled, autor do conhecido *Uma História da Violência*, "a brutalidade das relações humanas compõe uma linguagem social universal, considerada normal e necessária no Ocidente, até, pelo menos, o século XVII".[33] Na Idade Média, a rivalidade destrutiva teria sido aprendizado diário. No peito de cada pessoa teria existido abrigo para a necessidade e a decisão de violar seres e coisas. A violência teria transbordado o limite das condutas repreensíveis, pois era (assim se acredita) ao mesmo tempo ideal moral, código político e mecanismo de regulação das relações sociais.[34] Tal ênfase sobre o alcance e a relevância sociais das condutas violentas medievais é frequentemente mobilizada na forma de uma expressão: "cultura de violência".

A aplicação do conceito mereceria um estudo à parte. Sua fórmula é muito flexível e acarreta desdobramentos originais e frutíferos. Mas uma das premissas que o sustentam é simples. Consiste no postulado

---

32. Tradução do autor, cf. SKODA, Hannah. *Medieval Violence*: physical brutality in Northern France, 1270-1330. Oxford: Oxford University Press, 2013, p. 1.

33. MUCHEMBLED, Robert. *Uma história da violência*: do fim da Idade Média aos nossos dias. Rio de Janeiro: Forense Universitária, 2012, p. 8.

34. WOOD, Andy. Collective violence, social drama and rituals of rebellion in Late Medieval and Early Modern England. In: CARROLL, Stuart (Ed.). *Cultures of Violence*: interpersonal violence in historical perspective. Nova York: Palgrave MacMillan, 2007, p. 99-116.

de que noutros tempos e lugares – como os medievais – a vida foi dominada pela contínua exposição à violência, o que teria provocado a aceitação desta como o principal meio para solucionar conflitos interpessoais, alcançar a afirmação como sujeito ou lidar com frustrações e fracassos. A violência deveria ser encarada pelos observadores modernos como um princípio cultural. Uma força de criação e de expressão coletiva. A ideia de cultura parece guardar, aqui, a ênfase de uma tradição filosófica que distingue entre ação humana e ação natural. Ou seja, ela fundamenta o raciocínio de que, na Idade Média, a violência não era fatalismo ou alguma lei biológica, mas algo cultivado, amplificado e desejado pela população. Era, tomando de empréstimo as palavras de Terry Eagleton, algo que as pessoas faziam ao mundo, não apenas algo que o mundo fazia com elas.[35]

A violência desponta como uma matéria-prima socialmente construída e vivida de uma maneira diferente da nossa, cultivada ativamente por ser outra época, um outro modo de vida. Uma ideia de contornos simples, objetivos e, justamente por isso, manejável, de ampla aplicabilidade. No entanto, há aí uma camada de sentido na qual convém reparar. Apontar a existência de uma cultura da violência *na história* significa indicar que as ações e condutas que eram *violência naquele tempo*, em determinado contexto, eram abraçadas pelos homens e mulheres de então como um ideal de vida. Significa dizer que se cultivava certos comportamentos e ideias *como violência.*[36] A ideia é o abrigo de um juízo de valor problemático. Vamos a ele.

---

35. Cf. EAGLETON, Terry. *A ideia de cultura*. São Paulo: EdUNESP, 2005, p. 9-50.
36. Cf. a introdução de: MEYERSON, Mark D.; THIERY, Daniel; FALK, Oren (Ed.). *"A Great Effusion of Blood"?* Interpreting medieval violence. Toronto: University of Toronto Press, 2004. Esse juízo de valor não se aplica a todos os estudos reunidos nessa obra, uma coletânea heterogênea em abordagens e métodos. Cf. ainda: SPIERENBURG, Pieter. *A History of Murder*: personal violence in Europe from the Middle Ages to the Present. Cambridge: Polity Press, 2008, p. 12-42; MAHON, Richard Mc.; EIBACH, Joachim; ROTH, Randolph. Making sense of violence? Reflections on the history of interpersonal

Note-se: o conceito não sugere, exatamente, que na Idade Média questões como a imposição física em nome da honra, ou a vingança, o ritual sangrento e a punição capital eram vivenciadas como outro código cultural, que eram, historicamente, outras vivências. Ele segue noutra direção. O que ele sugere é que questões desse tipo eram, naquele tempo, uma *violência* – ações que carregavam um *status* de censura implícita por provocar dores, privações e perdas; que portavam a marca do que poderia ser condenado e punido[37] – e voluntariamente vividas *sob tal rótulo*. Noutras palavras: "cultura da violência" assegura que populações inteiras de outras épocas cultivavam o que elas próprias experimentavam como violações, opressão, dano, constrangimento. "Para eles, [os medievais]," crava uma publicação alemã, "a violência física determinava o fator principal, talvez fundamental, de sua existência. Assim, a violência [...] favoreceu a construção da identidade e era, inclusive, parte integral da autopercepção do grupo".[38] Atenção redobrada. Há um sentido forte no verbo "favorecer". A conotação de um papel socialmente construtivo quanto ao fenômeno estudado dificilmente poderia ser mais clara. Agora, notemos o sujeito que rege o verbo, aquele que supostamente "favoreceu" a existência medieval: a "violência física". Não se trata de "ação física", de "empenho físico" ou de "força física", mas, literalmente, de *violência*. Sob essa lógica, resta concluir: atos que os próprios medievais reconheciam como excessos e abusos constituíam o *status quo* da vida em sociedade. Será?

---

violence in Europe. *Crime, Histoire & Sociétés / Crime, History & Societies*, vol. 17, n. 2, 2013, p. 5-26.

37. Além de mobilizar as ideias apresentadas no capítulo 1, essa argumentação ecoa a profícua abordagem realizada por: COWEN, Alice. *Writing Fire and Sword...*, p. 1-17.

38. Tradução do autor, cf. BERNDT, Guido M. "The Goths Drew their Swords Together". Individual and collective acts of violence by Gothic warlords and their war bands. In: ROGGE, Jörg (Ed.). *Killing and Being Killed: bodies in battle*. Perspectives on fighters in the Middle Age. Bielefeld: Transcript Verlag, 2017, p. 15-42, citação das p. 18-19.

Sugerir que os medievais cultivavam a violência não é validar a ideia de que lhes faltava uma consciência de aversão a ela? Não é considerá-los socialmente incompletos, sem um senso de autopreservação, de empatia e até mesmo de afeto? Não é apresentá-los como incapazes de regulamentar o próprio modo de vida? De avaliar as próprias condutas como sancionadas ou proibidas, legítimas ou ilegítimas? As perguntas tocam no nervo do juízo de valor. Há enorme chance de lidarmos, aqui, com uma maneira de explicar aquilo que nós – não os medievais – definimos como violência. A ideia de "cultura da violência" oculta uma seletividade moderna. Melhor dizendo, ela naturaliza (isto é, apresenta como aparentemente neutra e impessoal) uma classificação estabelecida para o tempo moderno. O conceito não é simplesmente cultura de violência, mas cultura daquilo que os modernos classificam como violência. A expressão nutre e afaga nosso senso de superioridade moral em relação ao passado. Contém menos da compreensão de alguma singularidade da Idade Média que da certeza de vivermos a etapa mais recente de um progresso ético a transcorrer ao longo dos séculos.[39]

Formulada como conceito, mas aplicada como veredito, essa ideia é utilizada para realçar a suposta onipresença do que julgamos "violências" como alteridade. Isto é, como diferença tangível entre nós, os modernos, e eles, os medievais. E assim busca-se embasar a imagem de que, no passado, *a violência* era alvo de investimentos emocional, simbólico, moral e político contínuos e conscientes. Nesse *design*, a brutalidade é apresentada como identidade coletiva

---

39. Essa crítica está embasada particularmente em: MILLS, Robert. *Suspended Animation*: pain, pleasure and punishment in Medieval Culture. Londres: Reaktion Books, 2005; ENDERS, Jody. *The Medieval Theater of Cruelty*: rhetoric, memory, violence. Ithaca/Londres: Cornell University Press, 2002; TRACY, Larissa. *Torture and Brutality in Medieval Literature*: negotiations of national identity. Woodbridge: D.S. Brewer, 2012.

ou mesmo como estrutura de uma personalidade comum.[40] Foi o que fez Steven Pinker, um conhecido psicólogo de Harvard.

Em 2011, ele publicou *Os Anjos Bons de Nossa Natureza: por que a violência diminuiu*. Solidamente ancorada em demonstrações estatísticas, a obra percorre uma vasta paisagem de teorias sociais para fundamentar a tese de que os diversos tipos de violência atingiram os níveis históricos mais baixos na Modernidade capitalista. A certa altura de um itinerário intelectual audacioso, que parte da pré-história para chegar aos dias de hoje, o autor alcança o período medieval, que emerge do *best-seller* de quase mil páginas como uma antítese do humanismo iluminista. "A tortura na Idade Média [...] era uma forma de punição cultivada e celebrada, um veículo de criatividade artística e tecnológica", diz o autor. Por essa lógica, o sofrimento alheio surge como um propósito cultural muito antes de ser integrado ao cálculo jurídico. A destruição da forma humana supostamente era um fim em si mesmo, uma expectativa idealizada, espontaneamente compartilhada por todos. Essa teria sido uma época em que as pessoas, das mais pobres às mais elitizadas, nutriam um sentimento de afinidade com as práticas que infligiam dor e causavam a morte. É essa ideia de uma normalidade desumana que ressoa em frases como "a cristandade medieval foi uma cultura da crueldade", "os espectadores divertiam-se com a crueldade" ou ainda quando o autor elenca "uma crescente valorização da vida e da felicidade humana" como uma das forças históricas que decretaram o fim da Idade Média.[41] Essa caracterização de uma cultura da violência fornece uma explicação para o silêncio documental mencionado há pouco. Eis como usualmente a encontro conjugada.

---

40. IMPARA, Elise. Medieval violence and criminology: using the Middle Ages to understand contemporary 'motiveless' crime. *Journal of Theoretical & Philosophical Criminology*, vol. 8, n. 1, 2016, p. 26-36.

41. PINKER, Steven. *Os anjos bons de nossa natureza*: por que a violência diminuiu. São Paulo: Companhia das Letras, 2013, p. 194-269.

A agressividade e a letalidade eram sistêmicas. Como tal, eram as próprias forças que construíam as relações entre pessoas, gerações, comunidades e instituições – ou seja, os próprios elos que prendiam o indivíduo à coletividade –, o que, por sua vez, fazia com que a ação sanguinolenta fosse vivida com um traço naturalmente recorrente na realidade. Sua ocorrência não causava espanto, repulsa ou escândalo porque era (assim é sugerido) parte da imemorial prosa do mundo. A familiaridade tornava o derramamento de sangue imperceptível, uma sombra da interação social. Logo, ele não era destacado, não aparecia em um texto porque supostamente era como o ar que se respira: estava em toda parte.

Essa perspectiva explica o sujeito medieval desumanizando-o. O que pode surgir como luz lançada sobre o passado se transforma em uma névoa. Esse entendimento nega a possibilidade de que a aversão coletiva à violência tenha existido antes da Modernidade, difundindo o pressuposto de que as culturas medievais estavam calcadas na indiferença à dor, supostamente unidas pela alienação ao sofrimento alheio. A inexistência de empatia e de uma consciência moral sobre a violência seria o denominador comum das numerosas populações e das muitas porções do mundo que incluímos na "Idade Média". De acordo com esse raciocínio, reagir com horror às práticas coercitivas e participar moralmente do infortúnio físico do outro são comportamentos que se tornam coletivos e significativos de uma única forma: à maneira dos europeus modernos. Antes do século XVII, o sofrimento humano não afrontava seriamente nenhum modo de vida – eis a certeza que fundamenta a explicação. Essa visão impõe uma agenda previsível à leitura dos documentos, pois ela fixa claramente o que *não* será encontrado. O historiador ou a historiadora deveria partir para a pesquisa com um anátema em mente: os textos de época não apresentarão protestos e condenações à violência; não haverá indícios de uma aversão minimamente coletiva ao que transgrida certas regras para a existência humana. Contudo, há.

5 Getting Medieval on Psychology

Narradores cristãos enxergavam as incursões vikings como provas persuasivas de que a correta ordem do mundo havia descarrilado. Em seu julgamento, as ações cometidas pelos "piratas normandos" demonstravam a corrupção do gênero humano. A destruição e a matança eram consequências de um apodrecimento moral do qual todos participavam, especialmente os francos. Se Deus havia permitido que o flagelo singrasse rios e pisasse solo cristão, isso significava que os pecados cresciam descontroladamente entre os crentes e a punição não podia tardar. Foi desse modo que Aimon, principal copista da rica abadia de Saint Germain-des-Prés, interpretou a captura de Rouen em 845. Em meio à certeza de que a mão divina pesava sobre a história, ele responsabilizou os próprios francos pelas perdas sofridas. O tom de lamento conferido por ele à narrativa era a fórmula encontrada para uma sensibilização moral, a tentativa de guiar a compaixão da audiência até aqueles tidos como vítimas de crueldades. De Rouen, conta-nos Aimon, os saqueadores seguiram para Paris. No caminho, "atravessaram casas e bosques e aniquilaram muitos, trucidados por uma perseguição miserável ao longo de aldeias e campos".[42] "Miserável" (*miserābilī*) é, nesse contexto, adjetivo que denota vulnerabilidade, que remete à ideia de impotência. É qualificativo moral, muito provavelmente jurídico, empregado como um apelo ao senso de compaixão da audiência. Noutras palavras, ao escolhê-lo, o monge tentava convencer um eventual leitor de que as espadas vikings desceram sobre as cabeças dos indefesos.[43] Con-

---

42. AIMON. Historia Miraculorum et Translationum ob irruptones Normannicas. *Acta Sanctorum* Maii 6, p. 787.

43. AIMON. Historia Miraculorum et Translationum ob irruptones Normannicas..., p. 787-788. Cf. ainda: TRANSLATIO SANCTI GERMANI PARISIENSIS. *Analecta Bollandiana*, vol. 2, 1883, p. 70-72.

vencer ao comover. Não menos porque o autor criticava aquilo que considerava uma violência.

Dizer que a frase era entendida como um enunciado "provavelmente jurídico" não é mera especulação, é mais do que um palpite. Os ataques vikings eram descritos com termos *normativos*. Inclusive nos textos que a posterioridade classificou como teológicos, como especificamente religiosos. Tal rótulo costuma nos induzir à premissa de que a linguagem legal da época estaria registrada em outro lugar.[44] Porém, ao lavrar um testemunho sobre aparições santas e salvações milagrosas, os narradores empregavam o vocabulário que se ouvia em concílios, audiências e tribunais. Recorramos a *Milagres de Saint Riquier*, um texto hagiográfico. Como tal, suas páginas estão inteiramente dedicadas a uma pedagogia sagrada, a ensinar sobre milagres, intercessões, redenções, assuntos da alma. Mas, a certa altura, menciona-se a devastação das terras entre os rios Sena e Loire durante o ano de 859. Reza o texto que a destruição não era, propriamente, uma obra de pessoas ou grupos. Se os vikings deixavam as cidades da Frância ardendo uma após a outra, isso não era devido, em última instância, a guerreiros enfurecidos e a líderes audaciosos, que eram, diz o texto, meros instrumentos, as engrenagens humanas movidas por uma força maior. A causa da devastação, propriamente dita, era "sua natureza, que os conduz a transgredir o direito e, por uma afeição piedosa, a cometer homicídios".[45]

Enquanto instruía sobre a santidade, o texto falava sobre direito. Ele imputava um novo plano de ação aos invasores, que são vinculados a uma realidade criminosa que está encoberta, invisível a olho nu. Aliás, é importante notar com empenho como *Milagres de Saint*

---

44. Um útil exemplo sobre a permeabilidade social da linguagem jurídica é o estudo de Marcelo Cândido da Silva sobre roubo na Alta Idade Média: SILVA, Marcelo Cândido da. *Uma História do Roubo na Idade Média*. Belo Horizonte: Fino Traço, 2014.

45. MIRACULA SANCTI RICHARII. *Acta Sanctorum*, Aprilis Tomo 3, p. 453. Cf. ainda: CARMINA CENTULENSIA. MGH PLAC 3, p. 345.

Riquier vincula a ação viking à violação das leis e certifica sobre a autoria assassina: atribuindo-lhe uma afinidade com a matança. Sentir uma "afeição piedosa" pela morte é a marca do homicida. A narrativa não celebra essa afeição, protesta contra ela; ela oferece denúncia, não apologia. Diversos documentos, esparramados pelo tempo e pela geografia, retocam os contornos dessa afeição pela devastação, assegurando que os piratas do norte agiam *pro libitu*.[46] A expressão implicava que atuavam deliberadamente em função de um prazer. Sua conduta não era cega, irracional, mas intencional, decorria de uma vontade conscientemente colocada a serviço da busca por satisfação. Essa afeição era o querer do "facínora", daquele que agia às sombras para viver da colheita de um "mal clandestino", como esclarece outro texto, *Milagres de Saint Genou*.[47] Portanto, era na ilegalidade que a violência gerava afeição. Sentir deleite em matar era estigma, a marca de uma condição humana mal calibrada. Assim pensava uma parcela expressiva do clero carolíngio.

Uma lógica semelhante pode ser encontrada noutro documento, *Milagres de Saint Bertin*. Nas páginas desse manuscrito datado de fins do século IX, a chegada de um grande exército de vikings ao continente em 879 é relembrada como a época de uma "opressão cruelmente [trazida] pelas sacrílegas gentes dos daneses".[48] A caracterização parece ecoar o Velho Testamento, pois o desembarque danês teria empilhado mortos entre os francos à maneira dos sacrílegos babilônicos que conquistaram Israel no tempo dos profetas. Mas se

---

46. HISTORIA SANCTI FLORENTII SAMURENSIS. In: MARCHEGAY, Paul; MABILLE, Émille (Ed.). *Chroniques des Églises d'Anjou...*, p. 219; ANNALES BERTINIANNI. MGH SS Rer. Germ. 5, p. 31-32; PRUDÊNCIO. Annales Bertiniani (Trecensis Annales). MGH SS 1, p. 430, 441, 442, 444, 449; ANNALES BERTINIANNI. MGH SS Rer. Germ. 5, p. 31, 33, 45; ANNALES LUNDENSES. MGH SS 29, p. 202; CHRONICON NORMANNORUM. MGH SS 1, p. 533.
47. MIRACULA SANCTI GENULFI. MGH SS. 15/2, p. 1.208-1.212.
48. MIRACULA SANCTI BERTINI. MGH SS 15/1, p. 511.

a ideia de sacrilégio vincula o acontecimento ao plano bíblico de uma história sagrada, a referência à "opressão" torna sua realidade inteiramente mundana. Diferentemente da punição ou da provação, que poderiam ser sentenças decretadas pela ira divina, a opressão era obra humana. Era como a "perseguição", mencionada por muitos clérigos de então, entre os quais encontramos alguns papas, como João VIII, que governou Roma entre 872 e 882.

Em cartas trocadas com o rei franco a respeito do arcebispado de Bordeaux, João argumentava que a província estivesse em ruínas, "desolada por perseguições de pagãos, destruída por incursões de normandos, deserta [...] pelas espadas dos gentios".[49] O papa havia escrito a epístola enquanto liderava a guerra contra os piratas muçulmanos no Mar Mediterrâneo. Em outras palavras, quando estava, ele próprio, empenhado em pôr fim a outra "perseguição dos pagãos". Reversível, temporal, assim também era a realidade da opressão. Não era uma provação lançada dos céus sobre os homens, mas um estado de coisas decorrente de suas condutas. Eles não estavam condenados a suportá-la, pois suas vidas continham o que era necessário para fazê-la cessar. O vocabulário empregado para descrever a violência havia sido modelado por um senso de responsabilização, uma lógica de engajamento. Atentemos que não se tratava de aceitação ou omissão, mas de protesto e chamamento. Era preciso reagir à opressão, abreviar a violência.

Essa visão metafísica do mundo não conduzia, necessariamente, à resignação e ao fatalismo. Em muitos casos, a sacralização das ocorrências semeava um senso de urgência quanto à mobilização coletiva e à modificação da conduta, o oposto da passividade. Não havia incompatibilidade entre ver os vikings como agentes dos de-

---

49. JOÃO VIII. Epístola 9. MGH Ep. 7, p. 8-9. Cf. ainda: Epístolas 13, 14, 38. MGH Ep. 7, p. 11-13, 37. A perseguição dos normandos é também mencionada em: MIRACULA SANCTI GENULFI. MGH SS. 15/2, p. 1.208-1.212.

sígnios divinos e tomar medidas práticas para se defender, reagir, lançar-se à ação.[50] Em muitos casos, a teologia aguçava o envolvimento nos conflitos pelo poder, falando alto à capacidade de indignar-se. Foi o que ocorreu com Pascácio Radberto, o abade da rica comunidade de Corbie que faleceu em 865 suportando nos ombros oito décadas de vida.

Ao compor um comentário sobre o livro de Jeremias, Pascácio começou a refletir sobre Paris ter caído, novamente, em mãos normandas. Para o abade, as lamentações do profeta evocavam diretamente o presente e as notícias que chegavam a seus ouvidos em Corbie: "e hoje, [...] quem teria acreditado, pergunto, que bandidos [oriundos] de gentes tão promíscuas ousariam tais atos? Quem poderia cogitar que um reino tão glorioso, tão fortificado, vastíssimo, tão povoado e vigoroso seria humilhado por [...] esses sórdidos?", ele interrogava como se derramasse cólera sobre a página. As perguntas seguem: "quem pode crer que seres tão vis ousariam [tais atos]? E não me refiro a obter grandes somas de tributos, saquear propriedades ou levar prisioneiros, mas simplesmente a ousar atacar-nos em nossas terras." A possibilidade de estar diante do indecifrável não o convenceu e, poucas linhas depois, Pascácio sacou uma explicação. O impensável tinha causa: "Deus brandiu seu gládio, ameaçou nossos pescoços e o machado está postado ao pé da árvore porque nosso espírito é rebelde ao bem". A mão bárbara empunhava uma espada celestial, retirada da bainha divina. Mas o Senhor permitiu que isso ocorresse porque foi provocado pelos próprios francos. A causa primeira das invasões era a rebeldia cristã ao bem. Causa inteiramente humana, decorrente do livre-arbítrio, como o abade esclareceu: "eis porque nós, miseráveis, vivemos impotentes em meio

---

50. Essa é uma das mais valiosas conclusões a que chegou Simon Coupland: COUPLAND, Simon. The Rod of God's Wrath or the People of God' Wrath? The Carolingian theology of the Viking invasions. *The Journal of Ecclesiastical History*, vol. 42, n. 04, 1991, p. 535-554.

a tamanhas atrocidades dos pagãos, a uma guerra civil cruel, a pilhagens de salteadores, a sedições e fraudes e, não obstante, todos os dias incitamos crimes ainda maiores".[51] Pascácio raciocinava como um reformador que encarava o mal como um desvio passível de correção, não como força cósmica. Estar à mercê dos sórdidos era algo evitável através de deliberação e de mobilização. A redução dos crimes era tarefa coletiva, como defenderam ainda os bispos reunidos em concílio, na cidade de Savonnières, em 859.[52]

Ao reunir atrocidades vikings, guerra civil, pilhagens, sedições e fraudes em uma lista de *crimes*, Pascácio redigiu um brevíssimo catálogo de fatos repreensíveis, práticas cuja abolição era uma responsabilidade comum. Trata-se de um pequeno rol de violências: ações que não deveriam ser consideradas sancionadas pelo costume, pela lei ou pela fé. Havia normas muito claras conjungando reprovações e proibições sobre a ação violenta. Que elas não contemplem casos considerados imprescindíveis por uma mente moderna ou que sua eficiência em dissuadir possa ter sido menor que a do direito atual não é razão suficiente para declará-las inexpressivas, incapazes de morder o cotidiano. Os medievais talvez não enxergassem a violência onde nós a vemos, mas, uma vez que a reconheciam, não permaneciam indiferentes, inertes, nem tinham por regra acolhê-la com naturalidade ou entusiasmo. Eles a repudiavam como "crueldade", protestavam sonoramente contra a "muitíssimo repugnante" conduta que revelava a fibra da "ferocidade dos bárbaros".[53]

---

51. PASCÁCIO RADBERTO. Expositio in Lamentationes Jeremiae. PL 120, col. 1220-1221.
52. EPISTOLA SYNODI AD BRITONES. Mansi, 15, col. 534-537.
53. A respeito das alusões à crueldade (*crudelitas, crudeliter, crudeles*): AIMON. Historia Miraculorum et Translationum ob irruptones Normannicas..., p. 787-788; Concílio de Meaux/Paris 845. MGH Concilia 3, p. 82; ANNALES FULDENSES. MGH SS Rer. Germ. 7, p. 41, 45; PASCÁCIO RADBERTO. Expositio in Lamentationes Jeremiae. PL 120, col. 1220-1221; REGINO DE PRÜM. Chronicon. MGH SS Rer. Germ. 50, p. 93; MIRACULA SANCTI BERTINI. MGH SS 15/1, p. 511. Quanto à referência ao julga-

E, por vezes, a memória os levava à certeza de estar diante do próprio terror, cuja presença forçava a mão da realeza cristã até a única força capaz de anulá-lo: mais terror.[54] A expressão não era banal. Terror – a palavra manteve em português a ortografia do latim medieval – era "o termo carolíngio para a violência absoluta",[55] para um uso da força que inspirasse medo. Legitimar esse curso de ação, justificá-lo como necessário ou vantajoso não é o privilégio histórico dos medievais, mas uma habilidade colocada em movimento na senda dos milênios por diversos tipos humanos, dos reis mesopotâmicos aos burocratas estadunidenses. Constatar essa habilidade não prova a completa ausência de sensibilidade – seja ela qual for – contra a violência. A Idade Média era socialmente tão intrincada, tão antropologicamente densa quanto a Modernidade. Densidade que é diluída quando nosso conhecimento se limita a falar em "sadismo institucionalizado", como quis Steven Pinker.

---

mento de um ato como "muitíssimo repugnante" (*inamanissimos*): Concílio de Meaux/Paris 845. MGH Concilia 3, p. 82. Para os protestos sobre a "ferocidade dos bárbaros" ou, simplesmente, "bárbaros" (*Barbarorum ferocia, Barbarica furore, Babarorum*): NITARDO. Historiarum Libri Qvattvor. In: HOLDER, Alfred (Ed.). *Nithardi Historiarum Libri Qvattvor*. Freiburg & Leipzig, 1895, p. 1-2; HISTORIA SANCTI FLORENTII SAMURENSIS. In: MARCHEGAY, Paul; MABILLE, Émille (Ed.). *Chroniques des Églises d'Anjou...*, p. 219; CHRONICON SANCTI MAXENTII PICTAVENSIS. In: MARCHEGAY, Paul; MABILLE, Émille (Ed.). *Chroniques des Églises d'Anjou...*, p. 362-363; PASCÁCIO RADBERTO. Expositio in Lamentationes Jeremiae. PL 120, col. 1220-1221; JOÃO VIII. Epístola 38. MGH Ep. 7, p. 37; MIRACULA SANCTI GENULFI. MGH SS. 15/2, p. 1.208-1.212.

54. *Terror, terrificus, perterritus*. ALCUÍNO. Epístola 16. MGH Epp 4, p. 42-43; RIMBERTO. Vita Anskarii. MGH SS. Rer. Germ. 55, p. 71; ANNALES BERTINIANNI. MGH SS Rer. Germ. 5, p. 25-26; NOTKER BALBULUS. Gesta Karoli Magni. MGH SS Rer. Germ. N.S. 12, p. 67-68; ANNALES FULDENSES. MGH SS Rer. Germ. 7, p. 106-107; ANDRÉ DE BERGAMO. Historia. MGH SS Rer. Lang., p. 224;

55. Tradução do autor, cf. MOORE, Michael Edward. The attack on Pope Formosus: Papal history in an Age of Resentment (875-897). In: KOTECKI, Radosław; MACIEJEWSKI, Jacek (Ed.). *Ecclesia et Violentia*: violence against the Church and violence within the Church in the Middle Ages. Cambridge: Cambridge Scholars Publishing, 2014, p. 184-208, a citação consta na p. 197.

Pensar assim é substituir a investigação e a análise pelas ideias de impulso e desejo, com a aparente expectativa de que elas sejam suficientes para explicar narrativas complexas e desafiadoras. Pode ser questão de ênfase, mas a ênfase importa. Precisamos refletir sobre o foco e a fonte de nossas ideias. Todavia, o passo mais importante rumo a uma explicação para o silêncio documental sobre "sangue" não é dado redobrando a vigilância no entorno desse lugar-comum. Ocorre quando constatamos que não se trata, de fato, de silêncio.

6 Evocar o sangue, provocar o leitor

Para a elite da região, o saque de Nantes foi uma derrota cortante. O ano de "843" se tornou um lugar de memória revisitado por gerações de aristocratas crescidos às margens do Loire. Mas a cada recordação, o episódio mudava de forma. Percepções, expectativas e interesses do presente se acomodavam nas muitas entrelinhas desenhadas pelo passado sobre a superfície dos manuscritos. A recriação envolveu o fato em uma opacidade ainda mais espessa, tornando muito mais árdua a busca historiográfica por conhecê-lo. Por outro lado, isso acrescentou à trama detalhes reveladores de certas maneiras de compreender o mundo. O caso mais eloquente é o da chamada *Crônica de Nantes*.

O manuscrito original desse relato sobre a história da cidade desde a Antiguidade foi perdido, o que lança informações capitais em total escuridão. Porém, cópias existentes e excertos transcritos em outras crônicas permitem afirmar que se trata de um documento do século XI, de redação clerical e largamente utilizado pelos círculos letrados urbanos.[56] Visto do longíquo mirante dessas páginas, o saque apresenta trama mais complexa do que nas versões

---

56. MERLET, René (Ed.). *La Chronique de Nantes*. Paris: Alphonse Picard, 1896, p. vii-xl.

contemporâneas ao fato ou simplesmente mais antigas. A começar pela razão de o sucesso viking resultar aí de traição. O principal magnata da região, o conde Lambert, teria indicado aos piratas que a cidade poderia ser capturada. Aliado a bretões, então rivais de Carlos II, Lambert teria direcionado o desembarque como uma tentativa de enfraquecer o monarca – lógica que contraria os registros da época carolíngia.[57] A *Crônica de Nantes* vai além. Ela dedilha o episódio, distribuindo sua cadência em diferentes atos. O leitor é conduzido pelo ambiente de festividade que precedeu a chegada dos vikings; em seguida, é transportado em meio ao estouro dos invasores desde as muralhas até o interior da igreja; até ser, por fim, levado a pairar sobre a paisagem urbana, observando em plano aberto a desvastação gerada pelo saque. E é então, no último ato, que algo acontece. A cenografia é tingida de rubro. Há sangue.

O aparecimento é macabro. Ocorre ao cair da noite, quando a cidade está rendida, subjugada com "grande crueldade" pelos "pagãos em fúria". Os conquistadores levavam uma multidão até "seus navios, para aprisioná-la ou vendê-la por bom preço". Fora das muralhas, a escravidão era o destino comum. Dentro delas, a desolação capturou as almas e as acorrentou a um sofrimento indivízel: "Oh, dor! Quem pode descrever a dor deles?", bradava o redator da crônica, admitindo a impotência da própria pena. Que, mesmo assim, não lhe cai dos dedos, pois ele segue: "e quem descreverá, contendo as lágrimas, quando os recém-nascidos pendiam sobre os seios das mães mortas, sugando sangue no lugar de leite?" Não é tudo. O texto avança: "[quem poderá descrever] quando o sangue dos santos, derramado pela lâmina inimiga, encharcou o chão

---

57. Para uma leitura crítica das divergências entre a Crônica e as versões precedentes, além da atenção aos usos historiográficos dessas assimetrias, cf. COUPLAND, Simon. The vikings on the continent in history and myth....

do templo? E o sangue que jorrou dos inocentes encobrindo os altares sagrados?"[58]

As perguntas são como um grito. Não foram escritas para celebrar os mortos. Essa não é a retórica da santidade. O sangue, aqui, não é como o de Cristo e dos mártires, que, ao ser vertido, transmitia uma potência sagrada, banhando o espaço com a essência capaz de lavar os pecados e preparar para a salvação. O líquido que o fraseado latino coloca em cena é integralmente humano, é uma metonímia para a imperfeição, a precariedade e para o impuro; o signo de uma poluição perturbadora. Quando as veias das mães, dos inocentes e dos santos falaram ao mundo naquele dia de junho de 843, a casa de Deus foi manchada, contaminada com desonra. Uma violação tão grave que havia alterado as propriedades do espaço, transformando a natureza daquele lugar. Quem entrou na igreja após o massacre, não pisou em solo sagrado. Seus pés tocavam uma terra violada pela superstição: "os que permaneceram após o desastre se reuniram onde as superstições [ocorreram], no templo santo, corrompido por pagãos e desfeito com o sangue dos santos".[59] Para o compilador da *Crônica*, o saque de Nantes não se enquadrava no ensinamento deixado pelos pais da Antiguidade de que *sanguis semen christianorum est*, isto é, "o sangue é semente para os cristãos".[60] Aqui, era sal lançado sobre um campo fértil da fé.

---

58. CHRONICON NAMNETENSE. In: MERLET, René (Ed.). *La Chronique de Nantes...*, p. 16-17.
59. CHRONICON NAMNETENSE. In: MERLET, René (Ed.). *La Chronique de Nantes...*, p. 17.
60. TERTULIANO. *Apology*. Cambridge: Harvard University Press, 1931 (Loeb Classical Library), p. 226. Como se pode notar, sigo a parcela de tradutores que conferem à frase de Tertuliano uma forma diversa daquela com a qual ela é comumente citada, qual seja: "o sangue dos cristãos é semente". Cf. KORSTEN, Frans Willem. Bodies in pain and the transcendental organization of history in Joost Van den Vondel. In: DIJKHUIZEN, Jan Frans Van; ENENKEL, Karl A. E. (Ed.). *The Sense of Suffering*: constructions of physical pain in Early Modern culture. Leiden: Brill, 2009, p. 377-402; FIALON, Sabine.

A igreja permaneceu ensanguentada por dez dias, mas a lirtugia e os sacramentos não retornaram após a limpeza. Mesmo então, ela continuava conspurcada – assegura o cronista. O edifício e o lugar foram declarados puros apenas três meses depois, após serem consagrados pelo bispo de Vannes. Foi preciso doar o santuário novamente aos céus para que a nódoa deixada pelo sangue dos cristãos fosse apagada. Ao envolver mães, inocentes e santos nessa simbólica do mal, a *Crônica de Nantes* registrou uma característica singular da cultura eclesiástica da época: mencionar o sangue não era banal, sua aparição narrativa não era acidental ou corriqueira. Era um nome usado de maneira criteriosa, cuja presença em um texto decorria de uma semântica marcante. Por meio dele, falava-se sobre coisas graves, sérias, comunicando significados extraordinários, impactantes. "Sangue" era uma palavra empregada para marcar uma diferenciação, para separar acontecimentos, seres e objetos em uma *ordem de grandeza*. A *Crônica* ilustra tal efeito.

Sua narrativa povoa o saque de 843 com muitas violências. Há uma multidão de "feridos à espada", incontáveis que foram "levados para ser aprisionados", além de outros "trucidados" dentro e fora do templo. Mas as muitas "crueldades" cometidas naquele dia não se equivalem, não são igualmente desoladoras. O relato foi estruturado sob medidas heterogêneas de violência. Que possui graus, ocorre como ações hierarquizadas, de modo que umas são mais graves do que outras. Pois nenhuma morte marca tanto o texto quanto a violação da igreja. Como muitos corpos, ela foi "ferozmente destroçada" ao ter as portas e janelas arrancadas. Corrompida, ela foi "desfeita com o sangue dos santos", razão pela qual o esforço coletivo para recuperá-la domina a narrativa após a partida dos invasores. A Igreja

---

Semen est sanguis christianorum (Apol. 50, 13). Tertullien et l'hagiographie africaine (iie-vie siècles). In: LAGOUANÈRE, Jérôme; FIALON, Sabine (Ed.). *Tertullianus Afer*: Tertullien et la littérature chrétienne d'Afrique. Turnhout: Brepols Publishers, 2015, p. 105-138.

é aí a principal vítima. Incontáveis violências teriam sido cometidas naquele dia. Nenhuma delas, contudo, mais grave e perigosa do que a violência contra o edifício santo. Para o eclesiástico do seculo XI que recontava o episódio debruçado sobre o manuscrito, agir violentamente era, em primeiro lugar, violar bens sagrados, romper a integridade do patrimônio que simbolizava a cidade e corporificava um ideal de coletividade. Ao surgir em cena, o sangue confere magnitude à violação do santuário, cuja integridade foi desfeita ao ser ensanguentada. Com o aparecimento textual daquele nome, os danos à igreja – e a tudo o que ela representa – fixam um reconhecimento, distribuindo as muitas ocorrências em ordem específica. "Sangue" define o traçado das outras violências na arquitetura ética da narrativa.

7 Os medievais e o gradiente da violência

Mencionar o sangue era um *modo de pensar* a realidade da violência, de conduzir a compreensão aos casos mais significativos para a vida comunitária. Mais do que apenas descrever, esse nome funcionava como a figura genérica que permitia abordar problemas graves, desafios inquietantes, as tensões que, de tão extensamente preocupantes, refluíam para o implícito e involuntário. Quando o termo "sangue" era inscrito, muito era colocado em jogo. Havia uma lógica rigorosa por trás de seu uso. O aparente silêncio ao seu redor era, na realidade, o estilo de uma seletividade, de um rigor cultural. Ao compor os relatos, os medievais produziam modos de silenciar e de não ver – não deixavam lacunas ou falhas que um observador atento devesse suprir. Eles falavam sobre o sangue, mencionavam-no em circunstâncias específicas, motivados por propósitos especiais. A afirmação resulta da leitura de um documento do século XI, mas também se aplica a textos carolíngios do século IX.

Um exemplo é o já mencionado Hincmar, arcebispo de Reims, e continuador dos *Anais de Saint Bertin*. Na vasta correspondência escrita por ele, "sangue" aparece dezenas de vezes. Dezenas? Sim. O dado não contradiz a argumentação deste capítulo. Voltarei a isso em alguns parágrafos. Porém, para elucidá-lo, devemos primeiro dar atenção a outra constatação. A de que são pouquíssimos os casos em que "sangue" integra a descrição de conflitos. Em três, ele apresentava ao destinatário algum antagonismo envolvendo desejo, *status*, riqueza, territórios ou vingança. Na primeira, o arcebispo exortava o Rei Carlos II a cuidar da segurança de seus súditos. Segundo Hincmar, as incursões pagãs não eram os únicos males a assolar os cristãos, tendo em vista as assombrosas notícias sobre roubos, assassinatos e sequestros cometidos por mercenários e cavaleiros. "Adultério, homicídio e rapina inundavam" o reino, assegurava o arcebispo, "com sangue levando a sangue, isto é, crime sendo acrescentado ao crime". A controversa busca de Lotário II para divorciar-se de Teuteberga é o tema que provoca a segunda menção. Ao repudiar a imperatriz para se unir a outra mulher, o governante enveredou por um mau caminho, assegurou Hincmar. Sua audácia era sinal de iniquidade, desprezo pela fé, e, cedo ou tarde, o sangue do ímpio – de quem despreza os mandamentos divinos e o magistério espiritual dos eclesiásticos – é requerido à mão do crente, pois era o que Deus determinara. A terceira alusão ocorre na mesma época, em uma carta que atendia à solicitação de um colega do alto clero, Gunthar, arcebispo de Colônia, a respeito de outro *imbroglio* matrimonial. Dessa vez, tratava-se de descobrir se Engeltrude, a esposa do conde da Provença, deveria ser devolvida ao marido após ter fugido com um dos vassalos dele. Casos assim não deveriam ser subestimados – ponderou o arcebispo. Tampouco deviam provocar excessos. Era preciso conduzi-los com um rigor temperado, caso contrário, ao invés de atuar como "quem aperta os úberes com firmeza e obtém manteiga", o juiz se arriscaria a ser como "quem os drena com tamanha veemência que faz vazar sangue".[61]

À primeira leitura, as três alusões são díspares, desconectadas, como se cada uma delas respondesse a um assunto sem par. Isso procede, afinal, foram escritas em diferentes momentos, tratando de questões distintas e enderaçadas a interlocutores singulares. Mas não é tudo. Pois além de emular certos versículos bíblicos – as passagens ecoam os livros de Oseias (4,2), Ezequiel (3,18), Provérbios (30,33), respectivamente –, elas expressam uma mesma preocupação. Nos três casos, o autor revelava o temor de que cristãos viessem a combater contra cristãos. Aos olhos do arcebispo de Reims, essa parece ter sido a rainha das violências. Havia uma hierarquia de conflitos. Guerras não eram equivalentes; todas iguais; agressões, ataques, saques, discórdias, vinganças não eram igualmente corrosivos. Eram mais nocivos quando os dois lados eram cristãos. A violência interna à Cristandade provocava maior aversão do que a que grassava nas fronteiras, envolvendo quem não pertencia à comunidade dos crentes. O aparecimento do "sangue" nas cartas do arcebispo sensibilizava os leitores quanto ao fato de o elo formador do povo cristão estar em risco, o que era tido como mais grave que todo dano e sofrimento provocados por pagãos. Isso, por sua vez, explica porque Hincmar não o empregou para narrar a violência viking após assumir a redação dos *Anais de Saint Bertin*. Como vimos, lá por onde começamos este capítulo, "sangue" aparece três vezes nas caracterizações de disputas pelo poder ao longo dos *Anais*; mas todas constam em trechos escritos pelo primeiro redator, Pru-

---

61. HINCMAR DE REIMS. Epístolas 123, 134, 135. MGH Ep. 8, p. 63, 79, 82; HINCMAR DE REIMS. PL 125, col. 627, 763, 773, 953. Na edição documental da Patrologia Latina, onde consta o longo opúsculo de Hincmar a respeito do divórcio do Imperador Lotário, o versículo retirado de Ezequiel aparece três vezes, donde o maior número de referências. Por outro lado, não consta a epístola em que se encontra o terceiro caso aqui mencionado.

dêncio, bispo de Troyes. Aos olhos do arcebispo, a preservação da Cristandade não estava em risco nos episódios da violência viking. Na preservação do matrimônio régio, sim.

"Sangue" amplificava a certeza de que algo ameaçava romper as obrigações que os cristãos partilhavam uns perante os outros. A palavra remetia diretamente ao laço que atava os batizados em uma comunidade universal, que, por seu turno, unia todas as demais formas de associação. Remetia a uma espécie de parentesco genérico, elementar, amplo, sem o qual a vida se fragmentava em facções concorrentes: a linhagem, a congregação, a ordem, a igreja, o reino, o domínio. Mas por que usar especificamente tal palavra para se referir a esse laço? Por que, dentre tantas possibilidades, "sangue" foi o sinal adotado para direcionar a atenção do interlocutor? A resposta: porque o nome surtia efeito arrebatador. Remetia ao berço e à própria natureza da fé. Porque o laço que unia os critãos havia sido selado, definitivamente fundado, no momento em que os romanos derramaram o líquido abrigado nas veias de um corpo, Cristo. Aliás, aqui, cumpro a promessa de explicar o que, dois parágrafos atrás, soou como contradição.

Pois nisso consistem as dezenas de outras menções redigidas por Hincmar: todas alusões ao "sangue de Cristo", o elemento essencial que selou a existência da comunidade dos crentes.[62] O ar-

---

62. Para o levantamento documental que embasa a afirmação, foram consideradas diferentes formulações desse enunciado teológico, em declinações na língua latina, como *Sanguis/Cruor Dei* ("Sangue de Deus"), *Sanguis/Cruor Domini* ("Sangue do Senhor"), *Sanguis/Cruor Christi* ("Sangue de Cristo"), *Sanguis/Cruor Agni* ("Sangue do Cordeiro" [de Deus]), *Sanguis Filli* ("Sangue do Filho [de Deus]"), *Sanguis/Cruor Meus* ("Meu sangue", como registro dos dizeres de Cristo), além das alusões ao simbolismo em torno da Trindade, cujas três pessoas são testemunhadas como *spiritus, aqua et sanguis* ("espírito, água e sangue"): HINCMAR DE REIMS. Epístolas 37, 48, 125, 127, 141, 160, 169, 187, 188. MGH Ep. 8, p. 22, 23, 28, 61-63, 113, 115, 133, 161, 162, 195-197, 199, 200. Foi também considerada a edição da Patrologia Latina: HINCMAR DE REIMS. PL 125, col. 158, 207, 245, 278, 287-288, 291, 293, 295, 301, 304, 308, 311, 313, 322, 325, 331-338, 342, 345, 348, 352-357, 363-365, 368, 372-380, 419, 430, 454, 459, 467, 474, 495,

cebispo apresentava a disciplina social que caracterizava os rituais, os hábitos, as leis e as instituições cristãs como consanguinidade por que a tradição ensinava que a união de crentes era uma descendência espiritual, uma filiação comum ao "sangue justo" que havia sido traído e crucificado há mais de 800 anos.[63] A própria tradição ensinava, "sangue" era um nome precioso. Ademais, esse emprego por parte do arcebispo também ecoava um episódio pessoal. Seu envolvimento numa agitada disputa doutrinária.

8 Sangue: uma condição para saber

Em 848, bispos francos condenaram as ideias formuladas por um monge chamado Gottschalk a respeito da predestinação. Apesar de declarada heresia e de ter rendido surra e exílio ao religioso, a proposta de que eleitos e condenados já haviam sido selecionados por Deus continuou atraindo simpatizantes. Hincmar e outros eclesiásticos "perceberam [que] a questão tinha claras conotações sociais", pois "parecia remover a responsabilidade individual pela própria conduta" e "desafiar o poder da igreja para mediar" as relações entre os fiéis, segundo uma das principais historiadoras sobre o período, a já citada Janet Nelson.[64] Por anos a fio, Hincmar se envolveu em debates sobre a natureza do corpo e do sangue de Cristo e seu papel na obtenção da salvação. As controvérsias provocadas pelo monge a respeito de quem seria recompensado pela graça divina exigiram que o arcebispo refletisse sobre o "sangue derramado na cruz" como quem se ocupava de um fundamento ontológico. Reiteradamente, "sangue" o mobilizou como nome atrelado a uma

---

615, 627, 644, 711, 718-719, 790, 808, 821, 827, 916-917, 923-929, 964, 978, 1133, 1143, 1148-1149, 1194, 1202.

63. HINCMAR DE REIMS. De Divortio Lotharii et Tetbergae. PL 125, col. 684.

64. Tradução do autor, cf. NELSON, Janet. *Charles the Bald*. Londres/Nova York: Longman, 1992, p. 168.

substância que ao escorrer de feridas infligidas pelo homem, misteriosamente transcendeu o tempo. Restaurou o livre-arbítrio perdido com a falha de Adão e estendeu a todos os homens, no passado, presente e futuro, a chance de silenciar a corrupção, aniquilar o erro e ingressar no reino eterno.[65]

Por mais de uma década, Hincmar se dedicou à tarefa de refutar as ideias a respeito da predestinação. Investiu grande parte de sua energia e influência para encampar a crença de que a recompensa espiritual vertida das feridas do Crucificado destinava-se a todos os homens, sem distinção. Ditou inúmeras mensagens, algumas reservadas para os olhos do rei, outras concebidas para os ouvidos dos diocesanos. Compôs longas dissertações sobre doutrina, livros que circularam como grandes gestos escritos destinados ao alto clero. Em diferentes ocasiões, emprestou a própria garganta aos protestos por reparação e punição – caso dos concílios de Chiersy (853) e de Toucy (860).[66] Tantos debates o familiarizaram ainda mais com o peso da palavra, que ele empregava com elevada seletividade e através de um apurado senso de seriedade. Mesmo quando não era usada para se referir ao sangue de Cristo, a palavra estava reservada para casos graves e prioritários. Observe-se os três episódios de conflitos destacados da correspondência de Hincmar há pouco. Em nenhum deles, *sangue* alude a um líquido de natureza eucarística, ao "pre-

---

65. STEFAŃCZYK, Andrzej. Doctrinal controversies of the Carolingian renaissance: Gottschalk of orbais' teachings on predestination. *Roczniki Filozoficzne*, vol. 65, n. 2017, p. 53-70.

66. Quanto aos concílios mencionados cf. MANSI, vol. 14, col. 919-921; vol. 15, col. 557-590; HINCMAR DE REIMS. Epistola ad Carolum regem, priori ejus contra Praedestinatianos Operi praefixa. MGH Epp. 8/1, 1939, p. 68-73; HINCMAR DE REIMS. Epistola ad simplices suae dioceseos. In: GUNDLACH, Wilhel. "Zwei Schriften des Erzbischofs Hinkmar von Reims". Zeitschrift für Kirchengeschichte, vol. 10, 1889, p. 258-309; HINCMAR DE REIMS. De Praedestinatione Dei et libero Arbitrio dissertatio posterior. PL vol. 125, col. 65–473; HINCMAR DE REIMS. De Una et Non Trina Deitate. PL, vol. 125, col. 473-618.

cioso líquido" derramado por Cristo para a salvação dos homens. Ao contrário, tanto na queixa contra o aumento da criminalidade quanto nas exortações sobre os conflitos matrimonais, o nome assinalou um limite, denotando um *status* de perigo e impureza, acendendo um sinal para deter-se e recuar.

Todavia, ainda mais importante é que nos três casos, ele é o nome da substância que revela uma verdade definitiva e inapelável. Sangue é um nome que desempenha um *valor de autenticação*: ao usá-lo, o autor tem certeza de demonstrar a verdade instantânea e absoluta, diante da qual toda oposição deve silenciar-se. Mais do que uma constatação empírica, o sangue é um conceito, uma manobra explicativa, a prova de um conhecimento superior a respeito da realidade, da transgressão, da injustiça e da ordem pública.[67] Trata-se de uma palavra reservada para casos graves, prioritários. Por tal razão, o aparecimento de *sanguis* nessa correspondência permite compor um inventário das principais ameaças ao tecido social cristão segundo um dos personagens mais influentes entre os reinos dos francos durante o século IX.[68] A relação incluiria o banditismo, o divórcio, o adultério e os ensinamentos de um monge saxão – não os desembarques vikings.[69]

---

67. BILDHAUER, Bettina. *Medieval Blood*. Cardiff: University of Wales Press, 2006, p. 6-21. É importante ressaltar que a singularidade hermenêutica de sangue não está atrelada à significação eucarística da palavra. Essa significação exerce, de fato, um poder matricial; ela fundamenta o lugar linguístico com que a palavra é empregada, mas deve-se ter cuidado para que tal constatação não incorra em uma onipresença discursiva do simbolismo eucarístico. Cf. BYNUM, Caroline Walker. *Wonderful Blood*: Theology and practice in Late Medieval Northern Germany and Beyond. Philadelphia: University of Pennsylvania Press, 2007; ROUX, Jean-Paul. *Le Sang*. Mythes, symbols et réalité. Paris: Fayard, 1988.

68. STONE, Rachel; WEST, Charles (Ed.). *Hincmar of Rheims*: life and work. Manchester: Manchester University Press, 2015, p. 1. Cf. ainda: NELSON, Janet. *Charles the Bald...*, p. 144-147.

69. Encontrei uma quarta menção ao sangue como referência a conflitos sociais e ela ocorre justamente em um desdobramento do caso de Gottschalk. Em 866, um monge chamado Guntbert partiu para Roma levando consigo os controversos escritos sobre a doutrina da predestinação, em busca de angariar a simpatia do Papa Nicolau I. Em

As epístolas de Hincmar ilustram como as menções ao "sangue" formam um fio documental que conduz até o cerne das maneiras carolíngias de lidar com a violência. Ao segui-lo, podemos fazer mais do que desemaranhar metáforas e símbolos. Desembaraçar esse imaginário visceral permite compreender como prioridades e interesses atrelados a uma posição social afetavam a percepção da dor, do sofrimento e da morte. Proporciona uma chance para decifrar como os medievais classificavam o agir violento e, talvez ainda mais relevante, como explicavam sua natureza, seu alcance e seu significado para a vida coletiva. Seguindo o rastro textual de "sangue" podemos explorar *o que era violência na Idade Média* e os efeitos do tempo sobre as maneiras de viver essa realidade.

Embora pareçam um veio de frases escassas, uma trilha de farelos documentais, as alusões ao sangue conduzem a questões historicamente abrangentes, talvez de máxima amplitude social. Por que a violência, sobre a qual paira a suspeita de ser errática e ocorrer como uma força cega, surge e ressurge na documentação como resultado de uma lógica específica? Concretamente, o que era essa lógica? Resultava de que relações, decorria de que causas, acarretava que consequências? Como os medievais inscreviam a violência no conjunto das experiências sociais? Em resumo: é possível explicar a violência entre os medievais levando a sério a complexidade de sua condição humana no tempo? O estudo da violência atribuída aos vikings pelas elites do Império Carolíngio permite defender a hipótese de que sim, é possível.

É o que tentarei demonstrar a partir do próximo capítulo.

* * *

---

reação, Hincmar encarregou o Arcebispo Egilo de Sens de agir em seu nome e pressionar o papa por uma condenação. Em carta endereçada ao pontífice no ano seguinte, ao mencionar Egilo e o caso em tela, Hincmar recorreu a uma citação do Segundo Livro de Reis, conforme a Vulgata: "O teu sangue seja sobre a tua cabeça". HINCMAR DE REIMS. Epístola 198. MGH Ep. 8, p. 209.

3
Chuva de sangue: sobre a diversidade da violência

> "O sangue, que tem ares de título filosófico e assim com presunções de tese."
>
> Camilo Castelo Branco, 1868.

1 O intérprete da violência viking

Uma história da época carolíngia dificilmente começaria em 781. Aparentemente, nenhum livro ou estudo adotou tal ano como ponto de partida. A impressão, claro, partilha a sina das percepções: o juízo pode não passar de precipitação, ingenuidade de autor. Mas enquanto a ignorância não souber de si, cabe confiar na experiência acumulada. No geral, os acontecimentos mais importantes situados nessa época surgem como continuações de desfechos já alcançados, prolongamentos de circunstâncias consumadas.[1] Tal é o caso da viagem de Carlos Magno a Roma. Iniciada no ano anterior, ela foi marcada pela coroação de seus dois filhos mais jovens. Embora cerimônias desse tipo afetassem diretamente as convicções, as lealdades

---

1. BUTT, John. *Daily Life in the Age of Charlemagne*. Westport/Londres: Greenwood Press, 2002, p. 165-166; MCKITTERICK, Rosamond. *History and Memory in the Carolingian World*. Cambridge: Cambridge University Press, 2004, p. 60-83; COLLINS, Roger. *Charlemagne*. Londres: Macmillan Press, 1998, p. 58-76; NELSON, Janet. Religion and politics in the reign of Charlemagne. In: KÖRNTGEN, Ludger; WASSENHOVEN, Dominik (Ed.). *Religion and Politics in the Middle Ages*: Germany and England by Comparison. Göttingen: De Gruyer, 2013, p. 17-30.

e o campo de atuação das elites, escrevendo um capítulo invulgar na história de qualquer linhagem, as que ocorreram naquele ano pelas mãos do papa não inauguraram novo tempo. Ao realizar os planos sucessórios em solo itálico, Carlos Magno fortalecia a própria posição de "rei dos Lombardos", conquistada em 774, e protetor dos territórios papais. A cerimônia também legitimava a transferência do governo de cidades locais para homens leais a Carlos, o que vinha ocorrendo desde 776, após a realeza franca suprimir a revolta encabeçada pelos duques de Friuli e de Treviso.

Selava-se um fortalecimento mútuo. A península itálica engrandecia o rei franco ao emoldurar a coroação de seus herdeiros, o rei glorificava a península itálica ao elegê-la como cenário de continuidade da dinastia vitoriosa. Após conflitos, perdas e expurgos, a coroação era uma tentativa de produzir consenso ao demonstrar o lugar das elites itálicas entre os escalões do continental "reino dos francos".[2] O deslocamento até Roma era uma tentativa de perpetuar um passado recente, consolidá-lo, preservá-lo. Contudo, essa busca pela permanência foi também marco de uma relação que afetou profundamente as atitudes das elites carolíngias quanto às investidas dos homens do norte. O ano de 781 é crucial para uma história da violência viking.

A viagem ao Lácio foi longa, demorou meses. Escoltando rei, rainha e herdeiros, o cortejo materializava a autoridade dos francos por onde passava. Como tal, a estada em certas cidades era não apenas uma questão de logística, mas uma demonstração itinerante de poder. Com efeito, o séquito avançou lentamente, como pude depreender das poucas informações que encontrei a respeito do

---

2. CONSTAMBEYS, Marios; INNES, Matthew & MACLEAN, Simon. *Carolingian World*. Cambridge: Cambridge University Press, 2011, p. 61; SCHUTZ, Herbert. *The Carolingians in Central Europe, Their History, Arts, and Architecture*: a cultural history of Central Europe. Leiden: Brill, 2004, p. 49-52; NELSON, Janet. *King and Emperor*: a new life of Charlemagne. Oakland: University of California Press, 2019, p. 181-191.

deslocamento da comitiva. Ela estava em Pávia em 25 de dezembro, Parma no dia 15 de março, Roma em 15 de abril.[3] Foram ao menos onze semanas ao longo do primeiro trecho, que abrange pouco mais de 115km. O contraste com as durações das duas viagens anteriores à península (em 773/774 e 776) e do restante do trajeto – com mais de 450km percorridos em quatro semanas – indica que algo além do inverno deteve o séquito real.[4] Tendo em vista que os francos, há gerações, deslocavam o governo pela malha urbana de seus reinos, alternando a instalação do palácio, de assembleia e audiências em várias sedes, é provável que a concentração de cidades na região tenha feito da viagem convite para uma agenda política. Há registro de que em Parma o rei se ocupou de assuntos públicos, concedeu privilégios fiscais, coibiu "ocasiões ilícitas e violências" e ordenou a resolução de disputas.[5] Havia muitos cenários como esse, onde seria possível selar alianças, aproximar-se de *potentes* e *minores*, ou seja, dos poderosos locais e dos demais homens livres; além de estender o patronato a novos protegidos, vassalos, auxiliares. E foi em Parma, enquanto tecia novos fios para a *societas fidelium* – a "sociedade dos [homens] fiéis" ao monarca franco –, que Carlos Magno teria encontrado Alcuíno.

Digo "teria" porque o episódio desperta suspeita, especialmente pela conveniência de uma ocasião tão majestosa. O encontro com o rei possui um ar de mistificação. Talvez a ocasião tenha sido colocada em cena posteriormente, selecionada por um biógrafo para

---

3. ANNALES REGNI FRANCORUM. MGH SS Rer. Germ. 6, p. 55-58; CARLOS MAGNO. Diploma 132. MGH DD Karl I, p. 182-183. NELSON, Janet. *King and Emperor...*, p. 182.

4. BÖHMER, Johann Friedrich. *Regesta Imperii. I Die Regesten des Kaiserreichs unter den Karolingern, 751-918*. Innsbruck: Verlag der Wagner'schen Universitäts-Buchhandlung, 1908, p. 97-98.

5. CARLOS MAGNO. Diploma 132. MGH DD Karol. 1, p. 182-183.

engrandecer a vida de Alcuíno.[6] A suspeita convence. Colocá-lo no itinerário da corte, no caminho que a conduzia a Roma, pode não passar de uma versão grandiloquente dos fatos, elaborada décadas depois para impor a certeza de que ali cumpria-se um destino sublime, em tudo extraordinário, imponente como a rota, que dava acesso à vida de César e à morte do Príncipe dos Apóstolos. Quando se trata dessa reunião, que bem pode ter sido encenada na memória das gerações que vieram depois, é desejável considerá-la com um mínimo de ceticismo. Porém, mesmo que Parma não tenha sido o lugar onde ocorreu a aproximação com o poder franco, o episódio – que não foi descartado como versão plausível – registra algo relevante: a possibilidade de que, na época em que a cúpula carolíngia serpenteava pelo norte itálico, Alcuíno fosse figura pública, um bem-sucedido mediador de interesses que não passaria despercebido aos olhos da coroa.

Há décadas, sua biografia é condensada em um mesmo roteiro. Como não vi razão para destoar, farei coro. Embora diácono e, como tal, pertencente ao nível hierárquico dos subordinados, daqueles que não haviam recebido o sacramento do sacerdócio, a reputação o projetava muito acima do baixo clero. Nascido na Nortúmbria, provavelmente em berço senhorial, Alcuíno foi educado na igreja de York, onde se tornou uma figura cara ao Bispo Ælberth. A amizade o levou ao prestigioso posto de mestre da escola catedral de York e a ocupar um lugar cativo no séquito que acompanhava o prelado durante as viagens pelo continente. Com o passar dos anos, o diácono havia frequentado algumas das principais cidades onde autoridades cristãs tomavam assento – Roma entre elas – e estabelecido uma apreciável rede de contatos entre a aristocracia laica e a eclesiástica da Europa carolíngia.[7] Em 780, a posição e o prestígio fizeram

---

6. BULLOUGH, Donald. *Alcuin*: achievement and reputation. Leiden: Brill, 2004, p. 331-336.

7. GODMAN, Peter. *The Bishops, Kings, and Saints of York*. Oxford: Clarendon Press, 1982, p. xxxvi. Sobre a perpetuação desse roteiro como moldura narrativa, cf. ainda:

com que Alcuíno fosse escolhido pelo Rei Ælfwad para cruzar meio mundo e solicitar pessoalmente ao papa a confirmação da recente eleição que havia designado mais um sucessor para Ælberth. Era uma incumbência que chegava ao cerne de muitas ambições e propósitos.

A escolha encarregou o diácono de cumprir uma missão crucial. Ælfwad solicitava que o pontífice chancelasse a legalidade da eleição e confirmasse o eleito como arcebispo de York – não meramente como "bispo de York". Gesto que, por extensão, confirmaria a diocese como província eclesiástica, entrincheirando-a em posição de grande prestígio e, sobretudo, autoridade. Promovida, a igreja de York poderia agir com autonomia frente a Canterbury, arcebispado mais antigo da ilha vinculado a outro trono, o da Mércia, que, à época, expandia-se às expensas de reinos como a Nortúmbria, governada por Ælfwad.[8] A busca pelo reconhecimento pontifício era uma tentativa de fortalecer o reino, convertendo a autonomia eclesiástica em barricada política. Obter o *pallium* – o símbolo da autoridade arcebispal – para o novo pastor de York era um movimento arrojado, que afetaria relações em uma ampla paisagem política ao reposicionar a maior igreja do norte como instituição. Quando alcançou Parma, em março de 781, Alcuíno retornava de Roma com esse valioso objeto. Além de bibliófilo voraz e mestre de uma influente escola catedral, o diácono que se comportava com a discri-

---

BULLOUGH, Donal. *Alcuin*: achievement and reputation....; COSTRINO, Artur. Alcuíno. In: SOUZA, Guilherme Queiroz; NASCIMENTO, Renata Cristina de Sousa (Org.). *Dicionário: Cem Fragmentos Biográficos*. A Idade Média em trajetórias. Goiânia: Editora Tempestiva, 2020, p. 153-158.

8. Minha argumentação segue as premissas estabelecidas por: KIRBY, David P. *The Earliest English Kings*. Londres/Nova York: Routledge, 1991, p. 118-150; COATES, Simon. The bishop as benefactor and civic patron: Alcuin, York, and episcopal authority in Anglo-Saxon England. *Speculum*, vol. 71, n. 3, 1996, p. 529-558; DUQUE, Fábio de Souza. *Os diplomas e a governança nos reinos Anglo-Saxões*: Mércia e o Wessex entre os séculos VIII e IX. (Dissertação de Mestrado), Universidade de São Paulo, 2018, p. 96-120.

ção de monge – embora nunca tenha realizado votos regulares – era figura publicamente investida de grande responsabilidade. Alguém capaz de atrair a atenção de um monarca como Carlos Magno, que cruzava paisagens para ampliar aquilo que os historiadores alemães costumavam designar por *Königsnahe*: o entorno social do rei.[9]

No jogo textual dos biógrafos medievais, em que se narra uma existência para esconder fragmentos-chave, consta que o prestígio de professor foi o que levou Alcuíno à presença de Carlos Magno. Já familiarizado com a reputação do *magister* de York, o rei estava determinado a recorrer a seus ensinamentos – assegura a anônima *Vida de Alcuíno*, redigida quarenta anos depois.[10] Contudo, é preciso ouvir o que dizia o historiador alemão Dietrich Lohrmann, que há tempo insistiu: o contato entre o diácono e a corte franca vinha de muito antes. O Alcuíno dos anos 780 pode ter sido uma figura em meios-tons. Mestre de reputação teológica tanto quanto um agente que se movia com desenvoltura na arte de favorecer e ser favorecido. Desse modo, as ressonâncias políticas de seu nome e posição certamente acompanharam o diácono até o recinto em que ele se encontrou com o rei – onde quer que tenha sido. Que seja Parma. Mais decisivo do que determinar o cenário é sondar a natureza do vínculo entretecido. Se a admiração intelectual era o que movia o monarca, o convite dirigido ao diácono para que assumisse uma posição na corte carolíngia muito provavelmente satisfez um senso de utilidade pública e vantagem política. Que Alcuíno entregasse o *pallium* em

---

9. *Königsnahe* é um termo consolidado, relativamente comum na historiografia. Os muitos usos imprimiram elasticidade à sua compreensão, que pode recobrir relações e círculos sociais muito diferentes. Mas há um núcleo semântico sedimentado por obras como: REUTER, Timothy (Ed.). *The Medieval Nobility*: studies on the ruling classes of France and Germany from the Sixth to the Twelfth Century. Amsterdã: North-Holland Publishing Company, 1979.

10. VITA ALCUINI. MGH SS 15/1, p. 190-191; VEYRARD-COSME, Christiane. *La Vita Beati Alcuini (IXe S.)*: les inflexions d'un discours de sainteté. Paris: Institut d'Études Augustiniennes, 2017, p. 260-263.

York, como esperado, e em seguida retornasse ao continente para se instalar na Frância, onde ensinaria e aconselharia a família real. Assim foi dito e feito. Em que momento, é algo difícil de precisar.[11]

Há muito os historiadores discordam sobre quando o diácono se instalou na corte carolíngia. As lacunas documentais permitem contorcer a cronologia constantemente: tal como se pode dobrá-la na data mais imediata, recolocando Alcuíno no continente poucos meses após o encontro em Parma, também se pode esticá-la até um momento distante, de modo que o convívio com Carlos Magno não teria ocorrido antes do ano 786.[12] A causa para a elasticidade é, no entanto, o que mais nos importa. As possibilidades são numerosas porque os registros documentais que cobrem o período de 781 a 799 alternam a presença de Alcuíno nos dois lados do Canal da Mancha. O diácono transitou continuamente entre Aachen e York nas décadas seguintes a Parma. Ainda que o monarca dos francos tenha colocado dois mosteiros à sua disposição e prometido riquezas incomensuráveis – como a *Vida de Alcuíno* relata –, o diácono não se

---

11. A tese de que o vínculo teria se estabelecido antes de 781 conta já com mais de meio século desde sua publicação original, ocorrida em 1967. Cf. LOHRMANN, Dietrich. Alcuin und Karl der Große vor ihrem Treff en 781 in Parma. *Frühmittelalterliche Studien*, vol. 49, n. 1, 2015, p. 1-20; LOHRMANN, Dietrich. Alcuin und Karl der Große im Winter 769. *Frühmittelalterliche Studien*, vol., 52, n. 1, 2018, p. 81-97. A tese da junção e complementariedade entre os papéis educacionais e políticos, pedagógicos e palacianos, dos intelectuais carolíngios, nada tem de original, consistindo em argumento bastante difundido. Ao redigir esse trecho, fundamentei-me, sobremaneira, em duas referências: WICKHAM, Chris. *O Legado de Roma*: iluminando a Idade das Trevas. Campinas: Editora da Unicamp, 2019, p. 549-576; BARBER, Darren Elliot. *The Heirs of Alcuin*: education and clerical advancement in Ninth-Century Carolingian Europe. (Tese de Doutorado) University of Leeds, 2019, especialmente p. 15-66.

12. DUCKETT, Eleanor Shippley. *Alcuin, Friend of Charlemagne*: his world and his work. Nova York: Macmillan Co., 1951, p. 33-36; BULLOUGH, Donal. *Alcuin*: achievement and reputation..., p. 332-346; THOMAS, Rebecca. The Vita Alcuini, Asser and scholarly service at the court of Alfred the Great. *The English Historical Review*, vol. 134, n. 566, 2019, p. 1-24.

instalou na corte carolíngia como quem muda de vida. Os laços com a pátria foram preservados através de um contínuo deslocamento para participar dos assuntos públicos na *Britannia*, onde ele se envolveu com uma missão enviada pelo papa, influenciou as deliberações de sínodos, aconselhou figuras graúdas.[13]

O encontro ocorrido em Parma, em 781, tornou-se símbolo do estabelecimento de um sólido vínculo entre a realeza franca, dominante no continente, e a cultura política das ilhas que formam a atual Grã-Bretanha. Alcuíno foi engrandecido como professor do rei, teólogo do reino e reformador dos francos. Entretanto, como há décadas é destacado pelos historiadores, é crucial reconhecer que ele foi também isto: um elo vivo entre as culturas políticas da *Britannia* e do continente.[14] Esse elo foi o prisma através do qual as incursões vikings se tornaram violência manuscrita.

2 O início da Era Viking?

A arqueologia demonstra que os francos e as *gentis Danorum* – as populações que designamos genericamente por "vikings" – eram velhos conhecidos. O contato entre eles era antigo. As primeiras interações ocorreram em um período indeterminado, recuado nas brumas do tempo. Mesmo assim, o histórico que emerge dessa ne-

---

13. STORY, Joanna. *Carolingian Connections*: Anglo-Saxon England and Carolingian Francia, c. 750–870. Londres/Nova York: Routledge, 2016, especialmente em seus capítulos 5 a 7; CARELLA, Bryan. Alcuin and the Legatine Capitulary of 786: the evidence of scriptural citations. *The Journal of Medieval Latin*, vol. 22, 2012, p. 221-256; RENSWOUD, Irene van. The art of disputation: dialogue, dialectic, and debate around 800. *Early Medieval Europe*, vol. 25, n. 1, 2017, p. 38-53.

14. Para um exemplo historiográfico consagrado da reputação de Alcuíno: GODMAN, Peter. *The Bishops, Kings, and Saints...*, p. xxxiii. Sobre a ênfase no papel do diácono como laço entre culturas políticas cf. BULLOUGH, Donal. *Alcuin*: achievement and reputation..., p. 390-395.

blina imemorial é longo. Migrações esporádicas, trocas comerciais e transferências de artefatos culturais ocorriam entre o continente e a Escandinávia, seguramente, desde o início do século VII.[15] Porém, quando se trata da ruptura desse antigo equilíbrio fronteiriço, uma data precisa reluz como a clareza do meio-dia. Ao sondar em que altura da história os reinos localizados a oeste do Mar do Norte foram ameaçados por um deslocamento de conquistadores escandinavos, um historiador ou uma historiadora é encorajado a marcar um "x" na linha do tempo. As incertezas, indeterminações e estimativas cedem lugar ao hábito de apontar com precisão, cravando dia e lugar, o momento em que grupos armados chegaram ao litoral dos reinos cristãos em busca de prata, escravos e tributos. A "Era Viking" teria começado no dia 8 de junho de 793, quando um grupo de daneses desembarcou na pacata ilha de Lindisfarne e saqueou o mosteiro local, na costa da Nortúmbria.[16]

Essa certeza resulta de um uso bem conhecido dos escritos de Alcuíno. É possível que a chegada dos piratas tenha sido repentina e inesperada, difundindo entre a população da ilha e arredores a memória traumática de um assalto impensável. Sobretudo em função

---

15. SINDBAEK, Søren. Broken links and black boxes: material affiliations and contextual network synthesis in the Viking World. In: KNAPPETT, Carl (Ed.). *Network Analysis in Archaeology*: new approaches to regional interaction. Oxford: Oxford University Press, 2013, p. 71-94; JESCH, Judith. *The Viking Diaspora*. Nova York: Routledge, 2015, p. 55-86; GARIPZANOV, Ildar. *Frontier Identities*: Carolingian Frontier and the gens Danorum. In: GARIPZANOV, Ildar; GEARY, Patrick; URBANCZYK, Przemyslaw (Ed.). *Franks, Northmen, and Slavs*. Turnhout: Brepols, 2008, p. 114–115; MELLENO, Daniel. *North Sea Networks*: trade and communication from the Seventh to the Tenth Century. *Comitatus*: A Journal of Medieval and Renaissance Studies, vol. 45, 2014, p. 65-89; MELLENO, Daniel. *Before They Were Vikings*: Scandinavia and the Franks up to the death of Louis the Pious. (Tese de Doutorado) University of California, 2014, p. 1-52. Cf. ainda: LEBECQ, Stéphane. *Marchands et Navigateurs Frisons du Haut Moyen Âge*, vol. I. Lille: Presses Universitaires de Lille, 1983.

16. WINROTH, Anders. *The Conversion of Scandinavia*: Vikings, merchants, and missionaries in the remaking of Northern Europe. Nova Haven/Londres: Yale University Press, 2012, p. 14.

da pilhagem do mosteiro local, fundado há mais de cento e cinquenta anos. Uma razia em um dos mais importantes centros missionários do cristianismo nórdico, em uma necrópole onde repousavam inúmeros santos, terá sido suficiente para fazer os corações bombearem pânico até as cordas vocais. No entanto, o ataque não foi o primeiro contato com grupos ameaçadores vindos do mar. Ao mencionar a chegada de "três navios normandos" cerca de cinco anos antes, a *Crônica Anglo-Saxônica* registra taxativamente: "aqueles foram os primeiros navios de homens daneses que chegaram à terra dos ingleses".[17] Registro que não caiu no esquecimento, já que reaparece em uma crônica tardia, do século X, atribuída a Asser, monge galês falecido por volta de 908 e integrante da corte do monarca que seria enaltecido como Alfredo, "o Grande".[18] Além disso, há mais de uma década circulavam rumores sobre a hostilidade entre os carolíngios e "Sigfrid, rei dos normandos"[19]. O saque ao mosteiro de Lindisfarne pode ter sido traumático, mas o eventual choque não bastava para converter o episódio em origem de um tempo, para fazer dele a passagem turbulenta para uma nova era.

Apesar das viagens frequentes, o diácono não estava na ilha quando tudo ocorreu. Fazia alguns meses que estava de volta ao continente. Não obstante a distância, a notícia o alcançou rápido,

---

17. IRVINE, Susan (Ed.). *The Anglo-Saxon Chronicle*: a collaborative edition, vol. 7 MC E. Cambridge: D. S. Brewer, 2004, p. 41; O'KEEFFE, Katherine O'Brien (Ed.). *The Anglo-Saxon Chronicle*: a collaborative edition, vol. 5 MC C. Cambridge: D. S. Brewer, 2001, p. 50; WHITELOCK, Dorothy; DOUGLAS, David C.; TUCKER, Susie I. (Ed.). *The Anglo-Saxon Chronicle*. Londres: Eyre and Spottiswoode, 1961, p. 35.

18. CHRONICON FANI SANCTI NEOTI. In: STEVENSON, William Henry (Ed.). *Asser's Life of King Alfred, together with the Annals of Saint Neots erroneously ascribed to Asser*. Oxford: Clarendon Press, 1904, p. 128.

19. ANNALES REGNI FRANCORUM. MGH SS Rer. Germ. 6, p. 60. Cf. ainda: COOIJMANS, Christian. *Monarchs and Hydrarchs*. The conceptual development of Viking activity across the Frankish Realm (c. 750-940). Londres e Nova York: Routledge, 2020, p. 39-40.

pois antes que 793 terminasse, diferentes destinatários na ilha leriam suas reações através de cartas e de um elegante poema consolatório. Alcuíno era, de fato, um homem bem informado sobre o que ocorria no outro lado do mar – e que dificilmente não teria conhecimento sobre os "três navios normandos" de anos atrás.[20] Uma das cartas foi então destinada a Æthelred, o rei da Nortúmbria. O texto trazia a certeza atroz de que o chão da história escapara sob os pés de todos: "há cerca de 350 anos que nós e nossos pais habitamos essa belíssima terra e nunca um terror ocorreu [...] como o que agora sofremos pela gente pagã". Nada nos últimos três séculos e meio preparou os habitantes do reino para aquele momento; ninguém, vivo ou morto, jamais "imaginou que [tal terror] pudesse ser realizado por navio". Bastava contemplar as marcas deixadas pelos piratas para constatar o horror desconhecido que foi tal calamidade. Afinal, dizia Alcuíno colocando a cena diante dos olhos do rei, havia sangue: "eis a igreja de São Cuteberto salpicada com o sangue dos sacerdotes de Deus, espoliada de seus ornamentos; um lugar mais venerável do que todos na *Britannia* foi submetido à depredação dos pagãos".[21] Mas a carta assegurava que a igreja não foi o único lugar ensanguentado em razão dos piratas. Não foi sequer o primeiro. A invasão havia tingido parte da Nortúmbria de um vermelho visceral e quente antes do primeiro viking saltar do navio para as areias da ilha.

Pois em verdade, dizia Alcuíno, a calamidade foi prenunciada aos cristãos. Certos sinais de desolação precederam o acontecimen-

---

20. Cf. GARRISON, Mary Delafield. *Alcuin's World through his Letters and Verse*. (Tese de Doutorado), University of Cambridge, 1995, p. 72. Como menciono no próprio texto, a argumentação realizada ao longo destas páginas tem enorme dívida para com essa tese. Mary Delafield Garrison é particularmente persuasiva ao demonstrar que Alcuíno não descreve, mas recria, à sua maneira, o saque da ilha de Lindisfarne e, ao fazê-lo, modifica a amplitude do fato – indicação que exploro ao longo deste capítulo, mas chegando a uma conclusão diversa daquela que consta na tese de Garrison.

21. ALCUÍNO. Epístola 16. MGH Epp 4, p. 42.

to. Alguns eram comuns, estavam inscritos em coisas habituais, outros, extraordinários, revelados através de ocorrências espantosas e inauditas. Mas não era preciso ter reunido todos para compreender a mensagem. Bastava não ter negligenciado apenas um. Os habitantes da Nortúmbria poderiam ter se preparado adequadamente para a invasão se tivessem observado com afinco o sinal manifestado em York: uma *chuva de sangue*. E para que o ensinamento fosse gravado na mente de um rei sem resvalar na suspeita de insolência ou soberba, o diácono o abordou com a sutil astúcia de professor veterano. Mestre experiente, Alcuíno recorreu à arte de elaborar perguntas. "O que vaticinava a chuva de sangue", indagou, "que, durante a quaresma, na igreja de São Pedro, Príncipe dos Apóstolos, na cidade de York, [...] vimos cair ameaçadoramente no lado norte do cume do telhado, embora o céu estivesse sereno?" A cor rubra da chuva revelava que uma matança se aproximava; sua rota celestial, impressa sobre o telhado da igreja, indicava a direção a ser guardada por sentinelas. Conclusão defendida pelo diácono com outra pergunta: "não poderia ser esperado que do Norte caísse sobre o povo a punição de sangue que [agora] pode ser vista em seu início com esse ataque que recentemente ocorreu na casa de Deus?"[22]

A carta não faz de Alcuíno o primeiro a mencionar tal fenômeno atmosférico. Os relatos sobre chover sangue eram numerosos quando ele escreveu a Æthelred. Numerosos e notórios. Constavam nas obras de alguns dos principais autores do mundo antigo, como Plutarco, Luciano de Samósata, Prudêncio, Claudiano e Plínio, "o Velho".[23] O fenômeno provavelmente era conhecido e

---

22. ALCUÍNO. Epístola 16. MGH Epp 4, p. 42-43.
23. Respectivamente: PLUTARCO. *Lives*, Vol. I. Cambridge: Harvard University Press (Loeb Classical Library 46), 1914, p. 167; LUCIANO DE SAMÓSATA. *Works, Vol. I.* Cambridge: Harvard University Press (Loeb Classical Library 14), 1913, p. 268; PRUDÊNCIO. *Works II*. Cambridge: Harvard University Press (Loeb Classical Library 398), 1953, p. 322; CLAUDIANO. *Works, Vol. I.* Cambridge: Harvard University Press

comentado nos palácios de Carlos Magno, frequentados pelo diácono. Já que, certa vez, "sangue autêntico caiu das nuvens sobre o território de Paris", segundo constava na *História dos Francos* escrita pelo Bispo Gregório de Tours entre as décadas de 570 e 590.[24] Chuvas de sangue eram descritas em grego antigo e em latim medieval, relatadas por pagãos e cristãos como tendo ocorrido na península itálica, na Gália, no Oriente Médio. A amplitude de registros torna difícil dispensá-los como uma repetição de rumores extravagantes e sugerir, assim, que tantas inteligências tenham sido ludibriadas por uma invencionice, acreditando candidamente em algo jamais presenciado. Aliás o conhecimento científico atual avança em direção oposta, confirmando a realidade meteorológica do fenômeno.

A chuva pode se tornar vermelha em razão de uma alta concentração de partículas oriundas de algas filamentosas da ordem *Trentepohliales*. Minha compreensão sobre esse processo é insuficiente. Por mais que tenha me dedicado a estudá-lo, não consigo detalhar momentos chave. Mas aqui vai a tentativa de explicação. O fenômeno usualmente resulta de uma cadeia de interações e reações iniciada a centenas de quilômetros do local onde a chuva assume o semblante de sangue. Uma das hipóteses mais aceitas atualmente destaca que em um ou mais pontos da vasta paisagem da Eurásia, ocorrências ecológicas sazonais costumam provocar a dispersão atmosférica de esporos das algas existentes em árvores e rochas, as quais assumem tonalidades que vão do amarelo ao vermelho. Disseminadas no ar, as partículas alcançam a troposfera, onde são acumuladas nas nuvens, sendo, em seguida, deslocadas por correntes de ar. Deslocamento que canaliza os esporos para outras regiões,

---

(Loeb Classical Library 135), 1922, p. 188; PLÍNIO, O VELHO. *Natural History*, Vol. I: Books 1-2. Cambridge: Harvard University Press (Loeb Classical Library 330), 1938, p. 282.

24. GREGÓRIO DE TOURS. *Libri Historiarum X*. MGH SS Rer. Merov. 1/1, p. 284.

combinando-os com vapor d'água e micropartículas, ou seja, tingindo as gotas que cairão. Há ainda outras possibilidades que incluem de fungos à poeira, da incidência da radiação solar até a composição química das massas de ar oriundas do Saara.[25] E, dada a frequência com que físicos e biólogos apresentam hipóteses explicativas, já não é raro encontrar um historiador afirmando: "eu estou convencido de que a 'chuva sangrenta' ocasionalmente ocorreu na Europa medieval".[26]

Porém, a leitura mais comum é que, seja qual for a realidade do fenômeno, ele foi simbolicamente absorvido pela mentalidade religiosa medieval. Sob essa perspectiva, ao mencioná-lo, um homem como Alcuíno o considerava, acima de tudo, uma manifestação dos desígnios de Deus, a revelação parcial de movimentos invisíveis, espirituais. Ele não teria fugido à regra de pensar como seus contemporâneos, que viviam "convencidos da capacidade teofânica da história natural"[27]. O uso da expressão resultaria de necessidades

---

25. SCHOVE, Justin. Sunspots, Aurorae and Blood Rain: the spectrum of time. *Isis*, vol. 42, n. 2, 1951, p. 133-138; WHITE, Joshua R.; CERVENY, Randall S.; BALLING JR., Robert C. Seasonality in European red dust/"blood" rain events. *American Meteorological Society*, 2012, p. 471-476; CRIADO, Constantino; DORTA, Pedro. An unusual 'blood rain' over the Canary Islands (Spain). The storm of January 1999. *Journal of Arid Environments*, vol. 55, n. 4, 2003, p. 765-783; BAST, Felix; BHUSHAN, Satej; AHMA AIJAZ, John; ACHANKUNJU, Jackson; PANIKKAR, Nadaraja; HAMETNER, Christina; STOCKER-WÖRGOTT, Elfriede. European species of subaerial green alga Trentepohlia Annulate (Trentepohliales, Ulvophyceae) caused blood rain in Kerala. *Phylogen Evolution Biology*, vol. 3, n. 1, 2015, p. 1-3.

26. Tradução do autor, cf. DUTTON, Paul Edward. Observations on Early Medieval weather in general, Bloody Rain in particular. In: DAVIS, Jennifer R.; McCORMICK, Michael (Ed.). *The Long Morning of Medieval Europe*: new directions in Early Medieval Studies. Londres/Nova York: Routledge, 2016, p. 167-180, citação p. 172.

27. Tradução do autor, cf. DUTTON, Paul Edward. Observations on Early Medieval..., p. 174. Alguns autores acrescentam outra possibilidade explicativa, que extrapola as hipóteses científicas mais aceitas e recorrem a uma possibilidade de cunho linguístico: a *pluvial sanguinis* seria uma das maneiras correntes de se referir às luzes setentrionais ou Aurora Boreal: CESARIO, Marilina. Fyrenne Dracan in the Anglo-Saxon Chronicle. In:

comunicativas características do pensamento mitológico. Recorrer a imagens desse tipo era um modo de expressar crenças e emoções – frisa tal perspectiva. Descrevendo assim aquilo que ocorria no mundo, Alcuíno exercitava uma psicologia comum, renovando uma capacidade geral para encontrar a verdade e explicar o mundo através do visual, do apelo à imaginação – não apenas à lógica –, do fantástico e do maravilhoso. Essa mesma função teria sido desempenhada por uma das versões da *Crônica Anglo-Saxônica*, onde também constam certos presságios sobre a "destruição da casa de Deus" em Lindisfarne: "imensos turbilhões e relâmpagos, e dragões ardentes eram vistos voando no ar".[28] Os símbolos são outros, dragões e relâmpagos; mas a psicologia seria (assim se assegura) a mesma por trás da carta escrita pelo mestre e conselheiro de Carlos Magno.

Com isso, está delimitado o que tal expressão pode provar. Pensemos na pergunta: o que "a chuva de sangue" registra? O que levou Alcuíno a escrevê-la? Ou, simplesmente, ela é evidência do quê? A resposta encorajada pela leitura predominante é que se trata do registro de uma crença. Pode ser o testemunho sobre um fenômeno climático, observável inclusive nos dias de hoje; mas é ainda mais seguro admitir que se trate de uma expressão simbólica, um modo abstrato de lidar e conferir sentido a questões existenciais. Questões que, difíceis de suportar ou decifrar, são envolvidas em mistério, em formas aterrorizantes e impressionantes – o argumento poderia ser assim desdobrado. Sob essa leitura, Alcuíno teria encarado a incursão viking, de partida, desde o momento em que a notícia zuniu em seus ouvidos, como evento extremo, projetando tal saque na mentalidade medieval como acontecimento de dimensões esmagadoras porque cósmicas e transcendentes. Ao lavrar seu testemunho sobre

---

HYER, Maren Clegg; FREDERICK, Jill (Ed.). *Textiles, Text, Intertext*: essays in honour of Gale R. Owen-Crocker. Woodbridge: The Boydell Press, 2016, p. 153-170, especialmente as p. 162-163.

28. IRVINE, Susan (Ed.). *The Anglo-Saxon Chronicle*..., p. 42.

o misterioso prodígio celestial, ele teria registrado a percepção de que as relações sociais mudavam em escala continental. O mundo já não era o mesmo.[29]

Proponho outra resposta. No caso, a alternativa é uma interpretação que não anula tal ponto de vista, mas prioriza uma ênfase distinta. Trata-se de fato de um símbolo. Mas seu uso respondia a uma avaliação pragmática sobre a ação humana. Alcuíno mencionou a "chuva de sangue" para sensibilizar o interlocutor sobre o *lugar marginal da violência viking no cotidiano saxão*. Há elementos suficientes para defender a seguinte hipótese: o saque viking de Lindisfarne foi designado ocorrência secundária, percebido como um fato dotado de valor derivado, não intrínseco. Ao menos para parte da elite imperial, seu *status* não foi o de um divisor de épocas, foi outro. Eis o que vou demonstrar a seguir. Para isso adotarei o próprio discurso de Alcuíno como roteiro para nossa reflexão.

3 Violência viking, terror cristão

Ao menos sete cartas de Alcuíno registram o ataque a Lindisfarne. Todas escritas em 793. Duas estão endereçadas ao Rei Æthelred, mas não exclusivamente. Em uma delas, a saudação se estende a todos *optimates*, os "grandes do reino"; a outra incluiu os nomes de alguns duques e príncipes como destinatários. Uma terceira epístola foi escrita para o arcebispo de Canterbury. O diácono o considerou responsável por mobilizar o episcopado de toda *Britannia* para a missão inadiável de combater a sina pecadora dos saxões, a quem Deus acabara de punir enviando os daneses. Uma exortação à responsabilidade pastoral foi igualmente encaminhada ao bispo de Lindisfarne, Higbaldo. Entre frases de lamento e conforto, a mensagem o encorajava a manter os bons costumes entre o clero – disci-

---

29. Cf. STORY, Joana. *Carolingian Connections*..., p. 94.

plina, sobriedade, aversão ao luxo e à avareza – e a resistir à vaidade dos homens seculares, pois assim todos se aproximariam de Cristo, onde já não sofreriam atribulações pelas mãos de pagãos. O "terror que desceu sobre a igreja de São Cuteberto" é também mencionado na correspondência com os mosteiros de Wearmouth e de Jarrow. Por fim, duas cartas foram dedicadas à consolação dos monges de Lindisfarne. Uma delas trazia versos de consolo.[30] O saque de 793 mobilizou Alcuíno. O engajamento fez com que ele descrevesse e aludisse ao episódio diversas vezes, em textos diferentes. Isso torna intrigante que o diácono tenha mencionado a macabra "chuva de sangue" uma única vez. Ela consta *apenas* no texto que foi endereçado ao monarca e a "todos os grandes do reino". Por quê?

Æthelred era fonte de apreensão e esperança para Alcuíno. Sua presença no trono da Nortúmbria era a frágil promessa de paz para um reino trespassado por conflitos. Em 788, Sicga, um dos "grandes do reino", diz um registro posterior, "matou miseravelmente [...] o excelente Rei Ælfwad".[31] A insistente recordação do nome do assassino e a comoção que o sepultamento da vítima provocou no céu e na terra – segundo o cronista, a marcha de monges e clérigos enlutados foi acompanhada por uma procissão espiritual de santos e milagres – lança sobre o episódio uma luz de desastre. A coroa então passou ao sobrinho do falecido. O novo reinado, contudo, durou pouco. Um ano e o sucessor foi traído.[32] Não descobri quem e quantos eram os conspiradores, somente que foram bem-suce-

---

30. ALCUÍNO. Epístolas 16-22. MGH Ep. 4, p. 42-60. Menciono "ao menos sete epístolas" porque há uma possibilidade de que outra carta ao Rei Æthelred, numerada por Ernst Duemmler como "epístola 30" na edição da Monumenta Germaniae Historica, tenha sido composta em 793, juntamente com a carta que aparece como a de número 18. Cf. ALCUÍNO. Epístola 30. MGH Ep. 4, p. 71-72.
31. SIMEON DE DURHAM. Historia Regum. In: HOFGSON-HINDE, John. *Symeonis Dunelmensis Opera et Collectanea*. Londres: Surtees Society, 1868, vol.1, p. 29.
32. IRVINE, Susan (Ed.). *The Anglo-Saxon Chronicle*..., p. 41.

didos em aprisionar o monarca e consumar sua deposição. Destronado, o desventurado sucessor de Ælfwad se dirigiu à igreja de York e assumiu a tonsura, conduta que pode ter sido uma tentativa de salvar a própria pele. Ser tonsurado implicava renunciar à vida secular e, com ela, à realeza. Raspando o topo da cabeça como um religioso, o deposto declarava que não tentaria reaver a coroa. Caso tenha ocorrido assim, não foi suficiente: não evitou que fosse banido.[33] Em 790, essa elite abertamente sediciosa e protagonista de sucessivas escaladas de violência chegou ao consenso de que o trono da Nortúmbria devia ser ocupado por um condenado que estava no exílio. O escolhido tinha sangue real. Descendia de um monarca falecido há 25 anos e já havia, inclusive, ocupado o lugar do pai, tendo reinado por um tempo até ser julgado pela morte de um *optimate,* destituído e exilado. A sentença de banimento foi, agora, revogada e, "pela graça de Deus", ele retornou para governar.[34] Era Æthelred.

A decisão foi enaltecida por Alcuíno, que estava na *Britannia* e adiou sua viagem de retorno à corte de Carlos Magno ao saber da "grande maravilha operada por Deus, que elevou [o exilado] do cárcere ao trono, da miséria à majestade".[35] Mas, em poucos meses, o que era doce como louvor tornou-se preocupação amarga. As rivalidades e divisões não recuaram. Na realidade, magnatas continuariam a ser presos e executados. Antes que isso ocorresse, ainda em 790, Alcuíno escreveu ao abade de Corbie, suplicando-lhe para que juntasse esforços ao combate do diácono contra a injustiça que, alimentada por poderosos, mantinha a pátria mergulhada nas atri-

---

33. IRVINE, Susan (Ed.). *The Anglo-Saxon Chronicle*..., p. 41.
34. SIMEON DE DURHAM. Historia Regum... vol.1, p. 29. Cf. ainda: BULLOUGH, Donal. *Alcuin*: achievement and reputation... op. cit., p. 318-321, 395-400.
35. ALCUÍNO. Epístola 8. MGH Ep. 4, p. 33. Cf. ainda: ALCUÍNO. Epístola 10. MGH Ep. 4, p. 36.

bulações. "O novo rei não age como eu esperava e gostaria", admitia o diácono.[36]

A avaliação não mudou com o passar dos anos. A negligência cristã corroía o bem. Assim, ao receber a notícia do desembarque em Lindisfarne, Alcuíno teve certeza de que a Nortúmbria era punida pelos pecados do rei e dos grandes do reino. "Desde os dias do Rei Ælfwad", escreveu ele a Æthelred, "fornicação, adultério e incesto têm inundado [esta] terra. E o que devo dizer da avareza, dos roubos e das decisões violentas?" A devastação do mosteiro era o novo capítulo de uma marcha de eventos já em curso até um mal maior: "por pecados deste tipo, reis perderam reinos, e povos, a pátria". A Nortúmbria se tornara um manancial de ofensas a Deus. E entre os pecados particularmente odiosos estavam as maneiras luxuriosas com que o povo e os poderosos se vestiam e se comportavam: "eis que no corte dos cabelos e das barbas vós imitastes os pagãos!" – escreveu Alcuíno como se esgrimisse uma prova irrefutável. O rei e os seus se banqueteavam com a aparência de saqueadores enquanto pobres cambaleavam famintos à porta do palácio. Irreconhecíveis segundo "o costume de nossos antepassados", já não agiam como "governantes do povo, mas como ladrões; [não eram] pastores, mas destruidores". E a menos que mudassem de hábitos, que obedecessem aos sacerdotes e observassem diariamente a paz e a caridade, as calamidades continuariam.[37] O ocorrido em Lindisfarne foi um dos muitos flagelos que o reino atraíra contra si.

Nenhum outro destinatário de 793 foi repreendido desse modo, com tal firmeza. A carta enviada ao "diletíssimo senhor Rei Æthel-

---

36. ALCUÍNO. Epístola 9. MGH Ep. 4, p. 35.
37. ALCUÍNO. Epístola 16. MGH Ep. 4, p. 42-44. Cf. ainda: JAEGER, Carl Stephen. "Seed-sowers of Peace": the uses of love and friendship at court and in the kingdom of Charlemagne. In: WILLIAMS, Mark (Ed.). *The Making of Christian Communities in Late Antiquity and the Middle Ages*. Londres: Anthem Press, 2005, p. 77-92; GARRISON, Mary Delafield. *Alcuin's World through his...*, p. 75-84.

red e a todos os grandes do reino" destoa pela severidade do texto e por mencionar a "chuva de sangue". Isso não era coincidência ou certo acaso. As duas características decorrem de um pensamento singular. A expressão "chuva de sangue" é a marca de uma lógica incisiva, um raciocínio calcado em uma dupla relação, de grandeza e de causalidade. Ela distingue entre diferentes violências realçando aquela que é mais grave (grandeza) e que gera todas as outras (causalidade). Ela apareceu especificamente naquela carta porque ali estava o marco zero das violências: a realeza e a elite política da Nortúmbria. A "chuva de sangue" é um registro historicamente valioso. Não de uma mentalidade mágica ou aterrorizada, mas de uma leitura política, da avaliação de que o saque ao mosteiro de Lindisfarne ocorreu porque o reino estava atolado na guerra civil há anos. O diácono a empregou para persuadir os interlocutores da opinião de que a violência viking era séria, mas muito mais grave eram as violências cristãs.

Traições, crimes, fome, truculência e saque. A pilhagem viking emerge das cartas de Alcuíno como o mais recente capítulo de um terror já em curso. O ataque foi entendido como ocorrência trágica, motivo para lamentações tocantes e protestos incisivos. Porém, não como causa das atribulações que arrastavam a *Britannia* para o que o diácono julgou ser um ponto crítico, 350 anos depois. Tampouco como um novo *front* de relações para Cristandade. Assalto que expunha uma fragilidade cuja origem estava em outro lugar, complicação que consumava um declínio iniciado muito antes, a investida que assolou Lindisfarne surge, no pensamento de Alcuíno, como *outra consequência* do próprio modo de vida cristão. Sob o prisma estabelecido pelas cartas, o navio que atracou no litoral saxão em junho de 793 não era a proa de um contrapoder. Sem dúvida, o saque é *vulnus*, "ferida" aberta na integridade da religião e do reino. Mas ferida provocada pelos próprios cristãos, não pela aparição de uma força antinômica, um rival imponderável. É possível considerar que as epístolas vincularam o saque a uma demarcação de épocas. Tal interpretação, contudo, pode reproduzir mais da sensibilidade moderna, e de seu empenho para cartografar períodos históricos, do que sondar as preocupações de um eclesiástico da posição de Alcuíno. Que reconheceu no saque não uma faísca que incendiou a instauração de novo tempo, mas o indicador de um agravamento dos problemas relativos às garantias públicas que poderosos cristãos proporcionavam aos interesses eclesiásticos.

4 Guerra civil, mãe de todas as violências

O sangue que banhou o telhado da igreja em York era um presságio da devastação pagã *como consequência* dos conflitos internos ao reino. Prestar atenção a essa imagem – isto é, contextualizá-la e inseri-la nas relações de poder que perpassaram sua elaboração – aponta que a carta enviada a Æthelred registra, em primeiro lugar e acima de tudo, um terror causado por cristãos. A negligência do rei era a força destrutiva que desencadeava uma sucessão de ruínas, entre as quais, a vulnerabilidade do reino, cada vez mais indefeso com o passar do tempo.

A interação destrutiva precedia os pagãos. Eis uma ideia importante e que afeta a interpretação dos documentos. Vejamos outro exemplo, nessa perspectiva. A afirmação "há cerca de trezentos e cinquenta anos que nós e nossos pais habitamos essa belíssima terra e nunca um terror ocorreu..." tem por referência os cristãos mais do que os vikings. Se a argumentação até aqui não foi suficiente para demonstrar que isso é plausível, talvez seja o momento para relembrar outro detalhe. A certa altura da carta, Alcuíno censurou o rei e sua corte por cultivarem cortes de cabelo e barbas que os deixavam com a aparência dos saqueadores. A apropriação de costumes sugere a existência de relações sociais entre a Nortúmbria e a Escandinávia antes do ataque a Lindisfarne. Influência de mercadores nórdicos?

Imitação de um modelo heroico? Não tenho resposta. Seja como for, a censura parece contradizer a ideia de que o mundo viking subitamente desembarcou nas costas da *Britannia* e desvelou uma verdade escondida por três séculos e meio.[38] Portanto, a medida de tempo, os quase trezentos e cinquenta anos, teria sido uma manipulação grosseira dos fatos.

Teria. A não ser que tal ideia – repetida por incontáveis autores – não fosse o que Alcuíno tinha em mente. O longo intervalo cuja imensidão a carta descortinava aos olhos do rei se encaixava perfeitamente na divisão da história formulada por outro nascido da Nortúmbria: Beda, monge que falecera em 735 como teólogo reverenciado. Alcuíno leu e foi fortemente influenciado por sua *História Eclesiástica das Gentes dos Anglos*.[39] E se buscarmos aí o trecho que descreve o início da década de 440, ou seja, "cerca de 350 anos" antes da carta ao rei, encontraremos esta descrição: "houve trégua com a guerra externa, mas não com a guerra civil. [...] Contudo, os reis, os sacerdotes, os homens particulares e os grandes do reino, ainda recordando as últimas calamidades e massacres, mantiveram-se dentro de certos limites". O trecho prossegue e a passagem a seguir é ainda mais relevante: "mas quando esses morreram e outra geração, que nada conhecia daqueles tempos, os sucedeu, [...] todos os laços da verdade e da justiça foram tão completamente quebrados

---

38. Como argumentam Angus Somerville e R. A. McDonald: SOMERVILLE, Angus; McDONALD, Russel Andrew. *The Vikings and Their Age*. Toronto: University of Toronto Press, 2013, p. 93-94. Cf. ainda: WHITTOCK, Martyn; WHITTOCK, Hannah. *The Vikings*: From Odin to Christ. Oxford: Lion Hudson, 2018, sobretudo, o capítulo 2; DOWNHAM, Clare. The earliest Viking activity in England? *The English Historical Review*, vol. 132, n. 554, 2017, p. 1-12.

39. GODMAN, Peter. *The Bishops, Kings, and Saints...*, p. 178-212; RAMBRIDGE, Kate. Alcuin, Willibrord, and the cultivation of faith. *Haskins Society Journal*, vol. 14; 2003, p. 15-32; GLEASON, Michael. Water, water, everywhere: Alcuin's Bede and Balthere. *Mediaevalia*, vol. 24, 2003, p. 75-100; GARRISON, Mary Delafield. *Alcuin's World through his...*, p. 86-91.

[...] que nenhum vestígio deles permaneceu".[40] Eis uma lista familiar de temas. Adversários exteriores em segundo plano, disputas internas como adversidade premente, o rei e os grandes como responsáveis pelas atribulações vividas, as calamidades como um chamado à obrigação de corrigir injustiças: são todos argumentos retomados por Alcuíno. A referência cronológica era outra de suas conhecidas citações a Beda. Ele o fez não para informar ao rei que aquele era o pior ataque à *Britannia* em mais de três séculos, mas para relembrar a verdade terrível e que exigia reação imediata: há trezentos e cinquenta anos nós, cristãos, não somos tão negligentes, por isso somos presas fáceis de saqueadores.

Utilizar a expressão "chuva de sangue" não foi a reação de uma mente atordoada pela notícia do saque a um mosteiro, cujos relatos a teriam deixado tão estarrecida a ponto de buscar sentido em linguagem apocalíptica, projetando sobre o ataque a imagem de um Armagedon pagão.[41] Pensar assim pode ajudar a desconstruir certos estereótipos em torno dos vikings – ao demonstrar como suas ações teriam sido exageradas e distorcidas pelo cristianismo –, mas reduz a cultura política de Alcuíno a um clichê, a outro estereótipo: o do homem religioso como um indivíduo intelectualmente mal equipado para lidar com a realidade. Relatando o presságio sangrento que ele próprio teria testemunhado em York, Alcuíno não desertou da lógica para se refugiar em um simbolismo mesmerizante. Ele se posicionou sobre questões complexas. Através daquela imagem algo insinuante, ele tratou dos pilares da ordem pública, argumentou sobre os deveres dos governantes e *limitou a magnitude da violência viking*.[42]

---

40. BEDA, O VENERÁVEL. Historia Ecclesiasticam Gentis Anglorum. In: PLUMMER, Charles (Ed.). *Venerabilis Baedae Opera Historica*. Oxford: Clarendon Press, 1864, tomo I, p. 41.

41. Como afirma: DUTTON, Paul Edward. Observations on Early Medieval..., p. 176.

42. Aqui, minha argumentação diverge da de Mary Delafield Garrison, cuja conclusão sobre o significado da violência viking nas cartas de Alcuíno é a seguinte, em tra-

Já vimos que o diácono não percebia a violência como um acontecimento genérico e homogêneo, mas como fenômeno escalonado, cuja realidade estava distribuída em uma ordem de grandeza e causalidade. Tal ordem está inscrita em todo o conjunto de epístolas, ainda que tenha se manifestado de modo incisivo em apenas uma carta. Ela ocorre como tática retórica que pode ser resumida assim: quanto mais um interlocutor era levado a ler "sangue", mais grave era a violência na qual estava implicado. Observe-se. Ao mencionar o saque de 793 ao monarca, Alcuíno escreveu a palavra três vezes, sendo uma delas na expressão "chuva de sangue". Quando descreveu o episódio para o bispo de Lindisfarne, Higbaldo, "sangue" ganhou o manuscrito uma vez. Também surgiu uma única vez quando o ataque foi recordado aos monges atacados.[43] Muito sangue dizia respeito diretamente a Æthelred, inclusive o que desceu das nuvens como cascata vermelha. Aos monges, muito pouco. A escala é já uma *medida da violência* estabelecida por Alcuíno, que a considerava maior e mais preocupante nas imediações do palácio do que nos arredores do mosteiro devastado.

---

dução de minha responsabilidade: "*Separados como estão de Alcuíno por mais de um milênio, pode ser difícil para os leitores contemporâneos encontrar qualquer imediatismo nas "banalidades antigas" do poema de Alcuíno; pode, de fato, ser impossível ver o ataque a Lindisfarne como um cataclismo comparável a eventos paradigmáticos como a Queda de Roma e o Terremoto em Lisboa. Mas só aceitando essas premissas podemos começar a entender Alcuíno e seu mundo em seus termos*". In: GARRISON, Mary Delafield. Alcuin's World through his..., p. 132. Em minha leitura: justamente pelas premissas adotadas, o saque de 793, em si, não surge como episódio catastrófico no pensamento de Alcuíno. Como um efeito colateral da vulnerabilidade acarretada pela guerra civil, sim, ele integra um quadro de declínio – mas não em sua singularidade, não como "o" fator que desencadeara ou sequer redirecionara tal declínio para uma nova fase. Os saqueadores não figuram como um princípio organizador da leitura de Alcuíno sobre a realidade social da violência.

43. ALCUÍNO. Epístolas 16, 20, 22. MGH Ep. 4, p. 42-43, 57, 59-60. ALCUÍNO. Carmina, IX. MGH PLAC 1, p. 229-235.

Como notou a historiadora Mary Garrison em pesquisa inspiradora – em cuja tese, é preciso dizer, baseei boa parte da argumentação desenvolvida até este ponto – as cartas enviadas ao bispo e aos religiosos de Lindisfarne contêm indícios de que Alcuíno encarou a pilhagem viking como algo relativamente previsível. O poema composto para consolar a comunidade religiosa, por exemplo, enumerava os tempos em que devastações similares ou muito mais graves ocorreram. Na Itália tomada por Godos; na Gália, atravessada pelos Hunos. Há séculos, portanto, igrejas eram alvos de ataques e, não obstante o sofrimento e a desolação, não foi o fim, elas não desapareceram – essa parece ser uma das convicções que animam os versos. Há pragmatismo na retórica impactante de Alcuíno. O homem que citou a chuva sanguinolenta como prova manifesta da culpa monárquica foi o mesmo que aconselhou os monges de Wearmouth e os de Jarrow a serem precavidos, a agir com tino e praticidade. "Ponderai quem será capaz de vos defender dos pagãos que apareceram nas proximidades da fronteira de localidades litorâneas", ele recomendou. A história ensinava que ataques pagãos e saques ocorriam constantemente, eram uma regularidade do tempo. Aconteceu em 793 como no passado e, provavelmente, continuaria a ocorrer.[44]

A "chuva de sangue" é o símbolo de um julgamento político consistente, objetivo e engajado. Segue-se que esse argumento traz uma dúvida: por que recorrer a *essa imagem* para formular um julgamento? Se a cultura política de Alcuíno era complexa e versátil ao ponto de permitir conjugar o sofisticado e o pragmático, se era propícia para raciocínios tão argutos sobre responsabilidade, deveres e grandezas de violência, por que ele recorreu especificamente a essa expressão quase mágica, um tanto vertiginosa e que invoca forças inefáveis, sobre-humanas? Não é incoerente ser prático assim, com palavras que parecem enfeitiçar a linguagem? Mas, afinal, por que

---

44. ALCUÍNO. Epístola 19. MGH Ep. 4, p. 54-55.

"chuva de sangue" e não alguma alternativa? A resposta está na força da tradição. Ou melhor dizendo, na força de *uma tradição*.

A ideia de que as atribulações e as calamidades de um reino estavam diretamente atreladas aos vícios do monarca caracterizava, de modo particular, um texto composto no século VII. *De Duodecim Abusivis Saeculi* – "Sobre os Doze Abusos do Mundo" – é uma obra anônima, de modo que a atribuir a um missionário irlandês é o mais longe a que se chega ao falar em autoria. Quem quer que a tenha escrito foi profundamente influenciado pela tradição profética do Velho Testamento, pois os abusos são descritos de uma maneira que lembra narrativas sobre as realezas de Israel e Judá. Isto é, eles são apresentados como tipos humanos que se desviam da orientação divina. A relação de abusos é aí uma lista de personagens: o sábio sem obras, o ancião sem religião, o adolescente sem obediência, o rico sem caridade, a mulher sem recato, o senhor sem virtude, o cristão contencioso, o pobre orgulhoso, o rei iníquo, o bispo negligente, a comunidade sem ordem e o povo sem lei. Ao descrever o nono abuso – "o rei iníquo" –, o missionário irlandês assegurou que os vícios dessa categoria têm repercussões a um só tempo humanas e ecológicas. Quando o monarca dá passos na direção do mal, o povo perde a paz e cai em servidão, os rebanhos e as searas são destroçados, províncias são arruinadas por homens armados, tempestades de primavera e inverno impedem o cultivo da terra e a navegação dos mares, as árvores e os vinhedos definham.[45]

Alcuíno havia lido *Sobre os Doze Abusos do Mundo*. Seu contato com a obra pode, inclusive, ter se tornado mais frequente após o ingresso na corte de Carlos Magno, já que o texto circulava

---

45. PSEUDO CIPRIANO. De XII abusivis saeculi. In: HARTEL, William (Ed.). *Corpus Scriptorum Ecclesiasticorum Latinorum*. Viena: Academiae Litterarum Caesareae, 1871, vol. 3.3, p. 152-173, especialmente as p. 166-167.

amplamente entre o alto clero franco.[46] Eis outra fonte intelectual para a carta remetida a Æthelred. É o bastante para sugerir que a convicção quanto à culpa de um rei se revelar nas nuvens que pairam sobre as cabeças dos súditos não derivava de um Comentário ao Apocalipse ou de algum livro sobre magia, mas de um conhecido escrito cristão sobre a moralidade, as leis e a justiça. Mas, e quanto ao sangue? – talvez replicasse um leitor. E com razão. Por que tingir a chuva de vermelho? A resposta está logo adiante. Para demonstrar o preço a ser pago quando um bispo é negligente – o décimo abuso –, o autor irlandês passou a palavra ao profeta Ezequiel: aquele que não tenta corrigir o ímpio, que não se empenha para reconduzi-lo ao caminho do bem, será responsável por derramar seu sangue.[47] Sentença cabal, a negligência leva ao sangue. Mas isso não ocorre somente por meio de guerras ou execuções. Por vezes, a sentença é cumprida como ocorrência da natureza, conforme o mesmo livro bíblico atestava: "Enviarei sobre vós a fome e bestas-feras que te desfilharão; a peste e o sangue passarão por ti [...]" (Eze. 5:17); "Pois enviarei [...] a peste e o sangue nas suas ruas [...]" (Eze. 28:23); "Com o teu sangue que se derrama, regarei a terra até aos montes [...]". (Eze. 32:6).[48] "Chuva de sangue" era uma imagem formada pela combinação de elementos desses dois

---

46. HELLMANN, S. (Ed.) *Texte und Untersuchungen zur Geschichte der Altchristlichen Literatur*, s. 3, n. 4, 1909, p. 32-60. Cf. ainda: WALLACH, Liutpold. Alcuin on virtues and vices: a manual for a Carolingian soldier. *The Harvard Theological Review*, vol. 48, n. 3, 1955, p. 175-195; BARTLETT, Robert. *Why Can the Dead Do Such Great Things? Saints and worshippers from the Martyrs to the Reformation*. Princeton/ Oxford: Princeton University Press, 2013, p. 213-214; MEENS, Rob. *Penance in Medieval Europe, 600-1200*. Cambridge: Cambridge University Press, 2014, p. 123-125.

47. PSEUDO CIPRIANO. De XII abusivis saeculi..., p. 168.

48. Versão utilizada para as citações: GAROFALO, Salvatore (Ed.). *Biblia sacra Vulgatae editionis Sixti V Pont. Max. iussu recognita et Clementis VIII auctoritate edita*. Turim: Marietti, 1965. Sobre a influência do Livro de Ezequiel no pensamento político da Antiguidade Tardia e Alta Idade Média: HOEFLTCH, M. H. The Speculator in the governmental theory of the Early Church. *Vigiliae Christianae*, vol. 34, n. 2, 1980, p. 120-129.

modelos: o "rei iníquo" e o "bispo negligente". Afinal, aos olhos do diácono, Æthelred era um rei negligente.

Portanto, a expressão que Alcuíno veiculou de modo tão seletivo era um poderoso símbolo *político*. Era uma combinação de dois pressupostos, ambos retirados de *Sobre os Doze Abusos do Mundo*. O primeiro é este: uma tempestade pode provar os abusos de um rei; o segundo, a premissa bíblica de que a gravidade de problemas no seio do povo eleito é revelada quando o sangue aparece por um movimento da natureza, como a peste ou um dilúvio. Como tal, esse símbolo comunica ao leitor uma mensagem contundente. O rei é negligente, e a negligência de um rei é uma violência mais grave do que o ataque de um viking.

5 O firmamento ou o livro natural das violências

Muitos historiadores consideram as cartas que Alcuíno enviou à *Britannia* em 793 importantes porque elas tornaram os piratas vikings agentes relevantes para a organização da Cristandade Latina. Por meio delas, rei, clero e até mesmo o povo cristão aprenderam a considerar saqueadores vindos do mar como forças presentes no mundo, figuras a serem levadas em conta ao se planejar a própria vida.[49] As epístolas não apenas teriam registrado o início da Era Viking, como teriam participado de sua criação – opinião que estas páginas não corroboram. Como vimos, esses mesmos textos contêm evidências de que a expansão escandinava era parte da vida social entre os cristãos do século VIII antes de Lindisfarne. As cartas possuem, de fato, uma importância primordial, fundadora, mas por outra razão. Por consolidarem um modelo explicativo convincente

---

49. RAFFIELD, Ben. "Plundering the territories in the manner of the Heathens": identifying Viking Age battlefields in Britain, *Rosetta*, vol. 7, 2009, p. 22-43; HAYWOOD, John. *Northmen*: The Viking Saga, AD 793-1241. Nova York: St. Martin's Press, 2015, p. 42-46.

para o aumento das violências. As cartas de Alcuíno conferiram autoridade a uma abordagem capaz de elucidar experiências inquietantes e desafiadoras. Capaz de recontar o *terror* como ocorrência dotada de causa tangível, nexos gerais, variabilidade. Um fato, enfim, dotado de lógica e, por conseguinte, administrável. Além de certo efeito normalizador – terapêutico, se poderia dizer –, pensar assim posicionava o ocorrido ao alcance da ação humana.

Quando confrontadas com notícias sobre cercos, saques e devastações vikings, as gerações seguintes continuaram encontrando respostas ao mencionar o céu pincelado de vermelho. Registros semelhantes à "chuva de sangue" reaparecem ao longo do século IX e sua reincidência sugere a perpetuação de um padrão de avaliação política. Eis um trecho que aparece nos *Anais de Fulda*, descrevendo o que se passou no ano de 840: "nessa época, um avermelhado incomum surgiu no céu a sudeste, por diversas noites, outro, a noroeste," e eles se deslocaram pela abóbada celeste "até que se uniram em um cone e se mostraram no céu imediatamente acima [das cabeças] com a aparência de um coágulo de sangue".[50]

Interpretar tal passagem é dificílimo. Ao contrário do que ocorreu na carta de 793, seu autor não afirma explicitamente o que ela revela, ele não a comenta. É um presságio? Mas de quê? Às perguntas, o vazio. Além disso, seu aparecimento no texto é abrupto, sem correlação formal com o que se pode ler antes e depois. Inserida entre duas passagens que narram os preparativos militares e o deslocamento de um rei na época da Páscoa, ela tem o peso de uma interrupção, soa como uma digressão quanto ao propósito que rege o texto. Diferentemente de Alcuíno, o autor não a empregou para desenvolver ideias, não fez dela parte de um argumento ou de uma mensagem explícita. Aliás, quem ele terá sido? Muitas incertezas rondam a autoria. Tal passagem pode ter sido obra de uma ou de

---

50. ANNALES FULDENSES. MGH SS Rer. Germ. 7, p. 32.

muitas mentes, pois pertence a uma seção do texto copiada e revisada numerosas vezes. Timothy Reuter, o editor de uma tradução britânica, sugere, convincentemente, que, "todos os eventos no texto, de 840 em diante, apresentam relações estreitas com Mainz, em particular com o arcebispo".[51] Isso muda tudo. Essa proposta torna a passagem muito eloquente.

Na virada para a década de 840, o arcebispado de Mainz estava no centro de uma encruzilhada política. De lá, o Imperador Luís lançou uma campanha militar avassaladora contra um dos filhos, de mesmo nome, que liderava uma rebelião pelo controle do "reino dos francos orientais". Após a morte do pai, foi para lá que o rebelado marchou de volta para se impor como o "rei das terras além do Reno", desta vez perante o irmão mais velho, Lotário. Logo em 840, a cidade se tornou o destino de forças em iminente colisão: "Luís chegou com uma poderosa força de francos orientais [...] e encontrou [Lotário], que havia se instalado com um exército fora dos muros de Mainz".[52] O confronto não ocorreu, não houve batalha. Os rivais chegaram a um acordo declaradamente provisório, que adiava "a sentença para outro momento", sendo "sentença" uma provável

---

51. Tradução do autor, cf. REUTER, Timothy (Ed.). *The Annals of Fulda*: Ninth-Century Histories. Manchester & Nova York: Manchester University Press, 1992, p. 8. De modo geral, admite-se que a redação dos *Anais* durante os anos de 840 teria sido realizada ou supervisionada por Rodolfo, monge de Fulda falecido em 865. Conforme Eric Goldberg, em trecho que traduzo, Rodolfo "parece ter escrito os *Anais* no mosteiro de Fulda até 847, momento em que ele, aparentemente, acompanhou seu antigo abade, Rábano, até Mainz, onde Rábano se tornou arcebispo". Cf. GOLDBERG, Eric J. *Struggle for Empire*: kingship and conflict under Louis The German, 817-876. Ithaca/Londres: Cornell University Press, 2009, p. 14-15, citação retirada da nota 39. Que um historiador com a *expertise* de Goldberg se veja forçado a admitir a possibilidade de Rodolfo ter supervisionado a redação, confirma o caráter de "questão em aberto" da autoria dos *Anais*. Cf. ainda: RAAIJMAKERS, Janneke. *The Making of the Monastic Community of Fulda, c.744-c.900*. Cambridge: Cambridge University Press, 2012, p. 231-236.

52. ANNALES FULDENSES. MGH SS Rer. Germ. 7, p. 31. Cf. ainda: GOLDBERG, Eric J. *Struggle for Empire*..., p. 83-101.

alusão a combate direto.[53] A trégua foi o passo atrás de lideranças igualmente na berlinda por colecionar rivais. O adiamento era uma imposição das circunstâncias sobre os dois irmãos.

Ambos marcharam até Mainz pressionados por outras forças adversárias. Lotário lidava com ataques normandos ao norte de seus domínios e com as mobilizações de outro irmão, Carlos, que tentava, a oeste, reverter o alinhamento de grandes senhores e minar a adesão ao primogênito. A situação de Luís era mais desafiadora. Esmagada pelo falecido imperador, sua rebelião legou um rastro de adversários convictos – o arcebispo de Mainz era um deles. As terras que reivindicava como reino contavam com numerosos enclaves de oposição. Para ambos, a disputa sucessória era um conflito empilhado sobre conflitos. Para prosseguir, era necessário conter as pressões sobre suas bases de poder: a Austrásia, para Lotário, e a Bavária, no caso de Luís. E ambos o fizeram transformando adversários em partidários, incluindo os pagãos que viviam além das fronteiras. Lotário aliou-se aos nórdicos, Luís, aos eslavos. Para um eclesiástico de Mainz, a primeira aliança envolveu terras situadas a noroeste, enquanto a segunda mudou o destino de populações que viviam a sudeste.[54]

---

53. O termo em questão é *placitum*: tratava-se de uma terminologia consolidada para as sentenças lavradas em julgamentos e audiências, mas aplicável como alusão a uma "batalha". ANNALES FULDENSES. MGH SS Rer. Germ. 7, p. 31.

54. Para um eclesiástico de Mainz como para um monge de Fulda. Caso a passagem sobre o simbolismo sangrento tenha sido escrita pelo monge Rodolfo, no início dos anos de 840, na abadia de Fulda, a pertinência da argumentação se mantém: as alianças de Lotário e Luís teriam ocorrido a noroeste e sudeste da abadia, localizada a pouco mais de 100km de Mainz. Além disso, é preciso esclarecer outro detalhe da interpretação aqui proposta. Em 839, Luís se refugiara junto aos eslavos, o exílio sendo um dos capítulos da aliança entre eles. O pacto de Lotário com os normandos ocorreria em 841, surgindo nos *Anais de Fulda* como menção posterior ao "avermelhado incomum". Seriam dois simbolismos distintos? Já que sucessivos? Acredito que não. Parear as duas alianças não é uma arbitrariedade. Em primeiro lugar, porque a narrativa dos *Anais de Fulda* trata os eventos de 839 e 841 como intercambiáveis e não cronologicamente fixos. Esta lógica

Os sinais vermelhos e incomuns que os *Anais de Fulda* situaram nos céus de 840 são símbolos que expressavam uma avaliação sobre a conduta dos reis, manifestação da convicção de que os coroados falhavam em seu dever ao depositar a paz junto aos pagãos enquanto tomavam parte daquela espiral de antagonismo cristão. Falhas toleráveis, aquém da negligência de um Æthelred. Luís e Lotário não são vistos carregando culpa tão grande que tornasse o reino dos francos vulnerável a um saque pagão como o de 793. Suas ações teriam sido de menor gravidade, assim como o "avermelhado" – que não passava de uma emanação, espectro vaporoso – era menos denso do que uma "chuva de sangue". Entretanto, apesar de atenuadas, as falhas preocupavam. Para a cúpula clerical de Mainz, selar aliança com pagãos era conduta temerária, um desvio sensível capaz de minar a obediência cristã. Sensível, mas difícil de ser comunicado. Especialmente por envolver o Rei Luís.

Ter sido redigido em Mainz atou o texto a experiências vividas no interior de uma igreja singular, afetada por drástica reviravolta ideológica. Em 838, Otgar, o arcebispo, "nutria tanto ódio por Luís que o desejava morto"; 5 anos depois, o homem odiado e insistentemente combatido era a razão ambulante para o vasto patrimônio eclesiástico não ter sido dividido e repartido. Isso porque as paisagens ao redor de Mainz eram a própria fronteira entre os reinos reclamados por Luís e Lotário. Esparramando-se pelas franjas de duas entidades políticas, as posses do arcebispado correriam um risco palpável de divisão enquanto a disputa entre irmãos seguisse aberta. Uma vez vitorioso, Luís incorporou a Sé e todos os seus

---

está indicada nas referências temporais. Um exemplo: a expressão que traduzi por "*nessa época*, um avermelhado incomum..." está formulada como *Hisdem temporibus*, isto é, no plural: "naqueles tempos". Em segundo lugar, é provável que a aliança entre Lotário e o normando Harald tenha sido consolidada em 841, mas não iniciada naquele ano, posto que há registros de outras concessões de terras por autoridades cristãs a vikings na Frísia desde 840. Cf. ANNALES BERTINIANNI. MGH SS Rer. Germ. 5, p. 25-26; RIMBERTO. Vita Anskarii. MGH SS. Rer. Germ. 55, p. 46-47.

bens ao governo do trono oriental. Quando aquela passagem dos *Anais* foi escrita, a igreja integrava, intacta, o reino a que Otgar jurou nunca ceder um palmo sequer; o clero local havia se conformado a novo arranjo: era preciso obedecer ao homem que o arcebispo desejou ver na cova.[55] A menção aos "avermelhados" expressa um julgamento repleto de sutilezas condizentes com a peculiar posição de uma cúpula clerical que serviu a dois senhores. Tudo indica se tratar do ponto de vista de uma liderança que transitou da oposição à adesão, para quem a inimizade jurada e a dependência política eram realidades quase simultâneas. "Sangue" comunica tal circunstância. Em meio à reconciliação tensa entre a coroa e o arcebispado, a versatilidade do símbolo se fez insubstituível. Com o vermelho celestial era possível apontar a culpa monárquica sem estardalhaço; registrar a reprovação sem alardeá-la; censurar Luís sem afrontá-lo.

A força da identidade local não foi a única razão que compeliu o redator dos *Anais de Fulda* a registrar esse símbolo que depreciava a

---

[55]. A citação sobre o ódio de Otgar pertence a um trecho de Nitardo em que o prelado aparece como um dos principais antagonistas de Luís, juntamente com o Conde Adalberto de Metz: NITARDO. Historiarum Libri Qvattvor..., p. 19. Ainda que se considere o conteúdo ideológico dos *Anais* como tendo sido dirigido pela figura de Rábano, abade de Fulda e arcebispo de Mainz em 847, e não por Otgar, o argumento permanece: nos anos de guerra civil, Rábano se alinhou ao antagonismo de Otgar, de modo que Luís o expulsou do mosteiro e assumiu controle sobre o estabelecimento religioso. Entre 841 e 844, a documentação da abadia de Fulda registrou a transição da oposição jurada à reconciliação: o trânsito da vinculação ao "Imperador Lotário" (20 de agosto de 841) para o alinhamento junto ao "Rei Luís" (28 de outubro de 844): DRONKE, Ernst Friedrich Johan (Ed.). *Codex Diplomaticus Fuldensis*. Cassel: Fischer, 1850, vol. 1, p. 240-247. A investidura de Rábano como arcebispo de Mainz provavelmente ocorreu por indicação de Luís e selou a plena inserção do arcebispado no "reino dos francos orientais". O concílio de Mainz de 847 é um marco dessa integração: CONCÍLIO DE MAINZ. MGH Concilia 3, p. 150-177. Sobre o contexto e, em particular, sobre Otgar, cf. INNES, Matthew. *State and Society in the Early Middle Ages*: The Middle Rhine Valley, 400-1000. Cambridge: Cambridge University Press, 2000, p. 60-65, 212; GOLDBERG, Eric J. *Struggle for Empire*..., p. 88-114, 158-163.

conduta do monarca. Escrevendo anos depois do ocorrido, ele buscava uma causa para o que veio a seguir: a guerra civil. Pondo fim ao adiamento da "sentença", Lotário e Luís se enfrentaram em campo aberto durante o verão de 841. A colisão de exércitos que eclipsou dois longos anos de atritos, combates e mobilizações para guerra ficou conhecida como "batalha de Fontenoy". Custou milhares de vidas recrutadas em todos os reinos que formavam o Império dos francos.[56] O desfecho dirigiu os rumos da política imperial, redistribuiu o controle patrimonial, transferiu poder para demarcar as fronteiras francas e deixou marcas indeléveis nos contemporâneos, que o recordariam por décadas como uma solução infame, desenlace extremo que não deveria se repetir.[57] Os fenômenos celestiais avistados em Mainz continham uma explicação para o desastre. Guardavam a convicção: a matança que ceifou campos ao redor de Fontenoy resultava de abusos em série perpetrados pelos guardiões da ordem pública: o monarca e os "grandes" de cada reino. E como em 793, a enormidade das transgressões manifestara-se no firmamento. Observe-se.

Após surgirem a noroeste e a sudeste, os dois "avermelhados" avançaram, um em direção ao outro, até se unirem e formarem um cone "com a aparência de um coágulo de sangue". O movimento te-

---

56. NITARDO. *Historiarum Libri Qvattvor...*, p. 23-26; ANDRÉ DE BERGAMO. *Historia*. MGH SS Rer. Lang., p. 225-226; FRAGMENTUM CHRONICI FONTANELLENSIS. MGH SS. 2, p. 301; EMENTÁRIO. *De translationibus et miraculis sancti Filiberti...* p. 60; CHRONICON AQUITANICUM. MGH SS 2, p. 253; ANNALES BERTINIANNI. MGH SS Rer. Germ. 5, p. 25-26.

57. NELSON, Janet. *Charles the Bald...*, p. 116-124; ROJAS GABRIEL, Manuel. ¿La amnesia sobre la batalla? Nitardo y el choque campal de Fontenoy (841). In: DE LA LLAVE, Ricardo Córdoba; DEL PINO GARCÍA, José Luís; CABRERA SÁNCHEZ, Margarita (Coord.). *Estudios en Homenaje al Profesor Emilio Cabrera*. Córdoba: Universidad de Córdoba, 2015, p. 481-500; GILLINGHAM, John. Fontenoy and after: pursuing enemies to death in France between the Ninth and the Eleventh Centuries. In: FOURACRE, Paul; GANZ, David (Ed.). *Frankland*: the Franks and the world of the Early Middle Ages. Manchester: Manchester University Press, 2008, p. 242-265.

ria culminado, portanto, em uma mudança de estado físico, com os vapores se condensando e formando uma figura com aspecto líquido. Como tudo que está em cena, a condensação é um símbolo político, é a representação de um agravamento de responsabilidade. Como os reis persistiram em desvios similares, comuns, suas falhas convergiram; como os vapores, elas se movimentaram até se encontrar. Com o passar dos meses, a convergência provocou um acúmulo de erros e abusos que, concentrados, já não eram falhas meramente temerárias, como quando ocorriam separadamente. Sua natureza era outra: concentrados, os erros pessoais se tornaram a negligência "dos grandes", a raiz da guerra civil. Diferentemente de Alcuíno, os *Anais de Fulda* não associam a calamidade particularmente a um homem. Contudo, eles repetem a fórmula que aponta a realeza como sua origem, exatamente como Alcuíno.

As sutilezas do simbolismo abrigavam uma avaliação incisiva. Em razão dos reis, a lei fora violada e, "quebrada a lei dos cristãos, [segue-se] uma inundação de sangue",[58] como assegurou um poeta da época. Embora registrassem a história em uma perspectiva que engradeceria a figura de Luís, os *Anais de Fulda* endossaram a leitura de que ele e os irmãos, sobretudo Lotário, foram negligentes com a unidade imperial, conservada por seu pai até 840. As referências ao sangue atmosférico são instrumentos de um julgamento. Os francos, que toleraram as falhas dos monarcas quando eram atos dispersos, pagaram com a vida quando aqueles erros se transformaram em negligência irreparável – aí está o juízo. Antes rarefeita, a culpa dos reis coagulou nos céus. Longe de Mainz, escrevendo do outro lado dos Alpes, um clérigo itálico chegou à mesma certeza pensando da maneira similar: "nessa época, no sétimo dia do mês de maio, [...] aqui em Ravenna, choveu sangue [...]. E no quinto dia do mês de maio, [...] o sol havia se tornado muito escuro ao meio-dia. [...]

---

58. VERSUS DE BELLA QUAE FUIT ACTA FONTANETO. MGH PLAC 2, p. 138.

Nesse dia, como dizem, o Imperador Luís morreu".[59] Após a morte, o desastre. Que pôde ser visto no céu quando as nuvens fizeram descer a cortina de gotículas vermelhas.

6 A diversidade da violência como unidade de sentido

A menção a um sangue meteorológico inseria o contato com os povos que viviam além das fronteiras imperiais em uma narrativa específica, dominada pelo tema da guerra civil. Como tal, ela direcionava a memória sobre os vikings, cujas ações eram relembradas como tendo ocorrido em função da negligência de reis e da violência entre súditos. Assim foi na passagem de 859 para 860. Os *Anais de Fulda* registraram o inverno de então como "mais severo e longo do que o habitual e houve muitos danos às florestas e colheitas". Ao que se segue uma memória perturbadora: "descobriu-se que uma neve sanguinolenta caiu em muitos lugares".[60] Em Troyes, o bispo Prudêncio recordava que "em agosto, setembro e outubro", antes que um longo inverno trouxesse "nevascas e geadas fortes de novembro a abril", "um brilho como o da luz do dia cintilava ininterruptamente do leste para o norte e colunas sangrentas irradiavam dele".[61] São dois relatos distintos, divergentes – pode-se dizer.

Ambos reportam o longo inverno, mas somente um fala de uma "neve sangrenta". Nos *Anais de Fulda* não há qualquer menção ao brilho noturno ou às "colunas sangrentas" que o Bispo Prudêncio afirma terem surgido no horizonte que se via desde Troyes. Talvez as discrepâncias fossem efeitos pontuais de uma concorrência ideológica mais ampla, já que cada texto era o registro da história

---

59. AGNELO DE RAVENNA. Liber Pontificalis Ecclesiae Ravennatis. MGH SS. Rer. Lang., p. 389.

60. ANNALES FULDENSES. MGH SS Rer. Germ. 7, p. 56.

61. ANNALES BERTINIANNI. MGH SS Rer. Germ. 5, p. 52-53.

sob uma luz favorável a um monarca diferente: o que era escrito em Mainz estava comprometido com Luís, "rei dos francos orientais", ao passo que o manuscrito redigido em Troyes justificava as ações de Carlos, "rei dos francos ocidentais". Porém, mesmo apresentando versões díspares redigidas em reinos diversos e a mais de 400km de distância, esses textos têm algo em comum. Estão unidos por uma *ênfase na continuidade*. Em ambos, o fenômeno sangrento não era como a chuva rubra de 793 ou o sinal avermelhado visto em 840: uma ocorrência pontual, um fato com a moldura de um dia ou um pouco mais. As duas descrições realçam a frequência como característica, a regularidade como aspecto. Foram meses de colunas sangrentas no céu noturno, bem como de uma neve sanguinolenta, que caiu em numerosas localidades durante um inverno incomumente longo. A ênfase é um dado histórico. Em dois pontos diferentes do Império, o fim do ano de 859 e o início de 860 foram registrados como a época de contínuas calamidades. Mas quais?

Durante o período, diversos grupos vikings atuaram simultaneamente no interior dos reinos francos. Frotas piratas percorreram rios extensos – Loire, Sena, Somme, Reno, Ródano e Garona –, além de afluentes e rios menores. A lista de locais atacados abrange cidades como Amiens, Beauvais, Noyon, Bayeux, Paris, além de mosteiros como Corbie, Saint Riquier, Saint Denis, Saint Valéry e Arlés.[62] Um panorama vasto o suficiente para credenciar as investidas vikings ao posto de referência por trás dos simbolismos. Porém, há um obstáculo: a geografia. Os invasores desembarcaram em muitos

---

62. ANNALES BERTINIANNI. MGH SS Rer. Germ. 5, p. 51-52; EMENTÁRIO. De translationibus et miraculis sancti Filiberti..., p. 62; FLODOARDO. Historia Remensis Ecclesiae. MGH SS 13, p. 509-510; CARMINA CENTULENSIA. MGH Poetae 3, p. 345; LUPO DE FERRIÈRES. Epistolas 111 e 112. MGH Ep. 6, p. 95-97; EPISTOLA SYNODI AD BRITONES. Mansi, 15, col. 534-537; MIRACULA SANCTI BERTINI. MGH SS 15/1, p. 509-511; MIRACULA SANCTI RICHARII. *Acta Sanctorum*, Aprilis Tomo 3, p. 456.

lugares – o que se encaixa na descrição da "neve sanguinolenta" –, mas não se concentraram a leste e a norte do mundo franco – o que é incompatível com as características das "colunas sangrentas". Documentos da época conferem grande destaque ao fato de que vikings circunavegaram o Império e chegaram ao Mediterrâneo no verão de 859: "piratas daneses realizaram uma longa viagem marítima e, navegando através do estreito entre a *Hispannia* e a África [...], devastaram algumas cidades e mosteiros, e estabeleceram sua base em uma ilha chamada Camargue [próxima a Marselha]".[63] O autor desse registro é o próprio Bispo Prudêncio. Há menções a confrontos na Provença, em Navarra e, inclusive, a uma batalha naval entre vikings e muçulmanos.[64] Fossem tais invasões as calamidades por trás dos simbolismos, as "colunas sangrentas" relatadas em Troyes teriam aparecido ao norte e ao sul, ou mesmo do norte até o sul, contornando a abóbada celestial à oeste. A simetria naufraga e arrasta consigo a consistência da interpretação. Porém, há outra possibilidade.

As deflagrações entre os cristãos não eram tão numerosas quanto as investidas dos vikings, mas eram extensas e graves. O vale do Rio Sena era controlado por um magnata abertamente rebelado contra a coroa. Em 859, a liderança de Roberto, o conde de Anjou, sobre a maciça maioria da aristocracia local completava quase três anos e consolidara-se com uma aliança com Salomão, o duque dos bretões e outro rival do monarca. A rebelião perdurou por meses,

---

63. ANNALES BERTINIANNI. MGH SS Rer. Germ. 5, p. 51.
64. Quanto à presença viking na Provença: LUPO DE FERRIÈRES. Epísola 122. MGH Ep. 6, p. 102-103. Sobre os eventos em Navarra e o confronto naval contra o Islã: HILPERICI ABBATIS ARULENSIS EPISTOLA. In: BOUQUET, Martin (Ed.). *Recueil des historiens des Gaules et de la France*. Paris: Imprimerie Royale, 1870, tomo 7, p. 562; MIRACULA SANCTI PRUDENTII MARTYRIS. *Acta Sanctorum* Octobris 3, p. 338, 352; SÁNCHEZ-ALBORNOZ, Claudio. Invasiones normandas a la España cristiana durante el siglo IX. *Settimane di Studio del Centro Italiano di Studi sull'Alto Medioevo*, vol. 16, 1968, p. 367-408.

alcançando conversações de paz em 860. Frequência e regularidade. Isso ocorreu, em parte, porque o rei, Carlos, atacava o irmão, Luís, nos confins orientais – noutro conflito que cessou somente em 860. Frequência e regularidade. Agravadas pelas invasões vikings, as tensões abriram fissuras no tecido social. Os confrontos estimularam lutas inquietantes para a elite porque extrapolavam o protagonismo aristocrata. Em 859, o campesinato pegou em armas. O relato é de Prudêncio: "algumas das pessoas comuns que viviam entre o Sena e o Loire prestaram juramentos entre si e [...] lutaram bravamente contra os daneses no Sena. Porém, porque sua conjuração fora formada de modo incauto, elas foram facilmente mortas pelos mais poderosos entre nós".[65] "Conjuração" era, então, uma palavra capital. *Conjuratio* era um nome reservado para o estritamente proibido. Ao designar uma associação juramentada como "conjuração" se assegurava que ela fazia jus à mais severa condenação, a começar pela excomunhão, destino certo de todo conjurado – bradava o alto clero.[66] Todos esses

---

65. ANNALES BERTINIANNI. MGH SS Rer. Germ. 5, p. 51.

66. Em seu cânone 5, o Concílio de Mainz, de outubro de 847, equiparava a conjuração, a conspiração e a rebelião como práticas de quebra da paz e da concórdia: CONCÍLIO DE MAINZ. MGH Concilia 3, p. 165. Cf. ainda: CAPITULA PISTENSIA. MGH Cap. 2, p. 309. Neste sentido, a conjuração pode ser tomada como prática incluída no espectro jurídico das transgressões classificadas como "perfídia dos laicos", nos termos de outro concílio: CONCÍLIO DE WORMS. MGH Concilia 4, p. 278. Para condenações prescritas pelo poder monárquico, cf. CAPITULA POST CONVENTUM CONFLUENTINUM MISSIS TRADITA. MGH Cap. 2, p. 299. Para além da carga de ilicitude atrelada ao nome, há ainda outra possibilidade que reforça essa interpretação. Que a conjuração tenha sido duplamente chocante: por ser ilegal e por ocorrer fora do alcance do poder aristocrático, como uma aliança jurada de camponeses. Recordemos que os *Anais de Saint Bertin* aludem a alianças juramentadas por aristocratas francos perante os herdeiros carolíngios, para tomar parte dos esforços de cerrar fileiras contra o pai, o Imperador Luís. O que indica que a conjuração não era automática ou intrinsecamente ilícita: sua circunscrição social, o ponto da hierarquia social em que ela era estabelecida, parece ter exercido um peso decisivo na balança de sua ilegitimidade e ilegalidade. A *conjuratio* era selada com banquetes e outras formas de sociabilidade tipicamente aristocráticas. Cf. ANNALES BERTINIANNI. MGH SS Rer. Germ. 5, p. 22-23; ANNALES HILDESHEI-

episódios se passaram a norte e a leste do bispado de Troyes: a rebelião de aristocratas, a conjuração de camponeses e o enfrentamento entre Carlos e Luís. A sincronia e a duração das ocorrências fixaram a forma de um *continuum* de violências. Frequência e regularidade. Aí estão as calamidades simbolizadas na "neve sanguinolenta" e nas "colunas sangrentas que irradiavam do céu". Como em 793, os céus foram convocados como testemunhas do terror que se apoderava das paisagens cristãs em razão da guerra civil.

Chuva, vapor, neve, brilho. Aos olhos modernos, esse vocabulário não diz respeito à violência. Contudo, é através dele que registros medievais sobre a violência deixam de ser evidências isoladas, descrições aparentemente fragmentadas e desconexas, e adquirem uma unidade de sentido que se comunica com outras experiências coletivas. Expressões como "chuva de sangue" podem parecer crédulas, ilógicas, disparatadas. Há mais de 1000 anos, elas eram importantes *instrumentos de pensamento*. Manuseando-as, atores sociais influentes no Império Carolíngio lidaram com as incursões dos "piratas normandos", e o fizeram convergindo para uma mesma percepção: a violência viking era efeito colateral dos conflitos internos, especialmente da guerra civil. Associar os invasores a uma "chuva de sangue" ou a "colunas sangrentas no céu" não os pincelava em cores apocalípticas, em digressões ditadas pelo medo, em exorbitâncias irracionais. Era, ao contrário, uma forma de expressar seu lugar na feitura das violências diárias. Lugar que não era o de "guerreiros que aterrorizaram a Europa", como se pode ler em publicações recentes.[67] Por certo que desembarques nórdicos não eram ocorrências triviais ou ordinárias. Dizer que um registro conferiu lugar secundário a tais atos não é afirmar que fossem negados ou subestimados.

MENSES. MGH SS rer. Germ. 8, p. 17. E ainda: GOLDBERG, Eric J. *Struggle for Empire...*, p. 90-96.

67. HUBBARD, Ben. *The Viking Warrior*: the Norse Raiders who terrorized Medieval Europe. Londres: Amber Books, 2015.

Mas redimensionados, localizados em posição inferior no gradiente das violências. Eram incidências impactantes, que repercutiam diretamente sobre populações locais, impondo perdas humanas e materiais, provocando protestos, conflitos, mobilizações. Todavia, não eram emergências catastróficas para os donos do poder. Ao ouvir tais notícias, um clérigo na posição de Alcuíno não necessariamente partia do pressuposto de que uma pilhagem pagã era a violência do pior tipo conhecido, mesmo quando atingia em cheio os edifícios e bens eclesiásticos. É o *senso moderno* que estabelece a premissa de que, no caso de uma incursão viking, lida-se sempre com o extrato superior das *violências medievais*.

"Chuva de sangue". Ainda que nos pareça extremada e obscurantista, a expressão era parte de um pensamento que repartia papéis e atribuía capacidades no tocante às ações violentas. Os vikings não ocupavam o centro desse pensamento. Mas qual o alcance dessa imagem? Ela pode ser generalizada? Ela engloba um século de incursões, ataques, saques e batalhas? Seguindo o aparecimento documental da palavra "sangue" chega-se sempre a essa história sobre a violência viking? Ao registro de ações secundárias, comportamentos que não ameaçavam seriamente o Império Carolíngio? É o que veremos a seguir.

* * *

4
O que há em um nome?

O governo dos reis em disputa

> "O seu início, como o início de tudo grande na terra, foi largamente banhado de sangue."
>
> Friedrich Nietsche 1887.

1 Situando a dúvida

O que é sangue? Se a resposta for o tecido líquido que circula pelo coração, veias e artérias, o fluido corporal que transporta partículas e componentes no interior de animais vertebrados, a dúvida apresentada pela pergunta passou despercebida. Com essa redação, a questão não é um pedido para que se esclareça que substância a palavra identifica. Note: a pergunta não é "o que é o sangue?" O uso do artigo definido mudaria tudo. Sua presença sussurraria à nossa mente que a dúvida foi gerada por algo conhecido, por um nome que já sabemos ser próprio de algo. Fosse esse o caso, então, sim, a resposta teria sido precisa e adequada. Mas a dúvida é um pedido para esclarecer uma indeterminação. Ela apresenta um nome de forma vaga e generalizada, sem particularizar ou individualizar. Como tal, o foco da questão não é uma referência já verificada para a palavra, mas o eventual alcance de sua aplicabilidade para identificar algo existente. A dúvida é um convite para explorar a variedade de efeitos linguísticos que se pode guardar nas dobras desse nome, sondar até onde vai sua funcionalidade para comunicar uma presença ou qualidade. Ao invés de sussurrar uma hesitação sobre alguma coisa conhecida, a pergunta provoca possibilidades desafiadoras: qual o alcance da semântica de sangue, sua abrangência? O que essa palavra já representou? Que aspectos da realidade podem ou puderam ser incluídos em seu uso como categoria? Em outras palavras: o que pode haver nesse nome?

Estamos longe do território da obviedade. A indagação é um enigma difícil de ser solucionado. Eis um exemplo de como as coisas podem ser complicadas. Décadas antes de Cristo, um escritor chamado Gaio Salústio Crispo escreveu a história de um episódio que havia estremecido a República romana. O resultado, *A Conjuração de Calitina*, é uma narrativa sobre a conspiração liderada pelo senador Lúcio Sérgio Catilina e uma denúncia sobre a decadência moral de um povo. Em certo capítulo, Salústio menciona um rumor. Para que compartilhasse seus planos, Catilina exigia que seus cúmplices lhe prestassem juramento e bebessem, misturado ao vinho servido em uma pátera, "sangue de um corpo humano".[1] E então, aqui, o que é sangue? O que ele representa? Será que caracterizava o extremo alcançado por um comportamento criminoso? A opção é plausível, uma vez que, segundo o autor romano, "alguns julgavam que essa [...] alegação havia sido forjada [...] em virtude das atrocidades das execuções" dos conspiradores. No caso, cinco cidadãos foram submetidos à pena capital por decisão senatorial, sem julgamento formal; algo que contrariava lei e jurisprudência da República – tendo deixado Roma, Catilina morrera em batalha. O boato teria sido uma tentativa de encontrar agravos que justificassem sentenças publicamente debatidas como extrapolações brutais da legalidade. Um modo de recalibrar a criminalidade dos mortos; agravar delitos

---

1. SALÚSTIO. *Catiline's Conspiracy; The Jugurthine War; Histories*. Oxford: Oxford University Press, 2010, p. 21.

passados para que correspondessem à monta de uma condenação sumária. Ajustar os crimes para que não traíssem as sentenças.

Mas e se a ênfase – "sangue de um corpo humano" – for a marca deixada por algo mais grave, que provocasse choque ainda maior? E se for a entonação exigida pelo nome reservado ao comportamento desumano? Acaso a palavra "sangue" identificava algo que somente um bárbaro levaria aos lábios? Pois isso também é plausível. Selar um juramento bebendo um fluído drenado do corpo humano, não de animais, era um costume atribuído aos citas e dácios, à época, povos estabelecidos além dos limites da República.[2] A dúvida tem ares de dilema. Afinal, o que Salústio enxergava em "sangue": um agravante criminal ou uma prova de não ser romano? É preciso cautela para responder. As opções conduzem a histórias diferentes. A primeira apresenta a conjuração de Catilina como um movimento de cidadãos corrompidos na própria cidade. Neste caso, até certo ponto, todos em Roma eram cúmplices da inveja, da ganância, da frivolidade do senador. Já a segunda opção transforma a conspiração no conluio de uma humanidade desclassificada que se infiltrou entre os patrícios. Agora, todos em Roma passaram de cúmplices a vítimas da inveja, da ganância, da frivolidade do senador e seus conjurados.

Histórias muito diferentes, mas igualmente possíveis dentro da cultura romana. O exemplo demonstra que a representatividade do nome pode variar drasticamente. Mas ele também demonstra que a variação é limitada. É improvável que Salústio tenha enxergado algo engrandecedor naquele rumor. Aquele sangue pode identificar diferentes coisas, mas um fato salutar ou um atributo virtuoso dificilmente terá sido uma delas. Há um ponto de vista orientando

---

2. Reputação que, aparentemente, originou-se no mundo grego: HERÓDOTO. *Histories, Vol. II*: Books 3-4. Cambridge: Harvard University Press (Loeb Classical Library 137), 1928, p. 260-263. Cf. ainda as notórias páginas dedicadas ao tema em: HARTOG, François. *The Mirror of HerOdotus*: the representation of the Other in the writing of History. Berkeley/Los Angeles/Londres: University of California Press, 1988, p. 165-172.

o uso de "sangue". A palavra certamente abarcava inúmeros significados, mas estava definida pela perspectiva de um "homem novo", que não descendia das antigas famílias senatoriais. Salústio havia atuado no primeiro plano da vida política romana. Foi tribuno da plebe, apoiador de Júlio César e governador da província da *Africa Nova*. Mas foi acusado de corrupção, expulso do Senado e definitivamente proscrito da vida pública após César ser esfaqueado.[3] Foi então que ele se dedicou à história e fez da "conjuração" a insígnia de uma elite política decadente, corrupta e persecutória. O emprego da palavra "sangue", com essa carga depreciativa e infame, extraía sentido de uma trajetória de vida, de uma posição social específica e certos desfechos nas relações de poder. Logo, a força expressiva do termo estava atrelada às particularidades do contexto e da própria biografia de Salústio.

A constatação pode ser considerada um princípio de alcance geral, uma hipótese válida para outras épocas. O campo semântico de um conceito é – ou em princípio pode ser – delimitado pelas relações dominantes em um período. Sondar os usos da linguagem é investigar posicionamentos sociais.[4] Investigação que se torna mais promissora quando o conceito em questão é uma palavra caracterizada por expressar conteúdos fundamentais, primordiais, como ocorria com "sangue" durante os séculos VIII e IX. Explorar o valor conceitual dessa palavra permite interpretar os conflitos reais que envolviam as elites do Império de Carlos Magno.[5] Portanto, retome-

---

3. EARL, Donald. *The Political Thought of Sallust*. Cambridge: Cambridge University Press, 1961, p. 82-103; McGUSHIN, Patrick. *Caius Sallustius Crispus Bellum Catilinae*. A Comentary. Leiden: Brill, 1977, p. 1-21.

4. KOSELLECK, Reinhart. *Futuro Passado*: contribuição à semântica dos tempos históricos. Rio de Janeiro: Contraponto/Editora PUC-Rio, 2006, p. 97-118.

5. *"É evidente que uma análise histórica dos respectivos conceitos deve remeter não só à história da língua, mas também a dados da história social, pois toda semântica se relaciona a conteúdos que ultrapassam a dimensão linguística"*. KOSELLECK, Reinhart. *Futuro Passado...*, p. 103.

mos a pergunta, mas desta vez como um tema de história medieval: nos relatos carolíngios sobre a violência viking, o que é sangue?

2 Um teatro sanguinolento

Comecemos por um episódio em que a palavra aparece com frequência: o ataque a Paris em 885. A poucos dias do fim de novembro, setecentas embarcações vikings foram avistadas se aproximando pelo Sena. A multidão de navios cobriu as águas de outono por "mais de duas léguas, [...] que alguém se perguntou 'onde foi parar o rio?'".[6] A descrição, provavelmente exagerada,[7] pode ser lida em *As guerras da cidade de Paris*, um longo poema épico composto por Abbo, religioso do mosteiro de Saint Germain-des--Prés e um dos sobreviventes ao cerco. Sua narrativa é um relato deliberadamente vívido, composto para arrebatar pela expressividade, para enredar quem lê ou escuta esses versos com uma sensação de proximidade ao desenrolar da trama.[8] Como parte

---

6. ABBO DE SAINT GERMAIN-DES-PRÉS. Bella Parisiacae Urbis. MGH Poetae 4/1, p. 80. A tradução do poema não foi orientada para a composição de uma versão em português que tentasse aproximar o leitor da métrica e do ritmo poéticos. Pautei-me por uma versão em prosa por duas razões: um, a acessibilidade da leitura; dois, minhas imensas limitações quanto a um conhecimento técnico sobre tradução de poesia latina medieval. Para balizar a tradução do texto, adotei como referencial de suporte duas outras edições críticas, ambas lançadas em língua inglesa nas primeiras décadas do século XXI: ADAMS, Anthony; RIGG, A. G. A verse translation of Abbo of St. Germain's "Bella Parisiacae urbis". *The Journal of Medieval Latin*, vol. 14, 2004, p. 1-68; DASS, Nirmal. *Viking Attacks on Paris*: the Bella Parisiacae Urbis of Abbo of Saint-Germain-des-Prés. Paris/Louvain/Dudley: Peeters, 2007.

7. GILLMOR, Carroll. The logistics of fortified bridge building on the Seine under Charles the Bald. *Anglo-Norman Studies*, vol. 11, 1988, p. 87-106; GILLMOR, Carroll. War on the rivers: Viking numbers and mobility on the Seine and Loire, 841-886. *Viator*, vol. 19, 1988, p. 79-109, especialmente p. 86-90.

8. Sobre a caracterização da obra de Abbo: WEST, Charles. "Fratres, omni die videtis cum vadit istud regnum in perdicionem": Abbo of Saint-Germain and the crisis of 888. *Reti Medievali Rivista*, vol. 17, n. 2, 2016, p. 301-317.

dessa estratégia, Abbo faz o pano subir e põe em movimento o primeiro ato do espetáculo poético com um diálogo que selaria o destino da cidade.

A cena é a seguinte. Depois que as centenas de navios foram finalmente atracadas, Siegfried, um dos líderes dos daneses, se dirigiu até o interior da cidade, sendo levado até o Bispo Gozlin. Uma vez no grande salão eclesiástico, é o guerreiro nórdico quem toma a palavra: "Ó Gozlin, sê misericordioso contigo e com o rebanho confiado a ti, para que não te arruínes; atende a nosso apelo [...]: dá teu consentimento para que possamos seguir nosso caminho muito além dessa cidade." A resposta é instantânea, mas tortuosa. Talvez, surpreendente. "Por nosso rei, Carlos, nos foi confiada a proteção desta cidade; por ele," o prelado replicava, "cujo reino majestoso se espalha por quase toda a terra, pela vontade do Senhor, que é Rei e Senhor dos poderosos". Gozlin então continuou: "o reino não deve sofrer com a destruição desta cidade; mas antes esta cidade deve salvar o reino e preservar a paz. Acaso esses muros estivessem confiados a ti, como estão a nós, e fosses solicitado a fazer tudo isto que nos pedes, o considerarias correto e consentirias?"[9] O bispo que Abbo coloca em cena não se dirige a Siegfried como se rebatesse um saqueador sacrílego. Ele o interpela como se encarasse um equivalente, um dos grandes, alguém que conhecia as exigências e os deveres de uma posição como a sua. Gozlin consulta o nórdico. Pede que ele pondere sobre as circunstâncias. Não como "bárbaro", mas como alguém capaz de se colocar dentro dos padrões francos de legalidade e moralidade. Em outras palavras, a resposta do bispo não é "és um inimigo pagão, não podes passar"; e sim "coloca-te no meu lugar e diz-me, um franco em minha posição deve atender a tal pedido?"

---

9. ABBO DE SAINT GERMAIN-DES-PRÉS. Bella Parisiacae Urbis. MGH Poetae 4/1, p. 80-81.

A tréplica é virtuosa: "por minha honra, antes minha cabeça fosse arrancada por uma espada e lançada aos cães!". Siegfried soa como o discernimento exemplar. Ele fala como uma voz interior de legalidade que repreende a consciência por cogitar uma infração hedionda. "Contudo," eis que ele prossegue, "se não arcares com essas exigências, nossas armas dispararão dardos envenenados contra a fortificação ao amanhecer. Ao entardecer, [conhecerás] a maldição da fome. Isto durará por anos".[10] E assim foi na cenografia dos versos. A batalha raiou com a aurora.

A investida viking foi tática. À época, Paris era fundamentalmente o que hoje se conhece por *Île de la Cité*: uma ilha de oito hectares entrincheirada por muralhas romanas. Só havia uma maneira para tomá-la em uma investida frontal, aproximando-se em barcos. Atacar Paris era lutar sobre a correnteza, mover-se por manobras demoradas, que exigiam suportar uma exposição longa e fatal à artilharia dos defensores. Os homens de Siegfried, contudo, evitaram a abordagem direta e optaram por concentrar os ataques sobre as duas pontes que conectavam a cidade às margens do Sena. Distendendo os versos, forçando os olhos sobre a ênfase poética e a frequência com que as rimas remetem ao mesmo cenário, pode-se cogitar que a tática tenha sido mais precisa, ainda mais apurada: que os invasores elegeram como prioridade a ponte fortificada de acesso para margem direita. E, seguindo o poeta, que atacaram não como piratas que saltavam dos barcos com machados e escudos em punho, arremetendo a pé para escalar um paredão. Mas como Siegfried havia dito que fariam. Como exército equipado, munido de armas de assédio e em condições de sustentar uma guerra de posição.

Em novembro de 885, Paris se tornou teatro de uma guerra planejada e sangrenta. "Flechas voaram por toda parte através dos

---

10. ABBO DE SAINT GERMAIN-DES-PRÉS. Bella Parisiacae Urbis. MGH Poetae 4/1, p. 81.

ares; sangue jorrou; dardos, pedras e lanças foram arremessados por fundas e balistas. Nada foi visto entre o céu e a terra além desses projéteis".[11] À noite, quando a escuridão exigia a interrupção dos conflitos, os parisienses entravam em ritmo de mutirão. Reparavam as torres e as fortificavam, erguendo paliçadas até a meia altura do bastião. À luz da alvorada, tudo era praticamente desfeito. Enquanto a tempestade de projéteis desabava sobre a cidade, os vikings abriam caminho por baixo. Escavavam ao sopé das muralhas, usando picaretas de ferro para tentar fazê-las solapar. Mas eram detidos com óleo, cera e piche que, "misturados como líquido fervente em uma fornalha," eram entornados das ameias, banhando o chão com jorros de "crânios abertos". A luta pelas torres se intensificava diariamente e tornava-se selvagem quando uma brecha era aberta em um dos paredões. Era então que o horror se soltava do esconderijo invisível e devorava tudo, fosse feito de carne ou pedra: "a torre gemeu e foi tingida de vermelho; dada a frequência com que era ferida. A ponte chorou pelos homens que foram levados [pela correnteza do Sena] e morreram. Nenhuma via até a cidade foi deixada intacta pelo sangue dos homens".[12]

Em *As guerras da cidade de Paris*, "sangue" é um termo intrigante. Ele nomeia um fluido duplamente humano: como essência de origem e como manifestação decorrente das ações. Ele conserva tais características mesmo quando emana de objetos e materiais, como ao escorrer das feridas da torre. Essa é uma de numerosas passagens em que Abbo se expressa por prosopopeia, isto é, emprestando gestos, emoções e personalidade a algo inanimado. No decorrer do poema, a torre é ferida, a ponte chora, a província pranteia, o sol contempla, a cidade lamenta, a terra geme mais de uma vez. Aliás, a fortificação

---
11. ABBO DE SAINT GERMAIN-DES-PRÉS. Bella Parisiacae Urbis. MGH Poetae 4/1, p. 82.
12. ABBO DE SAINT GERMAIN-DES-PRÉS. Bella Parisiacae Urbis. MGH Poetae 4/1, p. 87.

não é a única a ser ferida. Em dezembro, enquanto montavam um acampamento guarnecido com estacas, pedras e um torreão, bandos vikings percorreram "colinas, campos, florestas, pastagens e vilas. Todos os infantes, meninos, jovens e mesmo aqueles que envelheciam, pais e filhos, até mesmo as mães; mataram todos". "Desgraçadamente", diz Abbo, "uma terra rica foi despojada de seus tesouros, deixada com feridas sangrentas, completamente roubada, tomada pelo assassinato sombrio".[13] Na terra ou na torre, a ferida é hipérbole do que se passava com pessoas e grupos, aparecendo em cena para que a violência contra os francos causasse maior impacto à audiência.

Não obstante humano, o sangue que o poeta recita não tem identidade precisa. Há de se frisar que em alguns versos Abbo o distingue com clareza, de modo que é possível apontar se o que escorre chão afora é parisiense ou danês. Como se lê aqui: "uma centena deles foi abatida por uma centena de flechas ágeis – a vida dos daneses jorrou juntamente com seu sangue – e foi arrastada pelos cabelos para seus navios, sua última morada".[14] O aspecto que destaquei, contudo, se repete. O sangue é coletivo. Ele não flui de uma pessoa com nome, seu rastro abundante não remete a uma biografia discernível. Aparece em cena profusamente, em escala massiva, em um volume capaz de impregnar numerosas vias ou, como se lê noutros versos, de deixar o ar orvalhado de vermelho: "escudos lançaram suas lamentações assim que as pedras caíram sobre eles; elmos, brandindo no ar, vomitavam vozes ensopadas de sangue, couraças foram atingidas e perfuradas por pontas impiedosas e afiadas".[15] É sangue de muitos, impossível de ser quantificado.

---

13. ABBO DE SAINT GERMAIN-DES-PRÉS. Bella Parisiacae Urbis. MGH Poetae 4/1, p. 85.

14. ABBO DE SAINT GERMAIN-DES-PRÉS. Bella Parisiacae Urbis. MGH Poetae 4/1, p. 84-85.

15. ABBO DE SAINT GERMAIN-DES-PRÉS. Bella Parisiacae Urbis. MGH Poetae 4/1, p. 88.

Um líquido humano, abundante e anônimo. Assim ele aparece nos confrontos pela cidade. E foram muitos. É fácil entender por que Abbo enxergou o tema de seu poema no plural, porque ele se viu imortalizando as façanhas das guerras – e não "da guerra" – por Paris. O cerco foi longo. Durou impressionantes onze meses e foi entrecortado por pausas, retomadas e mudanças no curso da ação. Ao longo desse tempo, os vikings alternaram os ataques, deslocando guerreiros que assediavam a ilha para pilhar áreas rurais e inclusive para investir contra outras cidades. Uma das retomadas ocorreu em maio de 886, através de uma ofensiva em bloco. Os atacantes se lançaram à carga, simultaneamente, em todas as direções. "A batalha ocorria nos muros, nas torres e em todas as pontes [...], o terror se apoderou da cidade e de todos os seus habitantes, não havia lugar livre da dura batalha", recordava Abbo. Entrecortando a verve do poeta, algumas alusões despontam, indicando que a decisão de lançar o ataque, aparentemente, envolveu cuidadoso planejamento. Pois além de atingidos por lanças e projéteis, os citadinos foram surpreendidos pelo arremesso de "grandes bolas de chumbo, pesadíssimas, e pedras imensas". Além de fundas e balistas, os daneses teriam empregado catapultas. A luta foi feroz. "Em resposta, nossos homens atiravam pedras, projéteis e flechas [...] de modo ágil e certeiro. Aqui e acolá, o ar estava densamente trançado com projéteis". E mais uma vez as defesas resistiram. Os parisienses deviam a sobrevida não somente à força de torres e muros, mas, esclarecia Abbo, às ações de homens como Gerbold, um guerreiro "pequeno em estatura, mas dotado de uma valiosa força e cujas flechas nunca caíram na terra sem ferir e causar um fluxo de correntes de sangue".[16] Reencontramos o líquido humano, abundante e anônimo.

---

16. ABBO DE SAINT GERMAIN-DES-PRÉS. Bella Parisiacae Urbis. MGH Poetae 4/1, p. 104-105.

O sangue que aparece no relato sobre o cerco a Paris não coloca a forma humana em evidência. Ele contraria a tese de uma historiadora como Bettina Bildhauer, para quem "o sangue afirma o corpo como um dos maiores princípios do pensamento e da identidade medievais". Segundo Bildhauer, em um texto redigido há mais de mil anos, "o argumento é que aquilo que sangra deve ser, portanto, um corpo. Na realidade", ela prossegue, "uma das principais razões para a fascinação medieval com o sangue [...] foi o valor atribuído a ele na verificação da existência de um corpo integral".[17] Não é o que se lê em *As Guerras da Cidade de Paris*. Alusões a "sangue" não remetem a um corpo tangível, identificável, distinguido pela integralidade – embora remetam à violência contra a condição humana! O argumento do poema é que aquilo que sangra é humano e é passível de ser violado por flechas, espadas, pedras, óleo fervente, golpes. Mas não é *um corpo*. Então, o que é? Que coisa humana é essa então atingida pela ação viking? O que era representado pelo sangue? O que há neste nome?

A resposta está no próprio poema. Contudo, foi mais fácil lê-la quando aproximei os versos de outro relato sobre o que se passava em Paris entre 885 e 886. Exercício que repetirei a seguir.

3 O exorcismo como linguagem política

A cidade foi atingida por forças inimigas dentro e fora das muralhas. Enquanto os daneses, instalados às margens do rio, fustigavam as torres e as pontes, no interior da ilha, a população era açoitada por demônios. Possessões ocorreram durante a "perseguição dos homens do norte". Contudo, ao contrário dos daneses e sua impetuosidade

---

17. Tradução do autor, cf. BILDHAUER, Bettina. *Medieval Blood*. Cardiff: University of Wales Press, 2006, p. 14, 20-21; BILDHAUER, Bettina. Blood in Medieval Cultures. *History Compass*, vol.4, n. 6, 2006, p. 1.049-1.059.

estrondosa, os adversários infernais agiam insidiosamente, de modo sorrateiro, ganhando terreno através de invasões clandestinas. Para alívio das almas parisienses, lá estava Santa Genoveva. As relíquias da virgem falecida há quase quatrocentos anos haviam retornado para a cidadela. Removidos após o saque de 857, quando os vikings incendiaram a igreja que os abrigava, os restos mortais foram trazidos de volta a tempo para sustentar as defesas espirituais.[18] A narrativa hagiográfica os apresenta ainda como arma formidável, a um só tempo escudo e flagelo. Pois à presença da padroeira, os demônios eram forçados a se revelar, como se atormentados por um chicote invisível, sendo, então, derrotados. Quando se aproximavam dos despojos santos, pessoas agitadas, feridas ou acometidas por alguma limitação física manifestavam a possessão e eram exorcizadas. A história e os relatos que lhe emprestam vida constam em *Os Milagres Post Mortem de Santa Genoveva*, um texto elaborado em fins do século IX. A crença no sobrenatural aponta um caminho. Os exorcismos guardam uma evidência documental relevante para esta história da violência viking.

Um dos possuídos era uma mulher. Nada nos é dito a seu respeito, exceto que era mais um caso de alguém trazido da *villa* de Marizy em busca por socorro, e que sua pele era habitada "por um demônio há bastante tempo". Subjugada pelas trevas, foi necessário atá-la pelos punhos para que fosse levada até a santa mortalha. A presença da virgem foi tortura para o demônio: agitou-o com tamanha virulência que a mulher desmoronou. Ela, então, começou a rolar incontrolavelmente, espumando, espumando, até que, finalmente, "foi salva da agitação e devolvida à liberdade ao vomitar sangue".[19] Algo ainda mais brutal se passou com um camponês chamado Flodegísio. Desafortunada, sua figura surge como a de um notório endemoniado. A infestação dia-

---

18. SLUHOVSKY, Moshe. *Patroness of Paris*: rituals of devotion in Early Modern France. Leiden: Brill, 1998, p. 15-17.
19. MIRACULA SANCTAE GENOVEFAE. *Acta Sanctorum* Januarii 1, p. 150.

bólica o arrebatava continuamente, agitando-o de novo e de novo até que "cravasse os dentes na língua e vomitasse sangue", sem que alguém fosse capaz de contê-lo. Conduzido à presença das relíquias, foi lançado à terra com violência, permanecendo estendido por tanto tempo que foi dado como morto. Mesmo então a virgem Genoveva era com ele – assegura o texto. Amparado pela infalível protetora, Flodegísio foi resgatado da longa agonia por uma força superior: "libertado do poder do demônio", ele segue para as entrelinhas plenamente restabelecido.[20]

Esses dois casos não são os únicos relatos de possessão. Há outros três. Entretanto, são os únicos em que sangue é mencionado. Em ambos os casos, a palavra identifica um líquido que escorre profusamente e evidencia um processo de expurgo de uma força rival. Essas duas características não estão apenas correlacionadas, há uma funcionalidade entre elas. Em outras palavras, o fluido aparece em abundância precisamente para assinalar um momento crítico: o *instante em que o controle sobre uma pessoa muda de mãos*. Observe-se.

No primeiro caso, ao "vomitar sangue", a mulher está indubitavelmente libertada; no segundo, o comportamento é relatado como prova cabal de que o camponês estava sob controle da escuridão. Estamos diante de um padrão. O sangue que jorra e encharca marca o instante inaugural do exercício de um controle, a passagem de um foro demoníaco para um celestial ou da alçada terrena para a infernal. Seu aparecimento nessas histórias ocorre para instruir a respeito dos sinais que permitem verificar um poder, incluindo a *daemonis potestate*, o "poder do demônio", como consta no relato sobre o exorcismo de Flodegísio. Entre os quinze milagres atribuídos a Santa Genoveva durante a "perseguição dos homens do norte", há outro caso em que sangue é mencionado. Não é uma história de exorcismo. Mas ela reforça a existência desse padrão.

---

20. MIRACULA SANCTAE GENOVEFAE. *Acta Sanctorum* Januarii 1, p. 150.

É o primeiro milagre relatado. A história gira em torno de Rebarêncio e ensina o que ocorre com quem ousa profanar o dia do Senhor. Em um domingo à noite, ele se pôs a trabalhar em um moinho. Durante a jornada, um grão ricocheteou da moenda e atingiu um olho. Foi o início de uma queda livre nos tormentos. Com a visão comprometida, foi "privado da luz" – expressão que ecoa como diagnóstico a respeito da anatomia e da alma. Seguiu-se uma dor delirante. E então um frêmito infernal estourou no íntimo do moleiro. Com os braços furiosamente agitados, ele começou a esmurrar o próprio peito e o ventre, e a "vomitar sangue a cada batida incessante". Por um "ano inteiro", Rebarêncio buscou socorro, percorrendo diversos lugares santos. Nada parecia deter a força medonha alojada em seu interior. O longo desalento cessou quando compareceu perante a virgem de Paris, cujas relíquias finalmente concederam-lhe clemência.[21] As características se repetem. Um sangue abundante assinalou o momento em que um homem passou a ser governado pela própria falha. Eis um símbolo que situa o ponto inaugural de um controle que se estendeu por um ano. Um fluido humano, profuso, anônimo. Sim, anônimo. Sua representatividade não depende da identificação dos envolvidos. Como demonstra a história mencionada há pouco, da mulher endemoniada, um nome não é algo imprescindível para que a palavra transmita tal significado. É o que também ilustra outro exemplo, que o documento remete a um contexto anterior.

O ano é de 861, Paris arde uma vez mais após sucumbir à "tirania dos normandos". Entre os que suplicavam por amparo às relíquias de Genoveva, estava "uma mulher que cometeu adultério na localidade de Pincerais, na cidade que é chamada Airvault". Como o esposo ultrajado veio a falecer, Deus se encarregou da punição: "por juízo divino", a pecadora perdeu a fala. Ela, então, se dirigiu ao

---

21. MIRACULA SANCTAE GENOVEFAE. *Acta Sanctorum* Januarii 1, p. 150.

sepulcro da santa e se mortificou por dias. Seus gemidos, como súplicas guturais, foram ouvidos durante uma semana. No domingo, depois da noite em oração e após "um sangue vomitado [ter sido] espalhado aos primeiros sons dos sinos, ela recebeu de volta o benefício da fala".[22] Seletiva, a narrativa apresenta a terra em primeiro plano, à frente da figura humana. O sangue tem procedência, mas não tem identidade. O texto informa que o fluxo expelido em grande quantidade, "espalhado", vale notar, era oriundo de outra paisagem – a localidade Pincerais, território de Airvault –, mas põe uma venda sobre os olhos daquele que tentar descobrir quem o expeliu. "Uma mulher que cometeu adultério" é o mais próximo que o relato chega de um nome. Estamos diante de um líquido intenso e sem rosto, mas que revela o semblante de uma relação de domínio. Pois ao aparecer, esse sangue assinala o instante em que cessou o controle divino recentemente instaurado sobre a fala. O vômito sanguinolento era um sinal inequívoco de que a interferência celestial terminara. Narrado assim, sangue remete à vigência de uma dominação, não à integridade de um corpo. Eis o padrão empregado em *As guerras da cidade de Paris*.

No poema, sangue é um nome que representa o *limiar do poder para governar*. O cerco viking de 885/886 foi narrado como uma disputa pela instauração do controle sobre os homens. Os daneses que sitiaram Paris eram conquistadores, não somente saqueadores. Durante os onzes meses em que esteve em guerra, a cidade foi o limiar entre dois governos – eis a história contada pelo sangue. Derramado em larga escala como um fluxo aterrador, simultaneamente parisiense e danês, ele representou a fronteira onde duas forças políticas simétricas colidiram. As numerosas cenas de jorros vermelhos encharcando torres e vias simbolizavam um encontro de guerreiros que lutavam por duas entidades polí-

---

22. MIRACULA SANCTAE GENOVEFAE. *Acta Sanctorum* Januarii 1, p. 149.

ticas rivais. O autor de *Os Milagres Post Mortem de Santa Genoveva*, provavelmente, compreenderia o sentido das cenas poéticas: o cerco colocou frente a frente dois povos, cada qual agente de um poder; à medida que cada um possuía a cidade, mantendo-a ao alcance do controle normando sem removê-la inteiramente do governo cristão, a fronteira vomitava sangue. Vomitava de novo e de novo, em um ritmo infernal, uma alternância febril provocada por cada ataque, por toda investida. Como se a cada combate travado entre torres e pontes, o poder oscilasse brevemente das mãos francas para as danesas e, logo em seguida, de volta ao controle franco.

Como uma pessoa ao ser levada para longe por uma força demoníaca e trazida de volta ao leito da graça divina, a cidade expelia sangue.

4 Piratas ou conquistadores?

Expressada principalmente através de uma linguagem sanguinolenta, tal *simetria política* perpassa o poema e ressurge em muitas passagens, mas de modo menos evidente e, por vezes, sutil, oblíquo. Ela está em cena quando Siegfried se encontra com Gozlin. O diálogo protagonizado por esses dois personagens é, como vimos, marcado pela ideia de permutabilidade, especialmente a respeito do danês, que surge como uma figura capaz de ser o outro, de enxergar o mundo através dos olhos de um governante franco. Além disso, cabe recordar um detalhe capital. Na memória de Abbo, os personagens deliberaram sobre o destino do reino, não unicamente da cidade. O alvo de Siegfried não era Paris. "Dá-nos teu consentimento para que possamos seguir nosso caminho muito além dessa cidade", é o que ouvimos sair de sua boca. "O reino não deve sofrer com a destruição desta cidade; mas antes esta cidade deve salvar o reino e preservar a paz", é como o bispo replicou. O guerreiro viking tem aí uma importância muito maior do que a de um pirata. Sua posição é a de um conquistador.[23]

Um conquistador monárquico. Aliás, é assim que o monge o apresenta: Siegfried, "rei apenas no nome, mas comandante de muitos guerreiros".[24] Tal verso costuma figurar na historiografia como um registro sociológico da liderança viking. Ou seja, como uma prova de que os invasores operavam através de "estruturas mais fluidas de comando, com decisões tomadas em comitê ou mesmo por sorteio".[25] Em outras palavras, Siegfried teria sido outro exemplo de liderança tribal, descentralizada em bandos autônomos. O próprio monge teria relativizado o realismo do nome "rei" em razão dessa realidade, que julgou incompleta, inacabada, um nome de aparência oca. Pode ser que tenha sido assim. Porém, ele a emprega. Ele recorre justamente a essa palavra. E é pouco provável que o tenha feito por uma limitação de vocabulário. Abbo era um escritor de muitos recursos intelectuais. Seu poema apresenta um latim enfático, polifônico e, ainda mais importante, marcado por hibridizações a partir do grego, isto é, pela incorporação e modificação de palavras a partir de referências eruditas em língua grega. Esse monge, que compôs 1.393 linhas marcadas

---

23. Como demonstrou Andrew Wawn, a caracterização dos vikings como piratas decorre de uma frequente sobreposição das referências históricas do romantismo inglês sobre a complexidade dos enredos documentais medievais: WAWN, Andrew. The Vikings and the Victorians: inventing the Old North in 19th-Century Britain. Woodbridge: D.S. Brewer, 2002.

24. ABBO DE SAINT GERMAIN-DES-PRÉS. Bella Parisiacae Urbis. MGH Poetae 4/1, p. 80.

25. Tradução do autor, cf. PRICE, Neil. "Laid waste, plundered, and burned": Vikings in Frankia. In: FITZHUGH, William W.; WARD, Elisabeth I. (Ed.). *Vikings*: The North Atlantic Saga. Washington/Londres: Smithsonian Institution Press, 2000, p. 116-126, citação da p. 118; SEARLE, Eleanor. *Predatory Kingship and the Creation of Norman Power, 840-1066*. Berkeley: University of California Press, 1988, p. 18.

por engenhosas soluções de vocabulário, empregou precisamente a palavra *rex*, "rei", não outra. A relativização, portanto, tem limite. Ainda que resultasse de uma "estrutura fluida de comando", o líder danês era um rival em plano monárquico. Essa estrutura ameaçava o poderio carolíngio.

Outros documentos corroboram a caracterização. Os vikings que chegaram a Paris eram uma força suficientemente organizada para permanecer no continente. Quatro meses antes, eles haviam se apoderado de Rouen, há apenas cento e trinta quilômetros rio abaixo. Não como bandos de aventureiros, mas como um *exercitus*. A grandeza da ameaça de seu avanço também pode ser dimensionada pela escala da mobilização para detê-los. Homens de outras regiões da Nêustria e da Borgonha se juntaram às forças locais do vale do Sena, formando "um exército [...] para encerrar a guerra contra os normandos".[26] Que, por sua vez, haviam atravessado para a margem esquerda do rio e assentado acampamento. Tudo indica que, a essa altura, eles ditavam as condições de combate, especialmente a definição do terreno onde ocorreria o enfrentamento. Quando a batalha foi travada, o exército franco foi desbaratado, com alguns dos "grandes do reino" tombando em combate.[27]

Sediados *no continente* como força superior, os vikings "começaram a devastar a terra [...] e ninguém ofereceu resistência", consta em um documento da época. Os francos, então, mudaram de estratégia, priorizando a construção de fortificações que bloqueassem o avanço inimigo. Outro indicador eloquente: a elite local se preparou para a possibilidade de que uma fronteira fosse estabelecida. Uma fortaleza foi erguida junto ao Rio Oise, onde hoje fica a cidade de

---

26. ANNALES VESDATINI. MGH SS Rer. Germ. 12, p. 57.
27. Os *Anais de Saint Vaast* mencionam a morte do conde do Maine, Ragnoldo, e "alguns outros": ANNALES VESDATINI. MGH SS Rer. Germ. 12, p. 57-58; CHRONICON NAMNETENSE. In: MERLET, René (Ed.). *La Chronique de Nantes*..., p. 67-68.

Pontoise, e sua defesa foi confiada a um poderoso local. Isso significa que uma investida era esperada a pouco mais de 40km a noroeste de Paris, onde, a essa altura, trabalhos de fortificação e reparo eram conduzidos pelo Bispo Gozlin. Os esforços foram inúteis. Em novembro, Pontoise caiu. Cercada, a guarnição se rendeu por falta de água. Um acordo garantiu ao comandante e a seus homens que partissem para Beauvais. Os normandos, então, "atearam fogo na fortaleza".[28] Semanas depois, cobriram as águas ao redor de Paris.

Sabemos que nenhum reino ou domínio viking surgiu em 885 ou nas duas décadas seguintes. Mas conhecer o futuro dos eventos é uma coisa; outra bem diferente é explicar o passado como se os atores sociais fossem clarividentes. Parece-me que não havia razões para subestimar tais episódios como incursões sem consequências duradouras. O cerco a Paris fez parte de uma campanha militar que ameaçou seriamente o controle franco sobre terras e populações, embora o autor de *As Guerras da Cidade de Paris* não soubesse se a ameaça se concretizaria ou não. Em 897, quando o poema foi completado, os normandos ainda percorriam o vale do Sena, erguiam acampamentos, "enxameavam sobre as cidades e as residências reais, [...] devastavam a terra, matavam o povo, capturavam camponeses" e os enviavam, metidos em correntes, para além-mar, "sem ninguém para resistir-lhes".[29] O que Abbo efetivamente já sabia quando compôs os versos épicos era que o cerco havia sido um episódio fundamental para a ascensão de um aristocrata à realeza. Em 888, Eudes, conde de Paris e principal líder da resistência aos daneses, "assumiu

---

28. ANNALES VESDATINI. MGH SS Rer. Germ. 12, p. 58.
29. A primeira citação corresponde à descrição do ano de 896 presente no próprio poema de Abbo: ABBO DE SAINT GERMAIN-DES-PRÉS. Bella Parisiacae Urbis. MGH Poetae 4/1, p. 114-115. A segunda citação é retida de um trecho dos Anais de Saint-Vaast a respeito do ano de 897: ANNALES VESDATINI. MGH SS Rer. Germ. 12, p. 78.

o título e a autoridade de rei".[30] Essa certeza, sim, refluiu para o poema e fez dele uma arma ideológica. Ou seja, a narrativa épica está a serviço dessa causa específica: transformar o cerco de 885/886 no evento que credenciava um herói franco à realeza.

Paris deveria ser lembrada como a arena onde se enfrentaram um "rei apenas no nome" e um "rei que ainda será". Ao contrário do que encontramos nas cartas que Alcuíno redigiu em 793, agora, a presença viking foi designada como *o fator* que causava diversas violências, "a" força destrutiva que ameaçava demolir toda a ordem social. O poeta realça a presença nórdica como um abalo, um sismo que estremeceu todo edifício da vida cristã. Quando "os cruéis" percorreram colinas, campos, florestas e vilas – consta no poema – "o escravo foi deixado livre, enquanto o livre se tornou escravo; o dependente se converteu em senhor, o senhor se tornou dependente".[31] A trilha dos vikings era um mundo de ponta-cabeça. Mais do que edificações, tesouros ou posses, a própria hierarquia social parecia ruir com a presença dos homens do norte. Em fins do século IX, a investida viking foi narrada como um novo e medonho abuso do mundo. Sob a perspectiva eclesiástica, os monarcas cristãos – atuais ou futuros – enfrentavam um concorrente tão poderoso quanto a própria negligência.

5 Rei pela graça do sangue

O conde de Paris foi um dos supermagnatas que assumiram o título de rei em diferentes partes do Império após Carlos III, já deposto, falecer sem herdeiros legítimos num frio dia de janeiro

---

30. ABBO DE SAINT GERMAIN-DES-PRÉS. Bella Parisiacae Urbis. MGH Poetae 4/1, p. 110.

31. ABBO DE SAINT GERMAIN-DES-PRÉS. Bella Parisiacae Urbis. MGH Poetae 4/1, p. 85.

de 888. Uma ascensão contestada. Eudes enfrentou a oposição de amplos setores da aristocracia local. Figuras de enorme influência, dentre eles o arcebispo de Reims e o conde de Flandres, atuaram abertamente para que a coroa fosse entregue a Arnulfo, duque da Baviária – e sucessor bastardo do imperador. Além da oposição interna, havia a pressão externa criada pelas elites da Aquitânia, que encaravam ambas as margens do Loire como uma extensão de sua autoridade e domínio, o que as tornava, para o conde, um concorrente direto pelo controle fiscal, patrimonial e militar sobre os confins do reino. Como Eudes lidou com essa correlação de forças e se impôs é uma história complexa, difícil de ser urdida.[32] Não para Abbo. Em seus versos, o conde possuía a grandeza de um monarca muito antes do cetro cintilar em sua mão e da coroa carolíngia pesar sobre suas têmporas. Seu poema é um esmerado esforço para dissipar a sombra de discórdia e varrer da memória os riscos sérios de contestação. "Ele foi alegremente apoiado por todo o povo franco", assegurava o monge, que, sem dar o assunto por encerrado, voltava à carga ainda mais enfático: "jamais ela [a Nêustria] encontraria alguém como ele entre seus filhos".[33]

O cerco de Paris havia transformado o conde em *rex futurus*, um "futuro rei", eis o argumento. Contudo, com os aquitanos obstinados, teimando em negar a autoridade do coroado, o tempo se encarregou uma vez mais de apresentar a prova irrefutável: o sangue. A certeza é sutilmente inscrita na leitura pelos versos de Abbo. Aliás, sua apologia poética à ascensão de Eudes é repleta de pormenores intrigantes e modulações agudas. Os versos formam

---

32. Os Anais de Saint-Vaast, por exemplo, afirmam que "*O rei Odo se apressou em unir os francos que não desejavam ser colocados sob seu controle, parcialmente através de favores, parcialmente através do terror*". ANNALES VESDATINI. MGH SS Rer. Germ. 12, p. 65.

33. ABBO DE SAINT GERMAIN-DES-PRÉS. Bella Parisiacae Urbis. MGH Poetae 4/1, p. 110.

um posicionamento marcado por entretons, com ironia mesclada à idealização e, especialmente ao final do segundo livro, com críticas amargas e frustrações preenchendo as lembranças sobre os últimos anos de reinado.[34] Não obstante tantas passagens em furta-cor, predomina o engajamento, que guia, soberano, a recordação de diversas cenas épicas. Uma delas é a seguinte. Naquele mesmo ano, 888, os daneses sitiaram Meaux. Desta vez, o heroísmo cristão não foi recrutado a tempo. A batalha foi uma catástrofe. O conde local foi morto, o bispo, capturado, a cidade, arruinada. O poeta, porém, ufanou-se. Assegurou que a destruição foi uma dádiva: "isto foi o mais fortuito prenúncio para o Rei Eudes".[35] Vejamos como opera a razão do poema.

O ataque a Meaux recebeu a justa punição em 24 de junho do ano seguinte, 889. O exército viking finalmente encontrou quem lhe resistisse. Ou melhor, reencontrou. "Em um lugar chamado Mountfaucon, ele [Eudes] derrotou dez mil cavaleiros pagãos e nove mil deles a pé", cantou o monge entoando cifra insustentável. Não encontrei outro registro sobre dez mil cavaleiros daneses. Aliás, o número parece-me implausível ainda que fosse a descrição de uma cavalaria franca.[36] No entanto, mesmo diante do improvável, é difícil

---

34. O tema é explorado de forma aguda e bastante abrangente por Charles West. Cf. WEST, Charles. "Fratres, omni die videtis cum vadit istud regnum in perdicionem": Abbo of Saint-Germain and the crisis of 888. Reti Medievali Rivista, vol. 17, n. 2, 2016, p. 301-317. Sobre a complexidade da composição e estilo de Abbo, cf. LENDINARA, Patrizia. The third book of the "Bella Parisiacae Urbis" by Abbo of Saint-Germain-des-Prés and its Old English gloss. *Anglo-Saxon England*, vol. 15, 1986, p. 73-89, especialmente as p. 77-80; SOUBIRAN, Jean. Prosodie et métrique des Bella Pansiacae Urbis d'Abbon. Journal des Savants Année, vol. 1, 1965, p. 204-331.
35. ABBO DE SAINT GERMAIN-DES-PRÉS. Bella Parisiacae Urbis. MGH Poetae 4/1, p. 111.
36. COUPLAND, Simon. The Carolingian army and the struggle against the Vikings. *Viator*, vol. 35, 2004, p. 49-70, especialmente p. 56-58; HALSALL, Guy. *Warfare and Society in the Barbarian West 450-900*. Londres: Routledge, 2003, p. 119-133; REUTER, Timothy. *Medieval Polities & Modern Mentalities...*, p. 251-267; BARTHÉLEMY,

resistir a Abbo. A vivacidade de seus versos empresta magnetismo à narrativa, sobretudo à medida que se aproxima o clímax épico, que ocorre depois da batalha. Vitorioso, tendo trucidado milhares, o rei já marchava de volta quando suspeitou de pagãos no seu encalço. Antes que as tropas fossem atacadas pela retaguarda, Eudes tomou a trombeta e subiu a colina mais próxima. Ao avistar um grupo de guerreiros avançando cuidadosamente, ele soprou um chamado que ecoou pelos campos. Ao ouvir o terrível som, os francos pularam sobre as montarias e galoparam rumo ao inimigo, que avançava na direção do conde e rei. O chamado transformou-o no ponto de impacto, em epicentro da luta. E isso quase custou-lhe a vida. No poema, acontece rapidamente. Os eventos se sucedem num piscar de olhos. O sopro da trombeta já ressoa como o tilintar das armas. "Um danês bramiu um machado" e o fez descer sobre a cabeça do rei. O golpe "arrancou o topo do elmo e o fez rolar sobre o ombro de Eudes". Com o impacto, o viking se deteve, presumindo ter abatido "o ungido do Senhor." A presunção foi letal. Um instante depois, "ele foi abatido pela espada do rei, que arrancou a alma do peito do pagão." Abbo, então, coroa a cena: "o combate cresceu severo. Vidas pagãs fluíam para longe em uma correnteza de sangue. Os pagãos fugiram; nosso príncipe conquistou o prêmio da vitória".[37] Como no cerco de 885/886, um sangue caudaloso aparece como prova da força política do personagem.

A visão épica de *As Guerras da Cidade de Paris* criava atalhos em uma realidade intrincada. Entre o saque de Meaux e a batalha de Montfaucon houve muito mais. E entre aquilo que o poema en-

---

Dominique. *A Cavalaria*: da Germânia antiga à França do século XII. Campinas: Editora da Unicamp, 2010, p. 93-144; BARTHÉLEMY, Dominique. *The Serf, the Knight, and the Historian*. Ithaca: Cornell University Press, 2009, p. 154-175; GOLDBERG, Eric J. *Struggle for Empire*..., p. 125-126.

37. ABBO DE SAINT GERMAIN-DES-PRÉS. Bella Parisiacae Urbis. MGH Poetae 4/1, p. 111-112.

terra nas entrelinhas estão episódios que desgastaram a autoridade do novo monarca. Em 888, Eudes ergueu acampamento próximo a Paris para impedir que a cidade fosse sitiada pelos vikings que retornavam do vale do Rio Marne – onde ficava Meaux – abarrotados de saque. Os daneses contornaram o acampamento e avançaram até Loing, a pouco mais de cento e 30km ao sul de Paris. A margem de manobra dentro do reino franco era ampla e estável: há três anos, eles estavam instalados a noroeste de Paris (Rouen, 135 km), há um ano, a leste (Meaux, 55km) e, agora, ao sul (Loing, 135 km).[38] Não estou seguro que se trate do mesmo contingente. Mas, por si só, tal incerteza não desautoriza a argumentação: as distâncias percorridas nos deslocamentos, os meses ou mesmo anos de permanência em solo franco, as cadeias necessárias de suprimentos e comunicações extrapolam a escala de incursões típicas de saque e alcançam a magnitude de uma ocupação.

No outono de 889, após devastarem parte da Burgúndia e da Nêustria, os vikings retornaram a Paris. Eudes conseguiu que a cidade fosse poupada pagando tributo.[39] Abbo, embora recriminasse o emprego da prata em lugar da espada, tentou estancar tais degastes e contrapor outra imagem a essas recordações. Um aspecto característico de sua estratégia consiste no uso da palavra "sangue". Ela funciona como o nome que permite conjurar as visões discordantes, rebaixando-as discursivamente, isto é, desautorizando e intimidando narrativas que depreciavam Eudes. "Vidas pagãs fluíam para longe em uma correnteza de sangue". A frase, quem sabe, pode parecer circunstancial, acessória, dispensável. Mas ela faz com que a batalha de Montfaucon não se descole dos eventos de 885/886. Esse sangue de muitos, derramado como enchente por mão humana,

---

38. ANNALES VESDATINI. MGH SS Rer. Germ. 12, p. 63-64; REGINO DE PRÜM. Chronicon. MGH SS Rer. Germ. 50, p. 130-134; ANNALES NIVERNENSES. MGH SS 13, p. 89.

39. ANNALES VESDATINI. MGH SS Rer. Germ. 12, p. 67-68.

lembrava que o rei contestado era o herói da resistência de Paris, o homem providencial da fronteira que "vomitava sangue". Embora tivesse sido coroado em 888, sua conduta como monarca havia começado quase três anos antes, quando ele sustentou as guerras contra os daneses e seus "reis apenas no nome".

O limiar de um governo era assinalado em sangue. O cerco de Paris foi registrado dessa maneira, como uma penosa e demorada disputa pelo efetivo poder para reger a vida em sociedade.

6 O que torna uma guerra sangrenta?

No relato sobre a violência viking, sangue é um nome para a divisão do governo. Isso não é uma particularidade. Não se trata de uma exceção. A palavra desempenha esse papel de forma ampla, na caracterização de muitos conflitos. Seu emprego nos registros sobre o cerco de Paris não foi uma inovação, uma novidade, mas o desdobramento de um uso estabelecido. Abbo estendeu à ameaça viking uma marca de expressão que as elites carolíngias conheciam bem, da qual se serviam para tentar decifrar a realidade das guerras em que se envolviam. Ou, melhor dizendo, de certas guerras. Pois sangue era uma palavra reservada para aquelas batalhas que representaram um grande risco de dividir ou subtrair o poder de governar. A começar por Fontenoy, a batalha que havia selado a transformação do Império, reduzindo-o, na prática, à condição de um entre três reinos francos.

Em 25 de junho de 841, Carlos e Luís, que haviam se declarado, respectivamente, "rei dos francos ocidentais" e "rei dos francos orientais", impuseram uma sonora derrota sobre os exércitos comandados por seu irmão mais velho, Lotário. A vitória destroçou as principais forças militares do primogênito, anulou meses de recrutamentos, mobilizações e alianças, tornando impossível, a curto prazo, reverter a ascensão dos monarcas ou, como consta nos *Anais de Saint Bertin*, deste ponto em diante, já não era possível "privar ambos os irmãos de suas parcelas do reino".[40] Fontenoy foi um confronto de grandes proporções. Estimá-las é tarefa espinhosa. Um contemporâneo falou em quarenta mil baixas entre os que lutavam por Lotário – 40.000 mortos em apenas um lado da batalha![41] Provavelmente, um exagero. Retórica dos números à parte, os documentos em geral caracterizam a batalha como *caedēs*: "matança". Mais. Fontenoy foi uma "vitória sangrenta".[42] Mas a referência por trás dessa última expressão não era a escala de vidas perdidas, mas a perda da unidade política. Nas releituras que foram elaboradas com a sucessão das gerações e cristalizadas como memória coletiva, a manhã de 25 de junho de 841 foi sangrenta porque teria sido o momento em que a divisão do governo carolíngio se tornou realidade irreversível, a data em que o poderio franco foi dilacerado por dentro.

Observe-se como Luís, um dos vitoriosos, era lembrado 40 anos depois por um monge de Saint Gall. Eis o retrato pincelado em texto. "Era [homem] de grande porte e bonito; seus olhos brilhavam como estrelas, sua voz era clara e viril. Sua sabedoria era notavelmente fora do comum". Essa sabedoria não se revelava somente como estudo das Escrituras, explicava o monge, mas como um cultivo de virtudes régias: "ele demonstrou uma maravilhosa rapidez em antecipar ou superar as conspirações de seus inimigos, pôr fim às brigas de seus súditos e obter todo tipo de vantagem para aqueles que eram leais a ele". Tudo isso pressupunha conflitos, campanhas, batalhas. Como ocorria com a maioria dos reis, Luís foi à guerra quase todos os anos em mais de meio século de reinado. Porém, o monarca não deveria

---

40. ANNALES BERTINIANNI. MGH SS Rer. Germ. 5, p. 25.
41. AGNELO DE RAVENNA. Liber Pontificalis Ecclesiae Ravennatis. MGH SS. Rer. Lang., p. 389-390. Sobre a batalha, cf. NELSON, Janet. *Charles The Bald...*, p. 117-121; GOLDBERG, Eric J. *Struggle for Empire...*, p. 102-104.
42. ADONIS. Chronicon. MGH SS 2, p. 322.

ser visto como alguém que ansiava por violência: "ele merecia sua boa fortuna, pois nunca contaminou sua língua condenando, nem suas mãos derramando o sangue cristão; exceto uma única vez, e depois na mais absoluta necessidade".[43] O que temos aqui é uma espécie de canto da sereia para a habilidade de conceber certos eventos.

A descrição é um chamado, tentativa de seduzir o leitor para que adote um ângulo lógico singular: Luís passou a vida combatendo hostes inimigas, muitas das quais repletas de soldados cristãos, mas o sangue dos irmãos de fé teria corrido chão afora somente uma vez. A instrução para visualizar sangue ao ter em mente uma única batalha empresta um ar de censura à seletividade do monge: não se deve associar todas as guerras ao sangue – tal parece ser o avesso da costura neste raciocínio. Sangrentas, somente aquelas que foram politicamente corrosivas, prejudiciais à legitimidade e à autoridade daquele personagem cuja causa foi hasteada pelo narrador. Assim foi Fontenoy, implicitamente mencionada pelo monge. É a ela que ele se refere como a única vez em que Luís contaminou as mãos com sangue cristão.

O trecho transcrito há pouco – sobre como Luís foi encurralado por uma absoluta necessidade de derramar sangue cristão –, provavelmente, ecoa uma descrição da batalha composta por um contemporâneo, Nitardo, ele próprio, combatente de 841.[44] Ao redigir *Os Quatro Livros de História*, Nitardo assegurou que Luís e Carlos tentaram evitar a luta a todo custo, pois seria batalhar contra a unidade cristã: "enviaram mensagem a Lotário, dizendo-lhe que recordasse que eram irmãos, que deixasse a Igreja de Deus e todo o

---

43. NOTKER BALBULUS. Gesta Karoli Magni. MGH SS Rer. Germ. N.S. 12, p. 67-68.
44. HALSALL, Guy. *Warfare and Society in the...*, p. 1-3; BEER, Jeanette. *In Their Own Words*: practices of quotation in Early Medieval history-writing. Toronto/Londres: Toronto University Press, 2014, p. 3-18. Sobre o enquadramento político da narrativa de Nithard, cf. ainda: DEPREUX, Philippe. Nithard et la Res Publica: un regard critique sur le règne de Louis le Pieux. *Médiévales*, vol. 22-23, 1992, p. 149-161.

Povo Cristão em paz". Um apelo inútil: "toda esperança por justiça e paz da parte dele [Lotário] parece ter desaparecido".[45] Vista de longe, sem algum viés específico das preocupações e interesses das elites da época, a mensagem poderia passar como algo comum, efeito de um estilo convencional, lamento previsível. Tratava-se, no entanto, de uma caracterização repleta de ímpeto, capaz de suscitar reações acaloradas. Tal passagem declara que, a esta altura dos eventos, Lotário já não era plenamente franco. Para as aristocracias imperiais, um argumento impactante.

A coexistência de três reinos francos não seria uma realidade inédita. Ao contrário, era característica ancestral, tradicional em muitos sentidos.[46] Um aspecto que se manteve inclusive após o rei ser coroado imperador. O "reino de Carlos Magno" era formado por *regna*, diferentes "reinos", e por uma consequente sobreposição de identidades políticas: um homem livre era, ao mesmo tempo, neustriano e franco, aquitano e franco, provençal e franco... As posições locais e rivalidades internas eram equilibradas por uma mobilidade política continental (os carolíngios deslocavam e instalavam clientes, vassalos e agentes públicos pelos diversos pontos do Império) e pelo senso de pertencimento a uma unidade maior. Pois os muitos territórios e as identidades integravam um todo – cuja realidade não era menos tangível para os contemporâneos –, designado *Regnum Francorum*, o "Reino dos Francos". Foi nesse plano maior que Nitardo situou a batalha e, com ela, a obstinação do irmão mais velho.

---

45. NITARDO. *Historiarum Libri Qvattvor...*, p. 23-25. Essa argumentação pode ser reencontrada noutra narrativa sucinta, em que a vitória de Carlos e Luís é descrita como um julgamento divino da retidão de sua causa e, portanto, da injustiça nos atos de Lotário: RATBERTO. Casus Sancti Galli. MGH SS 2, p. 67.

46. Sobre o tema da pluralidade política como unidade de tradição: WOOD, Ian. *The Merovingian Kingdoms, 450-751*. Londres/Nova York: Longman, 1994; McKITTERRICK, Rosamond. *Frankish Kingdomns under the Carolingians, 751-987*. Londres: Longman, 1983.

Ele assegura que Lotário recebeu a chance de seguir o exemplo dos antepassados. Naquela manhã de 25 de junho, os francos lutaram, mas não porque fosse o único caminho para manter a coexistência de reinos. Isso poderia ser feito sem empunhar as espadas. A possibilidade era antiga, familiar, e foi cogitada por Carlos e Luís na véspera do combate. Tal é a certeza que Nitardo repassou aos leitores: "se [Lotário] rejeitasse [os apelos pela paz], eles [Carlos e Luís, haviam autorizado os mensageiros a firmar a promessa de que] dividiriam toda a *Frância* em partes equivalentes e seria mantida sob seu domínio a que ele desejasse".[47] A batalha não era inevitável. Não estava fadada a acontecer nem mesmo na hora mais crítica. Amanhã, assim teriam dito os emissários de Luís e Carlos, a escolha será tua, Lotário: ou concordarás com a divisão justa do "Reino dos Francos" ou encararás o veredicto das lanças e espadas. Através do ultimato, a tradição sorriu ao primogênito, que, assim reza essa versão dos eventos, deu-lhe as costas. Renegou-a sem remorso.

Ao recusar a oferta de paz, negou os costumes ancestrais. Chegamos a um ponto de vista habilmente construído por Nitardo. Tomado por verdade, uma conclusão, então, se impõe prontamente: os francos lutaram porque Lotário já não agia como um verdadeiro descendente dos antepassados comuns. A unidade franca estava rompida.[48] A quebra se tornou a marca associada a Fontenoy e fez dela uma batalha diferente de todas as outras, um inegável ponto de ruptura. De todos os confrontos travados por Luís, esse foi o único em que ele inequivocamente "derramou sangue cristão", ou seja, em

---

47. NITARDO. Historiarum Libri Qvattvor..., p. 24.

48. Cf. ainda: LEJA, Meg. The Making of Men, Not Masters: right order and lay masculinity according to Dhuoda and Nithard. *Comitatus: A Journal of Medieval and Renaissance Studies*, vol. 39, 2008, p. 1-40; RIO, Alice. (2015). Waltharius at Fontenoy? Epic heroism and Carolingian political thought. *Viator*, vol. 46, n. 2, 2015, p. 41-64. A referência sobre a "unidade na pluralidade" do Reino dos Francos também tem como referência: SILVA, Marcelo Cândido da. *A realeza cristã na alta Idade Média*. São Paulo: Alameda, 2008.

que ele se envolveu ativamente na divisão do reino a que pertencia. Desde então, Luís manteve o governo que conquistou. Ao retratá-lo como um homem "merecedor de boa fortuna", o monge de Saint Gall acatou a versão de Nitardo e, com isso, perpetuou uma maneira de avaliar o passado: quando as recordações alcançavam a batalha que violara a integridade do poder ao qual o narrador era favorável, "sangue" entrava em cena.

Assim se lidava com o extremo da disputa. A menção a "sangue" indica, acima de tudo, a perda ou transferência de controle político. O medo desse extremo, aparentemente, surge de relance em epístola que Lupo, abade de Ferrières, enviou a Carlos em 841, antes da batalha. Nela, Lupo afirma que suplicava a Deus para que o rei fosse abençoado com "longa recuperação – Carlos estivera doente –, uma vitória sem sangue, a paz perpétua, o ódio aos vícios e a posse das virtudes".[49] *Victoria* era termo marcadamente bélico, forma característica para se referir a um triunfo militar. É pouco provável que o abade suplicasse por uma batalha sem mortos ou feridos.[50] Este não parece ser o sentido de "sem sangue". Porém, é plausível que a expressão indicasse uma consequência *política*, comunicando a expectativa por uma vitória que não subtraísse poder, enfraquecendo o monarca. Vejamos como.

Quando se pensa em Idade Média, fala-se de uma era em que a colisão de exércitos em campo aberto teria sido o propósito que movia todos os conflitos, com os comandantes buscando sempre as

---

49. LUPO DE FERRIÈRES. Epistola Ad Guenilonem. In: DÉZERT, Desdevises du (Ed.). *Lettres de Servat Loup...*, p. 88-89; LUPO DE FERRIÈRES. Epísola 38. MGH Ep. 6, p. 47. A respeito das inserções políticas da correspondência do abade de Ferrière, cf. a talentosa análise de: SOBREIRA, Victor Borges. *Epístolas e cultura política no reino de Carlos, o calvo*: o abade Lupo de Ferrières (829-862). (Tese de Doutorado), Universidade de São Paulo, 2017.

50. Cf. McCORMICK, Michael. *Eternal Victory*. Triumphal rulership in Late Antiquity, Byzantium, and the Early Medieval West. Cambridge: Cambridge University Press, 1986, p. 328-387.

batalhas campais para liquidar os oponentes. As narrativas cristãs do século IX indicam um passado distinto. Que tais comandantes se empenhavam para evitar confrontos decisivos em razão dos altos riscos implicados: a perda de homens e recursos usualmente atingia uma escala ruinosa e imprevisível.[51] Lupo, aparentemente, expressava esse receio. O abade emprestava voz ao risco de um triunfo de custo insuportável, no qual ganhar a batalha acarretasse perdas insuperáveis, drenando as reservas de aliados e braços para a guerra, multiplicando sem peia a insatisfação e a discórdia, de modo que o vitorioso não conseguiria manter o reino em rédeas curtas. Embora o mosteiro de Ferrières arcasse com os custos das guerras carolíngias – como era regra entre as instituições religiosas da época –, havia uma forte razão para o abade se preocupar com a estabilidade do poder de Carlos e desejar-lhe boa fortuna no combate.

Sobre a montaria que levasse o soberano à guerra, cavalgaria o destino da recente vitória obtida pelo abade em disputa que colecionava anos. Como bem demonstrou Victor Sobreira, as campanhas que tanto sugavam a gestão monástica finalmente renderam um desfecho para um litígio arrastado, moroso. Ao se tornar abade, em 840, Lupo herdara o imbróglio. Há tempos a comunidade de Ferrières reclamava à coroa a restituição de terras que se encontravam em poder de um clérigo palaciano, certo Rhuodingus. Em 841, Carlos decidiu atendê-los. Tendo dominado a região onde ficava a razão das queixas monásticas, ele anulou a posse de Rhuodingus, aliado de Lotário, e transferiu os bens para a autoridade de Lupo.[52] Logo,

---

51. BACHRACH, Bernard S. Caballus et caballarius in Medieval warfare. In: CHICKERING, Howell; SEILER, Thomas H. (Ed.). *The Study of Chivalry*: resources and approaches. Kalamazoo: Medieval Institute Publications, 1988, p. 173-211; BACHRACH, Bernard S. *Early Carolingian Warfare*: prelude to Empire. Philadelphia: University of Pennsylvania Press, 2001, p. 202-242; GOLDBERG, Eric J. *Struggle for Empire*..., p. 96-97.

52. Uma vitória parcial. No ano seguinte, o mesmo Carlos removeria as terras da alçada de Ferrières para empenhá-las em outra aliança política. Para uma visão de conjunto

a integridade do patrimônio recém-incorporado dependia, diretamente, da figura que rumava para batalha. Os votos de Lupo eram para que o triunfo não custasse ao rei o poder de fazer valer as próprias decisões, o que permitiria reabrir o antigo litígio. O religioso parece ter se expressado de maneira similar à de outro abade, que, escrevendo décadas mais tarde, assegurava que o triunfo naquela batalha impusera custos irreparáveis ao poderio carolíngio: "nessa batalha, o poder dos francos foi tão diminuído e sua famosa virilidade tão enfraquecida que, desde então, eles foram incapazes não apenas de expandir o reino, mas também de defender suas fronteiras. Carlos e Luís venceram, mas não sem grandes perdas entre seus próprios homens".[53] A vitória sem sangue era aquela em que se preserva a autoridade de quem comanda, não as veias dos combatentes.

A associação com "sangue" classificava uma batalha ou mobilização militar como *crítica de um ponto de vista político*. Em 868, Carlos e Luís discutiam publicamente sobre como repartir o reino herdado por seu irmão primogênito. Lotário falecera há mais de 10 anos, mas o sucessor, Lotário II, enfrentava ampla deserção entre os "grandes do reino" em meio a uma busca por divórcio que se prolongava por anos, minando sua legitimidade. A divisão, porém, contava com outros opositores. Eleito há poucos meses, o Papa Adriano II rapidamente se deu conta de que a negociação colocava em risco o próprio Patrimônio de São Pedro, já que o governo papal dependia da aliança com Lotário para administrar territórios e rendas eclesiásticas.[54] Já em fevereiro, ele escreveu ao "glorioso rei e dileto filho, Luís". Apesar de moderada e reverencial, a epístola continha

---

sobre essa história e suas muitas reviravoltas e desdobramentos, cf. SOBREIRA, Victor Borges. *Epístolas e cultura política no reino de Carlos, o calvo...*, p. 151-158.

53. REGINO DE PRÜM. Chronicon. MGH SS Rer. Germ. 50, p.75.

54. NOBLE, Thomas. The papacy in the eighth and ninth centuries. In: McKITTERICK, Rosamond (Ed.). *The New Cambridge Medieval History, c.700-c.900*. Cambridge: Cambridge University Press, 1995, vol. 2, p. 563-586.

uma clara advertência: Luís deveria afastar as "sinistras maquinações" que sopravam em seus ouvidos a tentação para "usurpar ou invadir" as terras do "glorioso rei Lotário". O que Deus esperava de um augusto filho como ele, concluiu o papa, não era "lutar contra a carne e o sangue".[55]

Falar em "luta contra o sangue" era uma maneira de levar a efeito a certeza de que a ação sobre a qual se escrevia devia ser considerada uma ameaça intolerável, a respeito da qual não poderia ser admitida justificativa ou atenuante. A expressão era um emblema de autenticação, a fórmula que certificava: a verdade era com o narrador. "Sangue" é aqui parte de um procedimento destinado a induzir a crença de que se está diante do óbvio, das coisas como elas são. É o gesto escrito que transformava projetos e interesses particulares em prioridades coletivas e verdades supostamente naturais.

7 Prioridades ideológicas jamais coagulam

Uma guerra sangrenta é uma guerra divisionista e, portanto, ilícita. No século IX, sangue era um nome para a invasão ou a usurpação. Adriano não foi o único papa a pensar assim. Em 876, João VIII censurou laicos e eclesiásticos nos mesmos termos. Em agosto do ano anterior, Carlos iniciou uma longa campanha até Roma visando a coroação como imperador. Em meio à atmosfera de intrigas sucessórias, a balança do apoio papal pendeu. O eleito avançou. Mas enquanto o "rei dos francos ocidentais" estava ocupado angariando o apoio dos magnatas itálicos e derrotando adversários ao sul, Luís conduziu um exército até Metz e, em seguida, até Attigny: território de Carlos. Qual era o objetivo? A pergunta não é meramente retórica. Segundo os *Anais de Fulda*, tratava-se de manobra dissuasória, uma tentativa de forçar Carlos a retornar, mantê-lo longe de Roma

---

55. ADRIANO II. Epístola 6. MGH Ep. 6, p. 702-704.

e da coroa imperial.[56] Uma incursão, não invasão, tampouco uma tentativa de conquista. Não foi o que pensou João VIII.

Meses depois, com Carlos de volta ao reino trajando o manto imperial, o pontífice disparou repreensões aos que haviam apoiado a "abrupta injustiça" cometida por aquele rei que surgiu à frente de "uma multidão nefasta, à maneira dos pagãos". João repreendeu severamente os bispos ocidentais. Sua "infidelidade" a Carlos era uma "iniquidade" que carregava o exemplo de Judas; a deserção era uma falha espiritual intolerável. Trair o rei por "vantagens terrenas" era fracassar no dever espiritual de salvar e proteger. "Vós não recebestes o Espírito Santo para reger a igreja de Deus, que foi fundada com seu sangue?", indagou João.[57] A carta ao episcopado da Frância oriental foi escrita com mão igualmente pesada. Os bispos do reino de Luís falharam quando não impediram que seu governante agisse como segundo Caim, ao descuidar do dever espiritual de manter a paz entre irmãos. Uma negligência terrível, ainda mais porque eles se sabiam encarregados de guiar a alma de um dos responsáveis por Fontenoy. E quem "tingiu sua juventude com sangue humano, na velhice respira intimidações decadentes e massacres até derramar o sangue de muitos cristãos tão somente por sua ambição", arrematou João.[58] Essa menção sombria também aparece na epístola aos condes que apoiaram Luís. A campanha até Attigny foi aí tratada como uma mobilização contra a Igreja, exatamente o tipo de conduta que havia resultado na "detestável luta ocorrida em Fontenoy". A batalha era evocada como falha original, o pecado adâmico contra a unidade dos cristãos, o berço da-

---

56. ANNALES FULDENSES. MGH SS Rer. Germ. 7, p. 86-88; ANDRÉ DE BERGAMO. Historia. MGH SS Rer. Lang., p. 229-230. Cf. ainda: GOLDBERG, Eric J. *Struggle for Empire...*, p. 328-331.

57. JOÃO VIII. Epístola 6. MGH Ep. 7, p. 319.

58. JOÃO VIII. Epístola 7. MGH Ep. 7, p. 321.

quela força cega que por vezes se apoderava dos francos: o "desejo pelo derramamento do sangue cristão".[59]

Meses depois, os papéis se inverteram. Os ventos do tempo sopraram, os destinos rodopiaram, desprendendo o pêndulo do poder. Em setembro, Carlos foi alcançado pela notícia da morte de Luís. Ele prontamente entrou em contato com magnatas do reino do falecido irmão e rumou para Colônia. Janet Nelson parece ter razão ao argumentar que a mobilização de Carlos era condizente com uma tentativa para incorporar as terras a oeste do Rio Reno, a região de Mainz, Worms e Speyer, o que significaria subtrair "importantes centros reais, palácios e propriedades"[60] ao filho de Luís, do mesmo nome. João VIII não reagiu. Não encontrei registro de alguma carta papal de repreensão ou de protesto, mesmo após a campanha resultar na "carnificina de muitos" homens do "exército do imperador", incluindo numerosos condes, cujos cadáveres foram reconhecidos no próprio campo de batalha, próximo à fortaleza de Andernach.[61] Em Roma, ao que parece, aquela campanha não foi considerada uma luta contra a carne e o sangue. Mas em outros lugares, sim.

Cerca de 40 anos depois, Regino, um dos superiores da poderosa abadia de Prüm, relatou os instantes anteriores à batalha como segue. Ao se dar conta de que Carlos se aproximava com um grande exército, o jovem Luís, "tomado pela ira," enviou homens de confiança até o acampamento do imperador. Os emissários entregaram uma declaração ríspida, assegurou Regino. Aquela campanha violava leis humanas e divinas, pois era um atentado contra um sagrado

---

59. JOÃO VIII. Epístola 7. MGH Ep. 7, p. 324-325.
60. Tradução do autor, cf. NELSON, Janet. *Charles the Bald...*, p. 245.
61. A expressão "carnificina de muitos" consta nos *Anais de Fulda*. ANNALES FULDENSES. MGH SS Rer. Germ. 7, p. 88. A alusão à fuga em massa do exército do imperador e à morte de condes nominalmente designados consta nos *Anais de Saint Bertin*: ANNALES BERTINIANNI. MGH SS Rer. Germ. 5, p. 131-134.

juramento prestado pelo próprio invasor ao seu falecido pai, conduta pela qual ele haveria de render contas pessoalmente a Jesus. Não era tudo. Carlos, assim prosseguira a mensagem, "deveria deter sua espada e estremecer perante o terrível desejo de derramar sangue humano; ele deveria estar contente com sua sorte e alegrar-se na paz que Deus havia lhe concedido através da linha de hereditariedade e não invadir, roubar ou perturbar o que por direito pertencia a outros".[62] Agora, há sangue antes mesmo da batalha acontecer. Em prosa afiada, o abade nos oferece uma lente poderosa, através da qual é possível observar o que se passou na mente dos invadidos: a intensidade de sua reação, a força do escândalo que os arrebatou e os fez denunciar a intenção de conquista como um apetite sanguinário. Mas, cautela. A escrita, uma vez mais, ilude. O julgamento moral sobre a psicologia de um rei recobre uma *estratégia jurídica*. Narrar um senso de ultraje alheio é uma maneira de acenar ao leitor para que ele embarque em uma manobra legal. Vamos a ela.

A verve do narrador pode ter sido involuntária. Talvez ele a tenha despejado sobre as linhas sem maior esforço, mas não foi desinteressada. Além de ter vivido no mosteiro de Prüm, que pertencia à diocese de Trier, Regino era oriundo de uma família aristocrática cujos domínios situavam-se nas cercanias de Speyer. A paisagem que encerrava sua vida, do berço ao hábito monástico, era parte das terras visadas por Carlos no passado. Além disso, quando escreveu a passagem em questão, Regino já não era abade. Em 899, ele foi substituído por Ricário: até onde pude ver, à época, uma incógnita. Um desconhecido em termos de relevância pública. Mas, em breve, ele arrebataria outras posições, tornando-se o abade do mosteiro de Lobbes e o bispo de Liège, funções que exerceu simultaneamente. Acumulando postos, o substituto se tornou uma espécie de multidignitário, uma figura de enorme prestígio. Pode ser que a carreira

---

62. REGINO DE PRÜM. Chronicon. MGH SS Rer. Germ. 50, p. 111.

tenha sido consequência de uma vida exemplar e de destacados predicados morais. Difícil dizer. No entanto, pode-se arriscar que um dos atributos que o favoreceram tenha sido o berço aristocrático. Ricário era filho do falecido Conde Adalhardo de Metz e irmão do conde de Hainaut. O parentesco assegurava-lhe um lugar de destaque entre os escalões da elite lotaríngia. Assim, é provável que empossá-lo da autoridade sobre os quase trezentos monges da riquíssima abadia de Prüm tenha sido uma decisão conjunta envolvendo Carlos, "o Simples", monarca dos "francos ocidentais" – neto de Carlos, "o Calvo", aquele advertido na história que lemos no parágrafo anterior a reter a espada e tremer perante o desejo por sangue – e magnatas locais. São expressivas as chances de que a promoção de Ricário a abade tenha sido um movimento inserido em uma orquestração de forças liderada pelo rei ocidental; parte de uma campanha para atrair o apoio dos senhores da Lotaríngia, região que integrava o "reino dos francos orientais". Décadas depois de Andernach, a região continuava em disputa.[63] Para Regino, o presente reprisava o passado. A época da invasão possuía uma atualidade inquietante.

Disputas aristocráticas em torno da coroa deixada por Luís levaram à sua remoção da comunidade de Prüm e o transformaram em uma figura marginal, um exilado acolhido pelo arcebispo de Trier, condição em que escreveu a *Crônica*. Regino era, portanto, um eclesiástico pessoalmente atingido por um episódio semelhante ao que ele narra. Tudo indica que a mensagem atribuída a Luís – a censura quanto ao "terrível desejo de derramar sangue humano" – era, em parte, uma projeção, um eco da própria biografia sobre o texto. A

---

63. WEST, Charles. Knowledge of the past and the judgement of history in Tenth-Century Trier: Regino of Prüm and the lost manuscript of Bishop Adventius of Metz. *Early Medieval Europe*, 2016, vol. 24, n. 2. p. 137-159; MACLEAN, Simon (Ed.). *History and Politcs in Late Carolingian and Ottonian Europe...*, p. 1-9; MACLEAN, Simon. Shadow Kingdom: Lotharingia and the Frankish World, c.850-c.1050. *History Compass*, 2013, vol. 11, n. 6, p. 443-457.

indignação à intenção monárquica parece ter sido, em algum grau, um estado emocional do narrador, uma reação pessoal à razão dos tronos, que lhe custara a posição de superior hierárquico em um dos mais importantes mosteiros da Cristandade latina. Dissimulação? O enredo do relato não passava então de uma mentira? Trapaça? Não parece ser o caso.

Mencionar "sangue" era um ato de engajamento, não necessariamente um cuidado descritivo. Os autores carolíngios sacavam esse nome para tomar partido na classificação de um evento. Eles o faziam para persuadir uma audiência sobre *como* um acontecimento deveria ser visto, não para capturar sua exatidão. Esse uso linguístico é um dado histórico relevante e coerente. Coletivamente coerente – é preciso insistir. Há uma lógica que não foi obra de uma vontade ou invenção de uma mente. Separados por décadas, João VIII e Regino de Prüm expressaram um julgamento similar e que pode ser resumido assim: este evento afetou meus direitos e bens, logo, foi sangrento. Dependente da aliança com Carlos para sustentar sua posição na península itálica – para resistir a diferentes adversários, em especial islâmicos e bizantinos –, o papa foi indiretamente enfraquecido pela campanha até Attigny, um domínio aliado. Ao passo que o abade havia sido pessoalmente atingido por movimentações políticas que, como a campanha de Carlos, recaíam sobre a região de Prüm. Em ambos os casos, sangue expressa um risco de "invasão", "usurpação", daquilo que ameaçava "perturbar o que por direito pertencia" *a quem narrava*. É uma palavra que evoca *perda de identidade e de unidade da posse patrimonial*. Aqui está a manobra legal mencionada há pouco. Falar em sangue é acusar uma infração e evocar uma obrigação de reparação.

Estamos diante de um uso linguístico consolidado em torno de conteúdos legais e políticos. Conteúdos que, por sua vez, eram mobilizados a partir das perdas e dos riscos para quem escrevia. Eis outro exemplo. Em 881, os vikings atacaram diversas cidades no vale do

Somme com um "grande exército, como é comentado por todos".[64] Em Reims, o Arcebispo Hincmar registrou que "os normandos [avançaram], causando devastação por onde quer que passassem, [e] haviam capturado o mosteiro de Corbie, a cidade de Amiens e outros lugares sagrados".[65] Nada de sangue. Agora, eis como o mesmo episódio foi visto por Hariulfo, um monge no mosteiro de *Saint Riquier*: "então, [aqueles] povos que vieram a nossas fronteiras, primeiramente atracaram e, desembarcando dos navios, percorreram as províncias de Vimeu e Ponthieu, destruindo igrejas, massacrando cristãos e espalhando mortos e sangue por toda parte".[66] Hariulfo é um testemunho mais completo e verossímil? Pouco provável, já que ele nasceu quase 200 anos depois do ataque. A razão que o levou a mencionar "sangue por toda parte" não foi um empenho pela fidelidade ao fato, mas por levar o leitor a participar da memória sobre um trauma. A abadia de *Saint Riquier* ficava a quase 10km do leito do Somme: ao contrário do arcebispo, que estava a mais de 100km de distância, o monge escrevia em uma localidade que havia sido o epicentro da ação viking. O sangue está ali não como a prova de um massacre ou o eco de um depoimento sobre uma matança, mas como evidência de uma extrema *insegurança patrimonial* para aquele que compunha a narrativa.

No ano seguinte, 882, os invasores alcançaram Reims. Hincmar fugiu antes. Aos setenta e seis anos de idade, debilitado, o arcebispo "exigiu que fosse carregado em uma cadeira portátil" – palavras suas – até uma vila chamada Épernay, levando as relíquias de São Remígio. No entanto, mesmo não tendo presenciado a investida contra a cidade, ele a registrou: "um grupo de normandos que surgiu à frente da força principal [do exército] e alcançou os portões

---

64. MIRACULA SANCTI BERTINI. MGH SS 15/1, p. 511.

65. ANNALES BERTINIANNI. MGH SS Rer. Germ. 5, p. 152.

66. HARIULFO. *Chronique de l'abbaye de Saint Riquier*. Paris: Alphonse Picard, 1894, p. 142-143.

de Reims. Eles devastaram tudo o que encontraram do lado de fora da cidade e incendiaram um número de pequenas vilas". Sem sangue. Uma contradição? Por que a palavra não aparece já que a cena foi composta por um arcebispo desalojado de uma localidade devastada e incendiada? A razão é simples. Hincmar a informa já na linha seguinte. "Porém, Reims", ele escreveu, "embora não fosse defendida por muralha ou por qualquer mão humana, foi defendida pelo poder de Deus e pelos méritos dos santos, de modo que os normandos não conseguiram penetrá-la".[67] Diversamente a abadia de *Saint Riquier*, a cidade Reims não foi perdida para os normandos. Certamente o ataque causou mortes e deixou feridos, mas não havia por que enxergar sangue. A identidade das posses eclesiásticas estava intacta.

Na batalha em que triunfa a igreja, a cidade ou o reino do narrador não há sangue. Quem lê sobre a vitória do jovem Luís em Andernach (8 de outubro de 876) nos *Anais de Fulda* se depara com combatentes aterrorizados, porta-estandartes trucidados, cadáveres espoliados, prisioneiros intocados, um imperador fugindo covardemente, mas não vê terra ou corpo tingidos de vermelho.[68] Trata-se de uma descrição redigida no interior das terras governadas pelo vencedor. Algo semelhante se passa nos *Anais de Saint Vaast* a respeito do triunfo que Luís III, filho de Carlos, impôs aos normandos nos arredores da vila de Saucourt (3 de agosto de 881). Entre as muitas reviravoltas de uma vitória que por pouco não escapou aos francos, centenas morrem, revidam, fogem. Mas ninguém sangra.[69] Pois "sangue" era o signo da derrota crítica, para a perda de controle, a redução ou divisão do governo e da legítima propriedade, algo que, para o redator dos *Anais de Saint Vaast*, não ocorreu naquele

---

67. ANNALES BERTINIANNI. MGH SS Rer. Germ. 5, p. 154s.
68. ANNALES FULDENSES. MGH SS Rer. Germ. 7, p. 88-89.
69. ANNALES VEDASTINI. MGH SS Rer. Germ. 12, p. 50-51.

dia. Há uma engenharia ideológica e política em torno de sangue, de seu aparecimento e, igualmente importante, de sua invisibilidade. A produção da presença e da ausência deste nome em uma narrativa decorria da defesa de interesses patrimoniais, era um modo de atrair leitores e ouvintes e prepará-los para aderir a certezas condizentes com interesses de grupos e instituições.

Portanto, ao envolver os versos sobre o cerco a Paris em sangue abundante, Abbo registrou um dado histórico importante: o ataque de 885 foi uma grave ameaça ao Império Carolíngio. O que ocorreu estava além das dimensões do destino de uma cidade ou de uma investida contra um flanco territorial vulnerável, exposto em razão de uma guerra civil. Para a realidade da região, foi uma longa e perigosíssima concorrência pelo governo sobre os francos. Diferentemente do que ocorreu na virada para o ano de 800, agora, 90 anos depois, a violência viking era fator de grande instabilidade para as correlações do poder carolíngio. Não estamos diante de uma das margens do gradiente da violência medieval, mas da faixa mais densa, espessa; a zona que registra grandeza nos acontecimentos e os ergue acima da normalidade cotidiana.

Mas e quanto a todo o período decorrido entre esses momentos? O que se passou entre os contextos das vidas de Alcuíno e Abbo? O que se passou nos anos de 880 resultou de um longo processo de escalada da violência? Terá sido consequência de uma mudança contínua ou de ruptura súbita? Afinal, o fio documental das menções a "sangue" conduz até uma visão de conjunto sobre a violência viking no Império Carolíngio?

Responder a essa pergunta é propósito do penúltimo capítulo deste livro.

* * *

5
Em busca de unidade: a violência viking como processo histórico

> "A violência não é uma propriedade exclusiva de certos atos, distribuindo-se entre os atos e seus contextos, entre atividade e inatividade".
>
> Slavoj Žižek, 2008

1 À mesa com o diabo

Quando se trata do vocabulário para explicar a história, o diabo costuma morar no singular. Flexionar uma nomenclatura para se referir ao passado como uma unidade expõe os argumentos a grandes riscos. Sobretudo se o termo em questão se prestar a uma leitura que sugira desconsiderar a vastidão de uma história que transcorreu em numerosas partes e perpassou diferentes contextos, como é o caso da expansão nórdica.

Mesmo se nos limitarmos ao Império Carolíngio – como é o caso deste estudo –, o tema surgirá como um passado que perdurou por mais de um século (da década de 770 a de 880) e cujo teatro geográfico era uma imensa faixa litorânea que delineia quase toda a atual Europa ocidental: cerca de 11.000 km². Desembarques escandinavos tiveram lugar em paisagens diversas, desde as falésias do Canal da Mancha às praias do Mediterrâneo, dos estuários atlânticos até os afluentes que serpenteavam continente adentro. A presença dos invasores foi contemporânea não de um rei, mas de toda uma dinastia; aliás, notícias sobre a "tirania dos normandos" continuariam a alcançar o trono imperial quando já não havia carolíngios para ocupá-lo. A "fúria das gentes do norte" afetou atores sociais muito diferentes, dos monges provençais aos mercadores frísios, desde os duques bretões até os bispos itálicos, dos magnatas aquitanos aos camponeses saxões. Em face desse passado multifacetado e muito provavelmente inconstante, sacar a expressão "a violência viking" pode prejudicar a elaboração de um ponto de vista histórico. Afinal, o singular reluz, atrai o olhar e magnetiza uma parcela da atenção necessária para decifrar os muitos processos particulares e distintos que compuseram a realidade vivida.

O uso do singular insinua uma visão de mundo. Empregá-lo é acionar um esquema mental que informa sobre a existência de um padrão, de uma regularidade em termos dos elementos que constituem a realidade. É um ajuste focal do pensamento – conforme a útil expressão consagrada pelo linguista Ronald Langacker.[1] Uma operação que seleciona os parâmetros e abstrai as facetas do que é pensado. Ao apreender a existência no singular, a consciência elimina momentaneamente a coexistência de detalhes e de assimetrias como aspecto necessário à percepção de sentido. Pensar no singular é, por assim dizer, propor uma transação cognitiva. Transfere-se para o intelecto uma capacidade comunicativa que ultrapassa aquilo que a observação pode justificar, hipotecando o desapego à variação e à multiplicidade, que devem, então, ser deixadas em repouso, latentes no uso corrente da linguagem. Querer a verdade no singular é almejar uma figura de sentido total. É nutrir a convicção de um Johan Huizinga, que cativava leitores pela maestria nos estu-

---

1. LANGACKER, Ronald. *Foundations of Cognitive Grammar*. Stanford: Stanford University Press, 1987, vol. 1, p. 116-137.

dos culturais e pela confiança no poder da sensibilidade histórica: "a beleza e a essência do gótico se revelam aos nossos sentidos [...] sem a necessidade de visitar todas e cada uma das igrejas góticas do mundo".[2] Uma atitude historiadora é mais bem dotada que os sentidos; a lógica pode unir o que a vida separou. Querer a verdade no singular é aplicar uma simplificação compreensiva que empodera a mente ao desobrigá-la de prestar contas sobre um novelo de pormenores, pontos de vista e sujeitos diversos a cada vez que uma certeza é afirmada. O enxugamento do repertório descritivo é o preço a ser devidamente quitado para obter um alto rendimento explicativo.[3] Para o saber histórico, uma barganha arriscada.

Voltemos ao panorama esboçado dois parágrafos atrás. A expansão nórdica povoa uma galeria labiríntica de lugares, tempos e personagens. Não foi uma série de episódios idênticos. Cada desembarque (e cada registro elaborado sobre ele) envolveu correlações de forças específicas, conexões causais distintas, interações localizadas e frequentemente descontínuas, além de durações com ritmos específicos. Basta cogitar, por um instante, o desafio que seria acumular conhecimento sobre essa miríade vertiginosa de ocorrências e a dúvida se encarregará de soar o alarme: há espaço para tantos momentos específicos na unidade de sentido fixada pela expressão "a violência viking"? A perda de exatidão não parece ser um custo embutido no pacto selado entre o intelecto e o singular? Não seria tal cláusula nefasta? Afinal, de que adianta ganhar algum controle sobre o passado e perder a precisão da observação, a perícia sobre a interação dinâmica

---

2. Tradução do autor, cf. HUIZINGA, Johna. *El concepto de la historia y otros ensayos*. Cidade do México: Fondo de Cultura Econômica, 1980, p. 13.

3. Toda essa argumentação, que dispõe o singular como "esquema linguístico", recorre a premissas teóricas da abordagem cognitivista da linguagem, cf. SANTANA, Braulino Pereira de. Morfologia e léxico atacam as palavras. *Estudos Linguísticos e Literários*, n. 48, 2013, p. 130-148; LANGACKER, Ronald. *Foundations of Cognitive Grammar*...; TAYLOR, John. *Cognitive Grammar*. Oxford: Oxford University Press, 2002.

e a diversidade dos fatores históricos? Qual a qualidade e o valor do conteúdo assim elaborado? Há muita coisa em jogo. Falar em "a violência viking", como tenho feito neste livro, não é entabular simples combinação de palavras, uma formulação corriqueira, trivial, desimportante. A expressão pesa sobre o raciocínio.

A começar por "violência". A palavra abarca as ações de violação atribuídas aos vikings. Violação da paz, da vida, da propriedade. Imediatamente, surge uma dificuldade. São raras as vezes em que tais ações foram explicitamente identificadas como violência. O substantivo *violentia* ("violência") e o advérbio *violenter* ("violentamente") são pouco frequentes, constam apenas em alguns registros.[4] De modo que seria cômodo cogitar que os documentos não contêm uma visão abrangente sobre o assunto, somente fragmentos, vestígios, poeira linguística. Rua sem saída? Fim da linha para o estudo sobre as maneiras de lidar com a violência? Não. Pode-se desfazer o nó górdio da dificuldade pensando no singular. Ao adotar esse foco, a mente converge para uma experiência de abstração e ativa a habilidade para sintetizar situações díspares e desconexas. É como encontrar um mapa para a unidade partilhada por ocorrências muitas vezes incoerentemente articuladas, para a junção primária que existe e está lá mesmo quando as conexões entre os elementos não são explícitas, mas ocultas, subentendidas. Esquema mental eficiente, matriz que organiza especificidades e supera ausências, o singular permite defender que a escassez de alusões formais não é suficiente para falar em ausência de atitudes a respeito da violência.[5]

---

4. EDICTUM APUD PISTAS. MGH Cap. 2, p. 312-328; HINCMAR. Epístola 170. MGH Ep. 8, p. 163-165; CONCILIUM TRICASSINUM. MANSI 15, col. 790; REGINO DE PRÜM. Chronicon. MGH SS Rer. Germ. 50, p. 105-107, 121, 123-125; MIRACULA SANCTI GENULFI. MGH SS. 15/2, p. 1.208-1.212.

5. Como ocorreu em: GAUVARD, Claude. *Violence et ordre public au Moyen Âge*. Paris: Picard, 2005.

A essência do passado se revela, sem a necessidade de revisitar cada uma de suas infindáveis versões. Os documentos já não são território perigoso. A armadilha linguística preparada pelo trabalho do tempo foi desarmada. Totalizar é possível – murmura o diabo teórico. Que segue sussurrando. As atitudes medievais sobre a conduta violenta assumiam formas variadas, ganhavam diversos nomes e predicados, muitos deles irreconhecíveis à primeira vista. E eram constantemente ampliadas com associações, analogias, figuras de linguagem. A análise desse variado acervo conceitual demonstraria que adotar a definição mencionada acima – a violência como a violação da paz, da vida e da propriedade – seria uma decisão consistente, pois trata-se, de fato, de três nexos recorrentes nos documentos. Poder-se-ia dizer que são as referências predominantes nos registros. Precisamente aqui, ao desmontar a primeira armadilha de leitura, que se começa a considerar que o demônio da simplificação talvez não seja tão maligno. Em diferentes passagens deste livro, assumi e apliquei um raciocínio semelhante. Em especial, conferi destacado valor à ideia de que as atitudes medievais sobre o agir violento extrapolavam a evocação formal e explícita da violência. Contudo, é preciso indagar: o rigor científico já está a salvo?

2 Assumindo riscos

De fato, as incursões vikings contra o Império foram repetidamente identificadas como invasões, matanças e pilhagens. Essa ênfase tripla perpassa crônicas, anais, relatos hagiográficos, diplomas, biografias, decisões conciliares, epístolas, poemas, comentários e outros registros como um largo denominador comum. Trata-se, por conseguinte, de uma definição embasada e coerente – e, justamente por isso, tentadora. Afinal, se tal coerência for considerada *medida suficiente de realismo*, sendo aplicada sobre os documentos como o indicador de tudo que é relevante para a análise, a reflexão acomodará reducionismos arbitrários. Mutila-se a complexidade do mundo social. A generalização vem a galope.

Vejamos o caso da "violação da paz". Mas o que era, efetivamente, a invasão que a acarretava? As respostas variam tremendamente. Em muitos casos, é o aparecimento de uma flotilha;[6] noutros, o ataque simultâneo de numerosos grupos de piratas.[7] Mas também era a violação de uma fronteira por um exército, a captura de fortificações em cerco, uma batalha.[8] Colocados lado a lado, esses registros abalam a coerência da definição. Sobrepor o rótulo de "violência" a incursões litorâneas, pilhagens de cidades, campanhas militares e ocupações territoriais é arriscar-se a equiparar ocorrências muito diferentes. Não seria generalizar excessivamente, abusar da simplificação? A dúvida nada tem de furtiva ou de irrelevante. Casos assim podem consagrar o desconhecimento.

A categoria "violações à vida" não é menos difícil de manejar. Alguns registros são lacônicos. Limitam-se a mencionar que os vi-

---

6. ANNALES REGNI FRANCORUM. MGH SS Rer. Germ. 6, p. 153-154; ANNALES BERTINIANNI. MGH SS Rer. Germ. 5, p. 9, 28, 57-59; FRAGMENTUM CHRONICI FONTANELLENSIS. MGH SS. 2, p. 302; CHRONICON FONTANELLENSE. In: LAPORTE, Jean (Ed.). *Société de l'Histoire de Normandie...*, p. 80-81; ANNALES FULDENSES. MGH SS Rer. Germ. 7, p. 49.

7. ANNALES BERTINIANNI. MGH SS Rer. Germ. 5, p. 25-26, 41-47; CHRONICON FANI SANCTI NEOTI. In: STEVENSON, William Henry (Ed.). *Asser's Life of King Alfred...*, p. 131; ADREVALDO DE FLEURY. Miraculis Sancti Benedicti. MGH SS 15/1, p. 494; CHRONICON AQUITANICUM. MGH SS 2, p. 253; ANNALES ROTOMAGENSIS. MGH SS 26, p. 494; CHRONICON FONTANELLENSE. In: LAPORTE, Jean (Ed.). *Société de l'histoire de Normandie...*, p. 89-91.

8. ANNALES REGNI FRANCORUM. MGH SS Rer. Germ. 6, p. 125-126; ANNALES BERTINIANNI. MGH SS Rer. Germ. 5, p. 35; ANNALES FULDENSES. MGH SS Rer. Germ. 7, p. 38; ANNALES ENGOLISMENSES. MGH SS 16: 486; EMENTÁRIO. *De translationibus et miraculis sancti Filiberti...*, p. 60; ANNALES VEDASTINI. MGH SS Rer. Germ. 12, p. 50-51. Menção: HARIULFO. *Chronique de l'Abbaye de Saint Riquier...*, p. 143; ANNALES BERTINIANNI. MGH SS Rer. Germ. 5, p. 152-154. Menção: ANNALES FULDENSES. MGH SS Rer. Germ. 7, p. 99-101; ANNALES VEDASTINI. MGH SS Rer. Germ. 12, p. 51-53; REGINO DE PRÜM. Chronicon. MGH SS Rer. Germ. 50, p. 118-120.

kings mataram pessoas, que trucidaram.[9] Quem? Difícil decifrar. Os mortos costumam formar uma massa de anônimos. Outros, no entanto, conferem algum contorno às vítimas. Mas o fazem com tamanho particularismo, que a variação se torna virtualmente inesgotável. Por "violência", pode-se aludir a "matar algumas pessoas",[10] "matar clérigos e laicos",[11] "matar e capturar pessoas de ambos os sexos",[12] "matar homens e levar mulheres e crianças como cativos",[13] "matar todos e não poupar nem mesmo os velhos",[14] "enforcar os prisioneiros"[15] e ainda "levar o povo ao limite da extinção".[16] Por vezes, surge o nome de um bispo ou um conde abatido durante os ataques. Nos registros sobre a batalha de Thiméon, em 880, eles foram diligentemente enumerados. Consta que os "normandos [...] mataram dois bispos [...], doze condes, [...] dezoito vassalos reais com todos os seus homens, sem mencionar um grande número que foi levado prisioneiro".[17] Depois de passar em revista esse cortejo fúnebre de trinta e duas personalidades, todas nominalmente citadas, a

---

9. ANNALES BERTINIANNI. MGH SS Rer. Germ. 5, p. 9, 13-14; ANNALES BERTINIANNI. MGH SS Rer. Germ. 5, p. 25-26; CHRONICON FANI SANCTI NEOTI. In: STEVENSON, William Henry (Ed.). *Asser's Life of King Alfred...*, p. 131; EMENTÁRIO. *De translationibus et miraculis sancti Filiberti...*, p. 61.

10. ANNALES BERTINIANNI. MGH SS Rer. Germ. 5, p. 9.

11. ANNALES BERTINIANNI. MGH SS Rer. Germ. 5, p. 29; MIRACULA MARTINI ABBATIS VERTAVENSIS. MGH SS Rer. Merov. 3, p. 573; HISTORIA SANCTI FLORENTII SAMURENSIS. In: MARCHEGAY, Paul; MABILLE, Émille (Ed.). *Chroniques des Églises d'Anjou...*, p. 219.

12. ANNALES BERTINIANNI. MGH SS Rer. Germ. 5, p. 28.

13. ANNALES FULDENSES. MGH SS Rer. Germ. 7, p. 80-83.

14. ANNALES VEDASTINI. MGH SS Rer. Germ. 12, p. 47-49.

15. TRANSLATIO SANCTI GERMANI PARISIENSIS. Analecta Bollandiana, vol. 2, 1883, p. 78.

16. ANNALES VEDASTINI. MGH SS Rer. Germ. 12, p. 54-56.

17. ANNALES FULDENSES. MGH SS Rer. Germ. 7, p. 96-98. O episódio é mencionado, com visíveis variações de designação e detalhamento, em outras fontes: ANNALES BERTINIANNI. MGH SS Rer. Germ. 5, p. 150-151; ANNALES VEDASTINI. MGH SS

narrativa se detém na tragédia da multidão amorfa, a massa humana tratada como terra de ninguém da memória, onde a escravização e a morte se tornam imprecisas e incógnitas. A morte de gente graúda tem aí significado nitidamente diferenciado. As violações à vida costumam ser resumidas como "matança". Uma palavra. A grafia idêntica evocando uma realidade que não se repetia, que implicava diferentes escalas de *status*, poder de ação, perda, dor, morte e esquecimento.

Por fim, a "violação da propriedade". Antes mesmo de indagar sobre a definição de propriedade – e enveredar por um cipoal de pressupostos jurídicos medievais –, deve-se notar que o ato de violar é, em si, diverso: ele engloba a ação de saquear tanto quanto a de incendiar, a de ocupar tanto quanto a de destruir.[18] E o objeto da ação pode ser toda a fronteira, uma região inteira, milhas à margem de um rio, uma cidade ou uma localidade, um palácio, um mosteiro, um altar. Com isso, "vio-

---

Rer. Germ. 12, p. 46-47; REGINO DE PRÜM. Chronicon. MGH SS Rer. Germ. 50, p. 115-116.

18. ANNALES REGNI FRANCORUM. MGH SS Rer. Germ. 6, p. 175; ANNALES BERTINIANNI. MGH SS Rer. Germ. 5, p. 21, 25-26, 28, 29, 31-32; CHRONICON FANI SANCTI NEOTI. In: STEVENSON, William Henry (Ed.). *Asser's Life of King Alfred*..., p. 131; EMENTÁRIO. *De translationibus et miraculis sancti Filiberti*..., p. 61; ADREVALDO DE FLEURY. Miraculis Sancti Benedicti. MGH SS 15/1, p. 494; AIMON. Historia Miraculorum et Translationum ob irruptones Normannicas. *Acta Sanctorum* Maii 6, p. 787-788; TRANSLATIO SANCTI GERMANI PARISIENSIS. *Analecta Bollandiana*, vol. 2, 1883, p. 70-72; ANNALES BERTINIANNI. MGH SS Rer. Germ. 5, p. 32-33. Menção: ANNALES FULDENSES. MGH SS Rer. Germ. 7, p. 37; LUPO DE FERRIÈRES. Epistola Ad Guenilonem. In: DÉZERT, Desdevises du (Ed.). *Lettres de Servat Loup*..., p. 108; LUPO DE FERRIÈRES. Epísola 31. MGH Ep. 6, p. 39; CHRONICON NAMNETENSE. In: MERLET, René (Ed.). *La Chronique de Nantes*..., p. 24-25; CHRONICON SANCTI MAXENTII PICTAVENSIS. In: MARCHEGAY, Paul; MABILLE, Émille (Ed.). *Chroniques des Églises d'Anjou*..., p. 364-365; EMENTÁRIO. *De translationibus et miraculis sancti Filiberti*..., p. 61; ADREVALDO DE FLEURY. Miraculis Sancti Benedicti. MGH SS 15/1, p. 494; AIMON. Historia Miraculorum et Translationum ob irruptones Normannicas. *Acta Sanctorum* Maii 6, p. 787-788; CHRONICON AQUITANICUM. MGH SS 2, p. 253; HILDEGÁRIO. Vita Faronis. MGH SS rer. Merov. 5, p. 200.

lência" pode recobrir, indistintamente, "a destruição em toda parte",[19] "a devastação da terra",[20] "o incêndio do mosteiro",[21] "a penúria de monges e monjas",[22] "roubo do gado",[23] "saque infinito de homens, rebanhos e animais de carga",[24] o fato de "igrejas ficarem sem rendas".[25] Os detalhes importam. Cada sutileza pode redimensionar o indicador material e a escala econômica da ação. Em outras palavras, a pergunta "quanto dano os vikings causaram?" pode encontrar respostas muito diferentes e todas igualmente plausíveis.

Por vezes, a violação é apresentada através de caracterizações ainda mais difíceis de desemaranhar. Não é tarefa simples extrair conteúdo de uma afirmação como a de que os invasores agiram com "selvageria". A palavra em questão, *importunitas*, abarca desde a ideia de periculosidade à de falta de educação, desde incivilidade a insolência.[26] E a que se refere, efetivamente, uma frase como "os piratas atacaram parte da Frísia e impuseram grande sofrimento"?[27] O que o autor dos *Anais de Saint Bertin*, que a menciona três vezes,

---

19. ANNALES BERTINIANNI. MGH SS Rer. Germ. 5, p. 31-32. Sobre o mesmo episódio referenciado, cf. ERMENTÁRIO. *De translationibus et miraculis sancti Filiberti...*, p. 61; ADREVALDO DE FLEURY. *Miraculis Sancti Benedicti*. MGH SS 15/1, p. 494; CHRONICON SANCTI MAXENTII PICTAVENSIS. In: MARCHEGAY, Paul; MABILLE, Émille (Ed.). *Chroniques des Églises d'Anjou...*, p. 364-365.
20. ANNALES BERTINIANNI. MGH SS Rer. Germ. 5, p. 9, 12.
21. FRAGMENTUM CHRONICI FONTANELLENSIS. MGH SS. 2, p. 301; ANNALES ENGOLISMENSES. MGH SS 16, p. 486; FALCO. Chronicon Ternorchiensi…, p. 84; CHRONICON AQUITANICUM. MGH SS 2, p. 253.
22. EPISTOLA SYNODI AD BRITONES. Mansi, 15, col. 534-537.
23. AIMON. Historia Miraculorum et Translationum ob irruptiones Normannicas. *Acta Sanctorum* Maii 6, p. 787-788.
24. ANNALES VEDASTINI. MGH SS Rer. Germ. 12, p. 49-50. Menção: MIRACULA SANCTI REMACLI STABULENSIBUS. MGH SS 15/1, p. 438-440.
25. JOÃO VIII. Epístola 9. MGH Ep. 7, p. 9. Cf. ainda: JOÃO VIII. Epístolas 13, 14. MGH Ep. 7, p. 11-13.
26. ANNALES BERTINIANNI. MGH SS Rer. Germ. 5, p. 15.
27. ANNALES BERTINIANNI. MGH SS Rer. Germ. 5, p. 22-23, 25-26.

tinha em mente? Perda de vidas? Escravização de cristãos? Pauperização? A simplicidade da redação pode tornar a leitura nebulosa. Por outro lado, um sentido aguçado de ultraje, um senso tangível de horror perpassa cenas que um leitor moderno talvez relativizasse. É o caso desta passagem dos *Anais de Fulda*: "[eles] se tornaram mais audaciosos, saíram de suas fortificações, assumiram o controle de toda a região, e participaram de caçadas e de inúmeras diversões sem ninguém para impedi-los".[28] Acaso essa diversão não terá sido uma violência aos olhos de muitos contemporâneos? E quão disruptivo pode ter sido entre as elites francas ouvir a notícia de que vikings "usaram a capela do rei como estábulo para seus cavalos"?[29] A transformação de parte do palácio imperial de Aachen em um estábulo integra o inventário das devastações de 881. Ela surge embaralhada entre episódios como a pilhagem do mosteiro de Prüm, o incêndio da cidade de Colônia e a morte dos habitantes dos subúrbios de Arras.[30] Porém, ainda que a informação sobre onde as montarias vikings descansavam não aponte para a perda de vidas ou a devastação material, desdenhá-la não seria ignorar algo importante?

Mesmo quando denota o ato físico que viola a paz, a vida e a propriedade, a noção de violência engloba um espectro inquietantemente vasto de ocorrências e circunstâncias. A consistência da definição pode criar a ilusão de que, ao percorrer os registros históricos, nossos olhos se deparam com um termo autoevidente, quando, na realidade, miramos uma categoria que cobre uma gama imensa, heterogênea, mutável de "comportamentos físicos e emo-

---

28. ANNALES FULDENSES. MGH SS Rer. Germ. 7, p. 106-107.
29. ANNALES FULDENSES. MGH SS Rer. Germ. 7, p. 98-99.
30. ANNALES VEDASTINI. MGH SS Rer. Germ. 12, p. 49-50; MIRACULA SANCTI REMACLI STABULENSIBUS. MGH SS 15/1, p. 438-440; REGINO DE PRÜM. Chronicon. MGH SS Rer. Germ. 50, p. 117-118.

cionais, situações e relações entre vítimas e agressores".[31] A violência medieval era fenômeno multifacetado, que assumia muitas formas, incorporava características diversas e transcorria de modo variável e ambivalente.

Repare o leitor ou leitora na redação do parágrafo acima. "A noção", "um termo", "uma categoria", "um fenômeno": com tais formulações, este não pode ser um raciocínio que desautorize o uso do singular. Não é. Desencorajar a adoção dessa flexão gramatical no estudo da história seria mutilar o pensamento e advogar por uma perda irreparável para a perspectiva científica. Não se trata de desqualificar, tampouco de renunciar ao singular, mas de ter cautela no emprego de uma formulação tão enfática quanto esta: "a violência". Manuseá-la como ferramenta da dúvida e da busca por sentido confere foco à abordagem, objetividade à compreensão. O que está em jogo não é considerá-la uma medida suficiente para o real, o que comprometeria a identificação de condições, graus e singularidades que afetaram as ocorrências e experiências sociais. A proposta consiste em servir-se dela para *assinalar uma similaridade qualitativa* acerca do real. Ela é o instrumento conceitual que possibilitará demonstrar a existência de um conteúdo social peculiar, um sentido histórico que unificava e se manifestava através do caleidoscópio de registros referentes à expansão nórdica sobre a Cristandade latina. As páginas a seguir buscam renegociar a relação entre a compreensão histórica e o singular ao suscitá-lo como *forma intelectual útil*, não *forma real suficiente*.[32]

---

31. Tradução do autor, cf. DE HAAN, Willem. Violence as an essentially contested concept. In: BODY-GENDROT, Sophie; SPIERENBURG, Pieter (Ed.). *Violence in Europe*: historical and contemporary perspectives. Nova York: Springer Science, 2008, p. 27-40, citação da p. 27.

32. Um posicionamento inspirado em George Simmel: *"a história não é o passado, o qual, a rigor, só nos é dado imediatamente no formato de fragmentos descontínuos; ela é uma forma ou uma soma de formas pelas quais o espírito, por meio da observação e da*

Deste ponto em diante, busco nova barganha com o demônio da simplificação.

3 Uma fronteira aberta e conflituosa

Não é demais insistir. A expressão "a violência viking" suscita leituras simplistas. Aliás, o adjetivo "viking" é outra matriz de problemas. Ele não passa de uma comodidade, convenção que aproxima autores e leitores do mundo de hoje. Os documentos carolíngios não o mencionam. Fala-se em "daneses", "normandos" e "pagãos". São termos genéricos, culturalmente escorregadios, geograficamente imprecisos. Um pouco mais de atenção ao repertório de designações e nota-se que elas não foram formuladas para cartografar etnias ou distinguir especificidades culturais. Designar os grupos que desembarcavam em terras imperiais como "homens pagãos", "piratas normandos", "gente pagã", "provenientes da *Nordmannia*", "gentios", "inimigos" não denota um pensamento de individuação, mas de totalização.[33] Traço que se acentuava quando a escrita deslizava para referenciais bíblicos como "blasfemadores contra Deus"[34] ou "adoradores de demô-

---

síntese, domina a matéria e percebe seu sentido". SIMMEL, Georg. *Ensaios sobre Teoria da História*. Rio de Janeiro: Contraponto, 2011, p. 40.

33. Cf. ALCUÍNO. Epístola 16, 20. MGH Epp 4, p. 42-43, 57; ANNALES REGNI FRANCORUM. MGH SS Rer. Germ. 6, p. 118, 162-163, 175; ANNALES XANTENSES. MGH SS. Rer. Germ. 12, p. 14; ANNALES BERTINIANNI. MGH SS Rer. Germ. 5, p. 13-14, 19; NOTKER BALBULUS. Gesta Karoli Magni. MGH SS Rer. Germ. N.S. 12, p. 75-76; ANNALES BERTINIANNI. MGH SS Rer. Germ. 5, p. 12, 28, 29, 31-32; RIMBERTO. Vita Anskarii. MGH SS. Rer. Germ. 55, p. 71; FRAGMENTUM CHRONICI FONTANELLENSIS. MGH SS. 2, p. 301; ANDRÉ DE BERGAMO. Historia. MGH SS Rer. Lang., p. 226; NITARDO. *Historiarum Libri Qvattvor...*, p. 40; TRANSLATIO SANCTI GERMANI PARISIENSIS. Analecta Bollandiana, vol. 2, 1883, p. 78; ANNALES FULDENSES. MGH SS Rer. Germ. 7, p. 37.

34. TRANSLATIO SANCTI GERMANI PARISIENSIS. Analecta Bollandiana, vol. 2, 1883, p. 78.

nios".[35] Embora cômodo, o adjetivo "viking" adiciona outra dificuldade à interpretação dos documentos. Ao invés de abrir a caixa-forte da explicação, ele pode dar mais uma volta na tranca linguística em torno da história.

Isso porque, uma vez empregado como dado real, quando extrapola os limites da convencionalidade, de um traquejo comunicativo, a palavra "viking" passa a cartografar a ideia de uma unidade social em torno das incursões das "gentes normandas".[36] De ponta a ponta, as inciativas que levavam ao desembarque nas terras do Império Carolíngio eram diversas, autônomas, conflituosas. Saltar para o barco e zarpar para litorais desconhecidos não afastava discórdias, não adiava a colisão de interesses. Ao contrário. Frequentemente, era o fator que incendiava disputas, acirrava contradições e acarretava desdobramentos imprevisíveis.

Entre 804 e 810, Godofredo, "o rei dos daneses", fez diversas incursões contra a Frísia e a Saxônia. Ele atingiu portos movimentados e sítios tributários do Império "com sua frota e toda sua cavalaria". Carlos Magno encarregou um de seus filhos de conduzir o combate, mas Godofredo não foi vencido. Em 810, "enquanto o imperador considerava um ataque, [...] duzentos navios da *Nordmannia*" atacaram o litoral da Frísia, "venceram três batalhas" e cobraram tributo livremente. Para os francos, a frota era um tentáculo de Godofredo, a quem eles creditaram aquela vitória brusca fazendo circular rumores sobre como o triunfo embriagou o juízo do danês, levando-o a "alardear seu desejo de enfrentar o imperador em batalha". O desdobramento da invasão sugere um cenário mais intricado: "a frota que devastou a Frí-

---

35. ANNALES BERTINIANNI. MGH SS Rer. Germ. 5, p. 26. Cf. ainda: LANGER, Johnni. Fúria odínica: A criação da imagem oitocentista sobre os vikings. *Varia Historia*, n. 25, 2001, p. 214-230; LANGER, Johnni. "Viking". In: *Dicionário de História e Cultura da Era Viking*. São Paulo: Hedra, 2017, p. 706-718.

36. MIRACULA MARTINI ABBATIS VERTAVENSIS. MGH SS Rer. Merov. 3, p. 573.

sia retornou para casa e o Rei Godofredo foi morto por um de seus homens".[37] Aqui, cuidado. Deve-se notar que a redação não conecta os dois fatos em um argumento. Não está escrito que o regresso da frota causou a morte. Tampouco que o matador fosse um dos navegantes. Na realidade, sequer consta que o retorno da frota teria agravado tensões pré-existentes. No entanto, uma informação é explícita: a força invasora remetia à morte do monarca. A história da devastação dos francos era também a história de conflitos mortais entre os daneses.

O sucessor do monarca assassinado estabeleceu a paz com Carlos Magno. Aliás, meses antes da invasão, o próprio Godofredo negociava um armistício com o imperador. Entre invasores e invadidos havia uma fronteira permeável, aberta. Mesmo se deixarmos de lado o constante trânsito de mercadores, exilados e missionários; se considerarmos tão somente o terreno das prioridades militares, francos e normandos alternavam pilhagens e alianças, destruições e conciliações. As invasões não eram ocorrências isoladas, mas elos de um encadeamento de interesses, estratégias, recomposições e pressões entre *grupos já posicionados em tramas de poder*. Sua realidade, portanto, extrapolava os estreitos limites que são impostos pela usual imagem de aventuras predatórias de um povo tribal contra os portões da civilização.

Nos anos 820, os filhos de Godofredo protagonizaram uma longa luta pelo poder. A disputa transcorreu nos dois lados da fronteira, na *Nordmannia* e no reino dos francos. Ambas as facções disputaram o apoio carolíngio em assembleias tipicamente francas. E quando um deles, Harald, "violou a paz que fora acordada [com os irmãos] e incendiou e pilhou pequenas vilas dos normandos", o fez como afilhado espiritual do imperador, que testemunhara seu batismo em Mainz. Outrora invadido, o Império tentava manobrar

---

37. ANNALES REGNI FRANCORUM. MGH SS Rer. Germ. 6, p. 131.

uma guerra que lançava normandos contra normandos.[38] Se a estratégia era uma tentativa para redirecionar as invasões e manter os saqueadores longe das fronteiras, foi infrutífera. Não bastava arbitrar a sucessão e entronizar um cliente imperial, pois o rei danês não detinha o monopólio sobre as invasões; pilhagens não eram prerrogativa monárquica. Entre 834 e 838, enquanto piratas vindos do Norte devastavam anualmente os portos da Frísia, o rei Horic, "através de seus emissários enviados à assembleia [imperial], ofereceu termos de amizade e obediência, e declarou que não havia consentido [os ataques]".[39] As invasões seguiram ocorrendo. E a partir de 840, elas projetaram grupos nórdicos autônomos para o interior de um Império permeado por disputas e divisões. O conjunto de forças operando ativamente no mundo carolíngio foi ampliado. Mais protagonistas significavam mais focos de conflitos e deflagrações, mas igualmente um alargamento do campo de possibilidades para associações e coalizões. Mais inimigos assim como mais aliados.

As hostilidades entre francos e normandos eram tão trágicas quanto inconstantes. Considere-se, por exemplo, os eventos de 852 e 853. Dois grupos de "piratas normandos" atuavam separadamente entre os rios Sena e Loire. Numerosos o bastante para se apoderar de uma cidade do porte de Bordeaux, ambos realizaram diversas incursões. Grande parte das devastações tivera lugar na Bretanha, cujo duque, Erispöe, passou anos embrenhado em um conflito desgastante: uma guerra deflagrada por seu próprio pai contra o rei Carlos. A guerra estava encerrada. O duque triunfou em campo de batalha e forçou o monarca a reconhecer que o vassalo rebelado era um igual em realeza. Mas o triunfo, aparentemente, impôs

---

38. ANNALES REGNI FRANCORUM. MGH SS Rer. Germ. 6, p. 169-175; RIMBERTO. Vita Anskarii. MGH SS. Rer. Germ. 55, p. 26.
39. ANNALES BERTINIANNI. MGH SS Rer. Germ. 5, p. 12.

um elevado custo. A vitória sobre Carlos consumiu o poderio bélico bretão, pois o duque não conteve – sequer puniu – os saqueadores. Pressionado, Erispöe foi pragmático. Voltou-se para um dos grupos invasores e propôs aliança ao líder, um guerreiro chamado Sidroc. O pacto vingou. Com efeito, em julho de 853, Oskar, líder do outro grupo pirata, foi encurralado numa ilha por uma frota que contava com ao menos cento e cinco navios comandados por Sidroc. Obrigado a zarpar, Oksar pôde partir somente após pagar tributo. Recapitulemos a história: normandos atacaram normandos no interior do Império como parte de uma estratégia de autopreservação de um duque franco que se rebelara contra o rei.[40] Quando se busca compreender esses e outros conflitos do século IX como "choque de civilizações", como a colisão entre dois grandes blocos culturais, tal enredo ganha um ar insólito.

Terá sido uma improvisação de "segundo escalão"? Um arranjo regional, qual um pacto periférico, firmado longe dos centros de poder? Certamente, não. Tomemos o caso de Carlos, mencionado nesse mesmo exemplo. "Rei dos francos ocidentais" durante trinta e nove anos e "Imperador dos Romanos" no final da vida, suas decisões modelavam a *res publica francorum*, isto é, a ordem pública. Carlos cultivou um longo histórico de alianças normandas. Em 858, ele aliou-se a Björn, um dos saqueadores que haviam se encastelado no vale do Sena, tendo transformado a ilha de Oissel em base para as incursões em ambas as margens do rio.[41] Somente depois que esse "líder dos piratas [...] jurou fidelidade à sua maneira", Carlos atacou a fortificação que os invasores ergueram na ilha. A aliança

---

40. EX GESTIS CONWOIONIS ABBATIS ROTONENSIS. MGH SS 15/1, p. 458-459; ANNALES ENGOLISMENSES. MGH SS 16, p. 486.

41. FRAGMENTUM CHRONICI FONTANELLENSIS. MGH SS. 2, p. 304; CHRONICON FONTANELLENSE. In: LAPORTE, Jean (Ed.). *Société de l'histoire de Normandie...*, p. 89-91; LIBELLUS PROCLAMATIONIS ADVERSUS WENILONEM. MGH Cap. 2, p. 451.

com Björn parece ter sido o caminho possível para tentar anular parte do poderio danês, a ação capaz de remover do tabuleiro militar um dos grupos invasores. Caminho que não levou ao destino esperado. O ataque fracassou.[42]

Dois anos depois, em 860, Carlos encarregou um danês de negociar em seu nome a completa retirada de outro grupo de daneses que, liderados por um guerreiro chamado Weiland, "atacavam com fúria" cidades e mosteiros à margem dos rios Somme e Reno.[43] As negociações resultaram em uma barganha tentadora. Pois os "daneses prometeram que se 3.000 libras de prata, pesadas sob uma cuidadosa inspeção, fossem entregues [...], eles voltariam e atacariam aqueles daneses que estavam ocupando o Sena e os expulsariam ou matariam". O tributo não foi pago. Porém, ainda assim, o acordo foi selado. Os invasores "receberam reféns e então navegaram para atacar os anglo-saxões [na *Britannia*]". Mas a sorte virou. Weiland ressurge em 862. Dessa vez, o líder furiosamente ameaçador oferecia promessas de submissão. Tendo encontrado a derrota do outro lado do Canal da Mancha, ele "veio até Carlos e, [...] juntamente com outros dez homens que tinha consigo, [prestou] solenes juramentos à sua maneira". Algum tempo depois, levou esposa e filhos para que fossem batizados na augusta presença do rei. A aliança não pôs fim à pirataria. Weiland continuou partindo para mar aberto. Morreu no ano seguinte, derrotado em um duelo por um normando batizado que o acusou, em plena corte carolíngia, de ter traído

---

42. ANNALES BERTINIANNI. MGH SS Rer. Germ. 5, p. 49-50; EPISTOLA SYNODI CARISIASENSIS AD HLUDOWICUM REGEM GERMANIAE DIRECTA. MGH Cap. 2, p. 431; ANNALES FULDENSES. MGH SS Rer. Germ. 7, p. 52; FRAGMENTUM CHRONICI FONTANELLENSIS. MGH SS. 2, p. 304; EMENTÁRIO. *De translationibus et miraculis sancti Filiberti...*, p. 62.

43. MIRACULA SANCTI RICHARII. *Acta Sanctorum*, Aprilis Tomo 3, p. 456; ANNALES BERTINIANNI. MGH SS Rer. Germ. 5, p. 51-54. Menção: EMENTÁRIO. *De translationibus et miraculis sancti Filiberti...*, p. 62; FLODOARDO. Historia Remensis Ecclesiae. MGH SS 13, p. 509-510; CARMINA CENTULENSIA. MGH Poetae 3, p. 345.

Carlos.⁴⁴ O viking, saqueador até o fim, morreu defendendo a honra de vassalo franco.

Entre 870 e 873, Carlos preservou uma aliança com um líder normando chamado Roric enquanto ordenava a construção de uma ponte sobre o Loire e fortificações ao longo do Sena para barrar novos avanços normandos.⁴⁵ Ainda em 873, ele atacou os normandos que haviam saqueado Angers, sitiando-os na própria cidade. Vitorioso, determinou os seguintes termos aos invasores: "eles deveriam deixar Angers e nunca retornar enquanto vivessem ou [jamais] causar devastação ao reino". Porém, os normandos "solicitaram que fosse permitida sua permanência [...] em uma ilha do Loire e [que pudessem] manter um mercado lá". Na primavera, os saqueadores se fariam negociantes; as riquezas arrancadas a ferro e fogo circulariam de modo pacífico e ordeiro. Para a mente moderna, a solicitação talvez adquirisse um ar de promessa insustentável, conversão improvável: podem aqueles conhecidos por "devastar cidades, [...] incendiar igrejas e mosteiros e transformar a terra cultivada em um deserto" se contentar em mercadejar e trocar? Reza a fonte histórica que Carlos consentiu, e ainda determinou que "aqueles entre eles que tivessem sido batizados e desejassem [...] se conservar [...] na fé cristã poderiam vir e se submeter" ao rei.⁴⁶ Dois anos depois, um grupo

---

44. ANNALES BERTINIANNI. MGH SS Rer. Germ. 5, p. 57-59, 61-77; EMENTÁRIO. *De translationibus et miraculis sancti Filiberti...*, p. 61; ODO. Miraculis Sancti Mauri. MGH SS 15/1, p. 471; ADONIS. Chronicon. MGH SS 2, p. 323; ANNALES XANTENSES. MGH SS. Rer. Germ. 12, p. 20; AIMON. Historia Miraculorum et Translationum ob irruptones Normannicas. *Acta Sanctorum* Maii 6, p. 794-795; FLODOARDO. Historia Remensis Ecclesiae. MGH SS 13, p. 529.

45. ANNALES MASCIENSES. MGH SS 3, p. 169; ANNALES BERTINIANNI. MGH SS Rer. Germ. 5, p. 116-121, 123-125. Menção: ANNALES VEDASTINI. MGH SS Rer. Germ. 12, p. 40; ANNALES XANTENSES. MGH SS. Rer. Germ. 12, p. 32-33; REGINO DE PRÜM. Chronicon. MGH SS Rer. Germ. 50, p. 105-107.

46. ANNALES BERTINIANNI. MGH SS Rer. Germ. 5, p. 123-125. Cf. ainda: ANNALES VEDASTINI. MGH SS Rer. Germ. 12, p. 40; ANNALES XANTENSES. MGH SS. Rer. Germ. 12, p. 32-33.

de normandos batizados foi levado à presença do então imperador, que os agraciou com presentes.[47]

Há muito sobre o que duvidar perante casos assim. Porém, uma evidência sustenta a argumentação: Carlos foi um caso típico. Entre 800 e 888, todos os imperadores *fizeram guerra e selaram pactos* com os invasores. Carlos Magno em 804, e entre 808 e 811. Luís I em 814, entre 817 e 819, durante quase toda a década seguinte. Mesmo entre 834 e 838, quando Dorestad foi anualmente devastada, o imperador negociou "termos de amizade" enquanto tentava colocar em ordem as defesas costeiras da Frísia contra ataques surpresas do norte. Lotário I o fez em diversas ocasiões, mas de modo memorável entre 839 e 847, quando dependente da lealdade dos "perseguidores da fé cristã" para remediar os revezes sofridos durante a guerra civil, assistiu o "saque da Frísia ocidental e oriental da fortaleza de Nijmegen", impotente para "punir tal crime". Carlos III, tampouco fugiu à regra. Entre 885 e 886, aquele que seria o último imperador carolíngio em poucas semanas desistiu de lançar em batalha o "imenso exército" já enviado contra os "inimigos" que sitiavam Paris e decidiu-se por uma retirada estratégica: "concedeu terras e territórios além do Sena para os normandos saquearem porque os habitantes daquelas áreas não lhe obedeciam". Talvez se trate de exagero retórico, ou, quem sabe, de acusação infundada. Em qualquer um dos casos, uma informação histórica se mantém plausível: as relações entre francos e vikings eram marcadas por guinadas e desfechos desconcertantes. A exceção parece ter sido Luís II. Talvez porque seu reinado, transcorrendo praticamente circunscrito à península itálica, o mantinha distante dos principais palcos da atuação viking. Até onde pude ver, ele destoa não porque tenha agido diferentemente, mas por não sido chamado à ação. Ainda assim, não é descabido incluí-lo na lista: coroado em 850, Luís partilhou o título imperial com o pai, Lotá-

---

47. ANNALES BERTINIANNI. MGH SS Rer. Germ. 5, p. 131-134.

rio I. Em certa medida, ainda que meramente simbólica, ele estava implicado nas ações paternas.[48]

Não é ambiguidade ou contradição, mas casuísmo e alternância. A realidade não era a mesma a cada circunstância e diante de cada grupo de "homens do norte". Talvez, o exemplo mais eloquente esteja anotado nos versos de *As Guerras da Cidade de Paris*. Após avivar a narrativa sobre o cerco à cidade com sangue e horror, o poeta afirma que, em março de 887, "nós e eles", parisienses e daneses, invadidos e invasores, "começamos a partilhar a mesma casa, pão, bebida, mar, estrada e cama. Nosso povo se maravilhou por podermos nos misturar tão facilmente".[49] Menos de um ano depois de um dos maiores eventos militares da época, os inimigos viviam sob uma paz ainda há pouco impensável. De forma misteriosa, como um desfecho maravilhoso que inquietava e fascinava, os rivais que saboreavam a morte adversária como dádiva e alívio se transformaram em integrantes da mesma comunidade. Conforme o poema, conviviam, sem que o mundo houvesse dado explicações suficientes sobre como haviam chegado até ali.

---

48. Para as menções a Carlos Magno: ANNALES REGNI FRANCORUM. MGH SS Rer. Germ. 6: 118, 125-135; NOTKER BALBULUS. Gesta Karoli Magni. MGH SS Rer. Germ. N.S. 12: 75-76. Quanto à caracterização de Luís I, "o Piedoso": ANNALES REGNI FRANCORUM. MGH SS Rer. Germ. 6: 140-142, 145-151, 156-171, 176-177; RIMBERTO. Vita Anskarii. MGH SS. Rer. Germ. 55: 26, 30-31; ANNALES BERTINIANNI. MGH SS Rer. Germ. 5: 9, 12-15; : ANNALES FULDENSES. MGH SS Rer. Germ. 7: 29. A respeito de Lotário: ANNALES BERTINIANNI. MGH SS Rer. Germ. 5: 25-33, ANNALES FULDENSES. MGH SS Rer. Germ. 7: 34-35; ANNALES XANTENSES. MGH SS. Rer. Germ. 12: 15; EMENTÁRIO. De translationibus et miraculis sancti Filiberti..., p. 61 NITARDO. Historiarum Libri Qvattvor..., p. 40-41. Quanto a Carlos III, cujas relações quanto aos vikings foram decisivamente reavaliadas por Simon Maclean: REGINO DE PRÜM. Chronicon. MGH SS Rer. Germ. 50: 125-127; ABBO DE SAINT-GERMANI-DES-PRÈS. Bella Parisiacae Urbis. MGH Poetae 4/1: 106-109; ANNALES FULDENSES. MGH SS Rer. Germ. 7: 106-107; ANNALES VESDATINI. MGH SS Rer. Germ. 12: 62-63.

49. ABBO DE SAINT GERMAIN-DES-PRÉS. Bella Parisiacae Urbis. MGH Poetae 4/1, p. 107-110.

"A violência viking" é uma expressão que abarca não uma, mas muitas histórias. É um singular que pode eclipsar descontinuidades, reviravoltas, reinvenções, adaptações e assimetrias. Mas então, por que empregá-la? Por que recorrer a uma fórmula que oferece tamanho risco de obstrução ao pensamento? Descartá-la não é lucro para um estudo sobre a Idade Média? Sei que as perguntas são repetitivas. Longe de mim exasperar a paciência de quem, generosamente, me acompanhou até aqui. Mas fato é que mantê-las sempre por perto é a maneira que encontrei para não desviar do objetivo. A razão de ser deste capítulo não é delinear "a história" da violência viking. É nos fazer pensar sobre *uma similaridade qualitativa* que perpassava a vasta galáxia de ocorrências envolvendo cristãos e vikings. Há uma unidade histórica em meio a tantos episódios. Falar em "violência viking", assim, no singular, é uma tentativa de evidenciar *um traço relevante* sobre o passado. Descartá-la, portanto, seria prejuízo. Seria renunciar a um recurso intelectual útil, uma promissora fonte para o pensamento a respeito da unidade na condição humana.

Uma unidade que foi escrita com um fio de sangue.

4 Uma visão aterradora

No dia 6 de abril de 839, emissários do rei de Wessex, Æthelwulf, alcançaram a comitiva imperial enquanto ela regressava do palácio real de Bodman (nas proximidades da atual Friburgo, sul da Alemanha) para a Frância.[50] Segundo os *Anais de Saint Bertin*, os

---

50. BÖHMER, Johann Friedrich. *Regesta Imperii. I Die Regesten des Kaiserreichs unter den Karolingern, 751-918*. Innsbruck: Verlag der Wagner'schen Universitäts-Buchhandlung, 1908, p. 403. Embora indicada com precisão, a cronologia é duvidosa. O episódio a seguir talvez tenha por referência uma peregrinação monárquica a Roma que ocorreu mais de uma década depois, em 855. Cf. IRVINE, Susan (Ed.). *The Anglo-Saxon Chronicle...*, p. 47; O'KEEFFE, Katherine O'Brien (Ed.). *The Anglo-Saxon Chronicle...*, p. 56; WHITELOCK, Dorothy; DOUGLAS, David C.; TUCKER, Susie I. (Ed.). The Anglo-Saxon Chronicle..., p. 43;

enviados solicitaram ao Imperador Luís permissão para que seu senhor cruzasse a terra dos francos em peregrinação até Roma. Como havia longo histórico de contatos entre a Frância e Wessex, é provável que outros assuntos sensíveis tenham sido tratados. É ainda mais provável por tratar-se de Æthelwulf. Coroado naquele ano, ele concebia a realeza de modo análogo aos carolíngios: como a autoridade obedecida por múltiplos reinos, cujos tronos seriam distribuídos no interior de sua família e conservados com o consentimento de elites diversas.[51] É plausível que houvesse muito o que ser deliberado entre os poderes hegemônicos ao redor do Canal da Mancha. Provável, mas quimérico. A suposição flutua no vazio. O registro do encontro foi dedicado a uma notícia aterradora. Além de solicitar permissão de passagem para um peregrino coroado, os emissários foram encarregados de relatar minuciosamente o caso a seguir.

Aconteceu pouco depois do Natal. Um clérigo da terra dos saxões, homem devoto, teve uma visão após ter sido transportado para fora do próprio corpo. Certa noite, "quando o presbítero piedoso dormia, um homem veio e disse-lhe que o seguisse". Sem revelar a identidade, o guia o levou para uma terra desconhecida, cuja paisagem estava tomada por edificações maravilhosas, entre as quais, uma igreja. Eles entraram no santuário e "lá ele viu muitos meninos lendo". O religioso, então, aproximou-se "o suficiente para poder ver o que estavam lendo" e notou algo assustador nos livros. "Eram escritos não somente com letras pretas, mas também letras de sangue, [...] compostos de tal maneira que uma linha era formada por letras pretas, a seguinte, de letras de san-

---

51. KEYNES, Simon. The West Saxon Charters of King Æthelwulf and his sons. *English Historical Review*, vol. 109, 1994, p. 1.109-1.149; NELSON, Janet. The Franks and the English in the Ninth Century reconsidered. In: SZARMACH, Paul E.; ROSENTHAL, Joel T. (Ed.). *The Preservation and Transmission of Anglo-Saxon Culture*: selected papers from the 1991. Meeting of the International Society of Anglo-Saxonists. Kalamazoo: Western Michigan University, 1997, p. 141-158.

gue". O sacerdote, então, virou-se para o guia e perguntou por que aquelas páginas haviam sido escritas assim. "As linhas de sangue que podes ver nesses livros", respondeu o companheiro de viagem, "são todos os diversos pecados do povo cristão, [...] e esses meninos, que se movem por aqui como se estivessem lendo, são as almas dos santos que pranteiam todos os dias sobre os pecados e crimes dos cristãos e intercedem por eles, para que possam [...] se arrepender um dia". O guia continuou, como se quebrasse o código simbólico da visão e revelasse seu sentido prático: "tu recordarás que neste mesmo ano, frutos surgiram em abundância na terra e sobre as árvores e vinhas também, mas, por causa dos pecados dos homens, a maior parte dos frutos pereceu sem ter sido empregada para consumo ou utilidade humana". E havia mais. Os livros espirituais guardavam o futuro, não só o presente: "se os homens cristãos não cumprirem, rapidamente, penitência por seus numerosos crimes [...], um desastre imenso e esmagador virá sobre eles". Um desastre conhecido: "por três dias e [três] noites uma neblina muito densa cobrirá sua terra e então, subitamente, homens pagãos surgirão em imensa multidão de barcos, virão sobre eles e devastarão a ferro e fogo a maior parte do povo e da terra dos cristãos com tudo aquilo que possuem".[52] Tal como as linhas pretas e vermelhas, que se alternavam na leitura dos santos, as circunstâncias mudariam para os mortais negligentes quanto aos próprios pecados. A mudança surgiria do mar. Quando os vikings desembarcassem nos litorais cristãos, a promessa seria cumprida. Seria o início do momento em que Deus se encarregava de narrar a vida em letras de sangue.

No ano seguinte, 840, Æthelwulf foi vencido em batalha por guerreiros despejados por trinta e cinco embarcações danesas sobre o litoral da *Britannia*. Aparentemente – as informações são va-

---

52. ANNALES BERTINIANNI. MGH SS Rer. Germ. 5, p. 18-19.

gas –, o exército dos invasores permaneceu na ilha por cinco anos, até ser vencido por uma coalisão de magnatas e bispos saxões em uma "grande matança" nas proximidades do Monte Parret.[53] Prudêncio sabia desse desfecho quando compôs o relato sobre a visão terrível. O bispo, portanto, não praticava a arte da previsão ao escrever, mas a ilusão da onisciência retrospectiva. Escrevendo e reescrevendo os *Anais de Saint Bertin* anos após o episódio, ele conhecia a constante alternância da fortuna militar dos cristãos.[54] Narrada muito tempo depois de 839, a história sobre a advertência transmitida ao padre piedoso durante a viagem espiritual era uma tentativa de conferir significado a traumas já vividos. O revezamento entre letras pretas e de sangue representava a intermitência febril entre vitória e derrota, a alternância entre segurança e violação. Situar a revelação no ano de 839 era uma maneira de não perder o verbo perante tão dura realidade, de atribuir sentido à inconstância que caracterizou o poder dos cristãos nos anos seguintes. E não só do outro lado do Canal, não só na *Britannia*. Recordemos que a visão foi especialmente endereçada ao imperador. Aquela também era a realidade dos francos. A expressão "homens cristãos" lhes dizia respeito. Eles sofreriam "um desastre imenso e esmagador" quando os pagãos devastassem suas terras "a ferro e fogo". Por anos sua história também seria escrita em letras de sangue. Nem tudo, no entanto, está dito.

---

53. IRVINE, Susan (Ed.). *The Anglo-Saxon Chronicle...*, p. 46; O'KEEFFE, Katherine O'Brien (Ed.). *The Anglo-Saxon Chronicle...*, p. 54; WHITELOCK, Dorothy; DOUGLAS, David C.; TUCKER, Susie I. (Ed.). *The Anglo-Saxon Chronicle...*, p. 42.

54. Prudêncio menciona a batalha como tendo ocorrido em 844. Quando a leitura alcança sua descrição do combate, nota-se outro forte indício sobre uma vinculação teleológica entre a visão e os acontecimentos posteriores: a batalha teria durado três dias, o que corresponde aos três dias de "densa neblina", isto é, de indefinição sobre o resultado: ANNALES BERTINIANNI. MGH SS Rer. Germ. 5, p. 31-32.

5 Concorrentes políticos em pele de predador

No início dos anos 840, os desembarques vikings ocorreram simultaneamente na *Britannia* e no continente – em mais um caso emblemático de que as invasões raramente consistiam em temporadas de ação de um mesmo segmento populacional ou irradiadas a partir da mesma localidade. Em 840, no mesmo ano que a coroa concedeu o mosteiro de Turholt ao guerreiro chamado Ragnar – o que sugere que o danês tenha se instalado na região da Flandres como "homem do rei Carlos"[55] – a corte ainda lidava com a urgência para defender a Frísia, onde piratas daneses "impuseram um grande sofrimento em nossas fronteiras".[56] Não custa insistir: conciliadora e repressora, a realeza carolíngia encontrava tanto aliados quanto inimigos, vassalos *e* piratas entre os daneses.

Entre maio e junho do ano seguinte, enquanto a guerra civil atraía as elites francas para uma manhã de junho em Fontenoy, os normandos capturaram Rouen, atearam fogo à cidade e em mosteiros à margem do Sena; outras casas religiosas foram poupadas após pagamento de resgates a Oskar, líder do grupo.[57] A negociação novamente entremeava a destruição. Em uma manhã de 842, uma frota normanda "realizou um ataque surpresa [...] ao *emporium* chamado Quentovic, pilhou-o e devastou-o, capturando ou massacrando os habitantes de ambos os sexos". O relato continua. Os invasores "nada deixaram, exceto aquelas edificações que foram pagos para

---

55. RIMBERTO. Vita Anskarii. MGH SS. Rer. Germ. 55, p. 46-47, 71.
56. ANNALES BERTINIANNI. MGH SS Rer. Germ. 5, p. 22-23.
57. FRAGMENTUM CHRONICI FONTANELLENSIS. MGH SS. 2, p. 301; CHRONICON FONTANELLENSE. In: LAPORTE, Jean (Ed.). *Société de l'histoire de Normandie...*, p. 74-75; ANNALES BERTINIANNI. MGH SS Rer. Germ. 5, p. 25-26; CHRONICON FANI SANCTI NEOTI. In: STEVENSON, William Henry (Ed.). *Asser's Life of King Alfred...*, p. 131; EMENTÁRIO. *De translationibus et miraculis sancti Filiberti...*, p. 61.

poupar".[58] A alguns quilômetros da devastação, Lotário, primogênito e sucessor imperial, aliava-se a grupos normandos em uma tentativa para recompor forças após a insustentável derrota para os irmãos em Fontenoy. Concedeu terras, delegou o domínio sobre populações cristãs e anunciou a permissão para que seus novos protegidos saqueassem outras regiões. Rouen foi, então, novamente atacada: teriam sido os homens do imperador cristão?[59]

No ano seguinte, Nantes caiu em poder de "piratas normandos". O bispo foi morto durante a invasão e incontáveis outros foram transformados em escravos.[60] Em 844, "os normandos velejaram pelo Garona a pontos tão distantes quanto Toulouse, provocando destruição em toda parte".[61] Já no ano seguinte, os ataques atingiram escala ainda maior. Liderados por Ragnar – o mesmo que recebera um mosteiro em troca de lealdade ao rei –, cento e vinte navios sitiaram Paris após capturar Rouen. Carlos tentou opor resistência ao antigo cliente, mas "constatou que seus homens não poderiam vencer e, então, propôs um acordo: entregando 7.000 libras [de prata] como tributo, os impediu de avançar ainda mais e os conven-

---

58. ANNALES BERTINIANNI. MGH SS Rer. Germ. 5, p. 28. Cf. ainda: CHRONICON FANI SANCTI NEOTI. In: STEVENSON, William Henry (Ed.). *Asser's Life of King Alfred...*, p. 131.

59. NITARDO. *Historiarum Libri Qvattvor...*, p. 40; ANNALES ROTOMAGENSIS. MGH SS 26, p. 494.

60. ANNALES BERTINIANNI. MGH SS Rer. Germ. 5, p. 29. Menção: ANNALES ENGOLISMENSES. MGH SS 16, p. 486; FRAGMENTUM CHRONICI FONTANELLENSIS. MGH SS. 2, p. 302; CHRONICON NAMNETENSE. In: MERLET, René (Ed.). *La Chronique de Nantes...*, p. 12-16. Cf. ainda o capítulo 2 deste livro, onde o caso é discutido mais detidamente.

61. ANNALES BERTINIANNI. MGH SS Rer. Germ. 5, p. 31-32; EMENTÁRIO. *De translationibus et miraculis sancti Filiberti...*, p. 61; ADREVALDO DE FLEURY. Miraculis Sancti Benedicti. MGH SS 15/1, p. 494; CHRONICON SANCTI MAXENTII PICTAVENSIS. In: MARCHEGAY, Paul; MABILLE, Émille (Ed.). *Chroniques des Églises d'Anjou...*, p. 364-365.

ceu a partir".[62] Cifra pesada e amarga para os padrões carolíngios. Vinte vezes maior que o tributo anual já cobrado pelos francos aos duques de Benevento; cento e quarenta vezes maior do que o pagamento outrora exigido dos bretões todos os anos. O pagamento parecia trair a autoridade como gesto típico de quem se assumia subordinado, agindo como cliente de uma força vitoriosa. Após o triunfo do "príncipe Ragnar" – assim ele é designado nos *Milagres de Saint Riquier* –, os ataques prosseguiram. Grandes forças alcançaram Toulouse, Bordeaux, e Melle até 850, quando ocorre uma queda momentânea na escala das incursões, em razão de uma guerra civil que eclodiu entre os daneses.[63]

Entre 840 e 850, os francos se depararam com ataques organizados, imprevisíveis e que abrangiam um arco geográfico impossível de ser defendido. Seria esse o "desastre imenso e esmagador" que caiu sobre os francos? Uma década de destruição caótica? Não. Os ataques foram, de fato, numerosos e sucessivos, mas não eram esmagadores, tampouco caóticos ou dispersos. Havia um padrão tático de conquista, não meramente de incursões predatórias, destinadas a arruinar o Império e fazê-lo rolar para o precipício do

---

62. ANNALES BERTINIANNI. MGH SS Rer. Germ. 5, p. 32-33.

63. Quanto à caracterização do tributo como substrato de uma relação política, deriva de um desdobramento da leitura da muito persuasiva abordagem de Timothy Reuter, especialmente no trecho que traduzo a seguir: "*O tributo era, na prática, pilhagem institucionalizada, para o destinatário era particularmente atraente porque a vítima pilha-se a si mesma. Os pagamentos podem ter expressado ou ocultado sujeição e dependência, mas foram em primeira instância pagamentos. As coisas preciosas que circulavam como tributo, saque e presentes tinham uma função política vital [...]: serviam para criar e fortalecer relações políticas, para determinar o poder militar e, portanto, político*". Cf. REUTER, Timothy. *Medieval Polities & Modern Mentalities*..., p. 243. Para as passagens documentais citadas no parágrafo: ANNALES XANTENSES. MGH SS. Rer. Germ. 12, p. 15-17; ANNALES BERTINIANNI. MGH SS Rer. Germ. 5, p. 35-38; ANNALES FULDENSES. MGH SS Rer. Germ. 7, p. 38-41; ANNALES ENGOLISMENSES. MGH SS 16, p. 486; CHRONICON FONTANELLENSE. In: LAPORTE, Jean (Ed.). *Société de l'Histoire de Normandie*..., p. 80-81; FRAGMENTUM CHRONICI FONTANELLENSIS. MGH SS. 2, p. 303; MIRACULA SANCIT MARTIALIS. MGH SS 15/1, p. 282.

tempo. As sucessivas incursões estavam unidas por uma lógica, uma racionalidade que não escapou ao próprio Prudêncio (o mesmo que redigiu a história sobre os livros espirituais e as letras de sangue). Ele, contudo, a registrou nos *Anais de Saint Bertin* implicitamente, de maneira tácita, silenciosa.

Observe-se a lista de cidades mencionadas: Rouen, Quentovic, Nantes, Toulouse, Paris, Bordeaux e Melle. À primeira vista, uma relação de alvos aleatórios, esparramados por mais de mil e duzentos quilômetros de norte a sul da Gália, desde o Canal da Mancha até o limiar dos Pirineus. Mas havia algo comum a todas elas: eram centros de cunhagem de moeda. Na realidade, todas eram sedes onde Carlos II fabricava moedas de prata. Esse é o critério por trás da memória do Bispo Prudêncio, que nomeava as cidades atacadas em função de sua *relevância política*. As localidades mencionadas são aquelas em que a realeza perdeu o controle momentâneo sobre uma prerrogativa ancestral – a cunhagem de moedas –, não necessariamente em que a destruição foi maior, as mortes, mais numerosas ou o saque arrebatou as maiores riquezas. As localidades eram visadas segundo uma lógica maior do que a simples pilhagem. Uma lógica que incluía a acumulação de glórias e riquezas, mas a extrapolava. Um caso emblemático é a menção a Melle, ao qual me atenho no parágrafo seguinte.

Em 848, após incendiar uma localidade populosa como Bordeaux, a maior ao sul da Gália, os "normandos devastaram a cidadezinha de Melle". Não desviemos a atenção. Olhos fixos sobre o pormenor. Prudêncio se referia a Bordeaux como uma *urbs*, "cidade", e a Melle, como *vicus*. Esse nome tem aplicações elásticas. Ele pode significar "aldeia", "vila", "entreposto", "povoamento" ou "distrito".[64] Mas isto é certo: trata-se de um nome para uma formação

---

64. NIERMEYER, Jan Frederik. *Mediae Latinitatis Lexicon Minus*. Leiden: Brill, 1976, p. 1.097-1.098.

demográfica de porte muito menor que o de uma cidade. O que suscita dúvidas. Prudêncio era informado sobre cada "cidadezinha" destruída nas invasões? Se a resposta for sim, por que ele não citou outras? Por que essa única menção nos *Anais de Saint Bertin*? E um questionamento ainda mais importante: por que vikings direcionariam uma incursão até uma "cidadezinha"? Seria um alvo promissor, relevante? Sim, seria, se algo particularizasse essa localidade – como era o caso. Melle era uma vila diretamente associada à riqueza e ao poder dos francos. Aliás, antes de continuar, um comentário. Foi precisamente com tal significado (nomear a localidade onde a autoridade sobre os francos estava presente) que Prudêncio empregou a palavra *vicus* por duas outras vezes nos *Anais*: uma delas para se referir ao local onde os monarcas Carlos e Luís firmaram uma aliança; e, em outra passagem, para indicar a sepultura de um santo.[65] *Vicus* pode ter sido palavra trivial, termo corriqueiramente cabível a povoamentos diminutos, pequenos, ao punhado de almas isoladas da imensidão ao redor. Mas as motivações por trás de seu uso poderiam torná-la o nome para a concentração do poder em um único ponto. O termo, portanto, não é tecnicamente demográfico, mas também político e fiscal.

Prosseguindo. Melle foi, provavelmente, um povoado, mas era sede de exploração da maior mina de prata da Aquitânia. Era politicamente estratégica. Aí está o padrão que unia os numerosos grupos vikings que, a partir de 840, singravam por paisagens imperiais: as incursões tinham por alvo enclaves político-administrativos. Após décadas de contatos e conflitos com os francos, os escandinavos estavam familiarizados com a cartografia do poder carolíngio, conheciam, minimamente, a topografia dos alicerces do governo franco. Havia mais de meio século de interação regular; contatos

---

65. São duas referências à Liège em diferentes circunstâncias. ANNALES BERTINIANNI. MGH SS Rer. Germ. 5, p. 44, 50.

duradouros e efetivos contavam com gerações. Diferenças culturais sobressaíam, é verdade. Os contrastes entre condutas, crenças e aparências eram crescentemente enfatizados e fixados com parâmetros agudos. Estereótipos ganharam visibilidade, com rótulos como "tiranos", "pagãos" e "adoradores do demônio" conjugando a certeza de que as diferenças eram a linha divisória entre uma humanidade plena e outra "bárbara". Essa consciência aguçada quanto às diferenças, no entanto, é outra evidência da *fronteira como interação* – não como distância. Os contatos afetavam a percepção de si e do outro, o que, por sua vez, pressionava os grupos para que enfatizassem critérios de distinção e sinais de identificação. Os estereótipos culturais não emergiam em razão de isolamento ou desconhecimento. Eram, ao contrário, efeito de um contato.

Portanto, à medida que a fronteira adquiria maior relevo, a proximidade histórica canalizava os estereótipos alimentados pela vida social, formados por aqueles contrastes que os sujeitos sociais consideravam significativos em função de contatos cada vez mais regulares.[66] As investidas vikings articulavam experiências e saberes acumulados décadas a fio. Logo, quando se trata de explicar a escala das incursões na virada entre os anos de 830 e 840 não parece ser suficiente uma caracterização como esta: "a guerra civil entre francos atraiu líderes guerreiros ambiciosos [...] em busca de dinheiro fácil".[67] Ou ainda: "foi a crescente instabilidade política na França desde o ano 830 que permitiu que os vikings se estabelecessem como mais do que meros incômodos e que ameaçassem por um tempo

---

66. Essa compreensão sobre a dinâmica social da fronteira serve-se de ideias e do vocabulário de Fredrick Barth, cf. BARTH, Fredrik. Grupos étnicos e suas fronteiras. In: POUTIGNAT, Phillippe; STREIFF-FENART, Jocelyn. *Teorias da Etnicidade*. São Paulo: Editora da UNESP, 1998, p. 185-228.

67. Tradução do autor, cf. NELSON, Janet. Anglo-Saxon England, c. 500-1066. In: SAUL, Nigel (Ed.). *The Oxford Illustrated History of Medieval England*. Oxford: Oxford University Press, 2000, p. 44.

derrotar toda a ordem política do noroeste da Europa".[68] A história com a qual me deparei é mais complexa do que isso.

6 Histórias conectadas

Como vimos no capítulo 3, as próprias elites francas descreviam os grupos vikings como predadores marítimos atraídos pela vulnerabilidade de um corpo social atormentado pela guerra civil. "O primeiro conflito surgiu entre os irmãos e, por fim, entre os grandes do reino; [...] guerras, horríveis como uma doença intestina, se acumularam. [...] o conflito encorajou os homens oriundos de fora [do Império]". Segundo o monge Ermentário, "em linguagem concisa", essa era a razão para a paz ter sido perdida após a morte do Imperador Luís, em 840. A discórdia dos herdeiros perturbou as lealdades aristocráticas, espatifando a união dos francos, que, tragados pelo caos, negligenciaram as fronteiras. Com as forças imperiais consumidas pela busca por uma "vitória lúgubre", um triunfo de cristãos sobre cristãos – o religioso prosseguia –, foi "abandonada a proteção dos litorais do mar oceano; as guerras [aos inimigos] externos cessaram, as guerras aos internos, grassaram; o número de navios se agigantou e cresceu [até chegar] a uma multidão de incontáveis normandos". O colorido das palavras era singular, mas o raciocínio tracejado por Ermentário era antigo e familiar. Cessada a justiça interna, o mal externo avança: a guerra civil teria sido a causa para que, "por toda parte, ocorressem massacres de cristãos, depredações, devastações, incêndios". Os ataques vikings eram o efeito colateral das instabilidades cristãs.[69] Alcuíno lhe daria razão.

---

68. Tradução do autor, cf. PARKER, Philip. *The Northmen's Fury*: a history of the Viking World. Londres: Vintage, 2014, p. 35.
69. ERMENTÁRIO. De translationibus et miraculis sancti Filiberti..., p. 60.

Se, por um lado, tal compreensão é um dado histórico relevante, que permite situar as invasões em cenários políticos dinâmicos e despi-las da imagem de forças externas de colapso, por outro, é igualmente convicção, discurso empenhado em designar prioridades ideológicas como fatos, reverti-los do *status* de "a realidade como ela é".[70] As incursões não eram o resultado de vácuos de poder. Sugerir que uma longa janela de oportunidades aberta por conflitos internos ao mundo franco *seja suficiente* para explicar o que impulsou as invasões é ignorar os indícios de que formam uma expansão *politicamente orientada*. As guerras civis carolíngias e as invasões ocorreram paralelamente e, como tal, estiveram correlacionadas. Elas repercutiram umas sobre as outras, afetaram-se mutuamente, mas não consistiram em causa-e-efeito. Foram realidades coordenadas, mas não subordinadas. São histórias entrelaçadas, conectadas: uma não é mero entreato da outra. Mesmo quando considerados estritamente sob a luz deformante das narrativas cristãs, os vikings possuem um perfil histórico mais complexo que o de "bandidos racionais".[71] Há numerosos sinais de que se trata de *concorrentes políticos dos carolíngios*.

Voltemos à trama da viagem espiritual do presbítero devoto. As menções a sangue são ali sinais dessa racionalidade política. Elas compõem uma metáfora que ensinava a compreender os eventos, a compará-los pela equiparação e a reconhecer a proeminência dos envolvidos. O simbolismo sangrento registra um arranjo específico para lidar com as situações envolvendo o contato entre cristãos e pagãos. A passagem dos anos tem a forma de livros lidos por santos,

---

70. Neste caso, as aspas não indicam citação ou transcrição, mas uma leve carga de ironia na formulação do texto. Sobre a argumentação desenvolvida, cf. FORTE, Angelo; ORAM, Richard; PEDERSEN, Frederik. *Viking Empires*. Cambridge: Cambridge University Press, 2005, p. 58-62.
71. KURRILD-KLITGAARD, Peter; SVENDSEN, Gert Tinggaard. Rational bandits: plunder, public goods, and the Vikings. *Public Choice*, vol. 117, 2003, p. 255-272.

enquanto os acontecimentos estão distribuídos em duas classes de elementos: há aqueles que são como linhas escritas com tinta preta, ou seja, habituais, tranquilizantes; e os que são como linhas formadas por letras ensanguentadas, inesperados e perturbadores. As classes de eventos se alternam em compasso estreito: "os livros estão escritos com uma linha preta, a seguinte, vermelha", consta no relato. As letras de sangue aludem às invasões vikings ocorridas após 840, as de tinta preta, à resistência cristã. Essa sequência alternada, contrastada, é uma experiência de comparação. Cujo desenrolar, que prossegue sem fim previsível – aberto e aparentemente inesgotável –, indica que o relato dos *Anais de Saint Bertin* era pautado por duas qualidades específicas: um, a equivalência; dois, a continuidade. As linhas ensanguentadas eram o modo de registrar que os "pagãos" retornavam continuamente a alvos do mesmo tipo, todos igualmente relevantes no interior da sociedade cristã: localidades de grande relevância política e administrativa. Afirmação que também ganha respaldo no conjunto documental como um todo.

As demais cidades mencionadas noutras fontes sobre os anos de 840 são Hamburgo, Dorestad, Limoges, Saintonge, Saintes e Périgueux. Todas eram centros governamentais relevantes. As três primeiras, sedes de cunhagem de moeda real. Embora não haja indícios sobre oficinas monetárias em Saintonge, Saintes e Périgueux nesse período, tratava-se de cidades estratégicas para o exercício do poder na Aquitânia. Em 845, após ser forçado em batalha a reconhecer o domínio do sobrinho, Pepino II, sobre a região, o rei Carlos reteve o controle sobre Saintonge e Saintes em meio às muitas concessões, provavelmente como contrapesos ao poder do rival.[72] Esse também

---

72. Talvez tenha sido um controle meramente nominal, uma vez que a evidência numismática indica que Pepino II cunhou moedas no Poitou – onde ficavam as duas cidades –, incluindo em Melle, tendo, portanto, exercido o poder em terras vinculadas à autoridade de Carlos. É plausível, portanto, que o controle nominal seja uma peça de propaganda, uma tentativa de preservar, minimamente, a reputação de um rei derrotado

foi o caso de Périgueux, cuja circunscrição civil era um enclave defensivo, um dos pontos nevrálgicos da organização militar franca na região.[73] De modo que a escolha do conde local seria, anos depois, tratada por Pepino como prioridade, outro movimento a ser realizado na duradoura competição com o tio.[74]

Aqui, façamos ponto. Algo deve ser notado com destaque. Os alvos visados pelos vikings eram *igualmente disputados entre os francos*. O inventário de lugares saqueados e incendiados pelos nórdicos possuía larga intercessão com a lista de localidades que os carolíngios tentavam subtrair uns aos outros, cujo controle era alvo de contendas renhidas. O denominador comum incluiria muito mais do que as cidades da Aquitânia. Paris, Rouen e Troyes foram motivo para constantes mobilizações de alianças e guerreiros por parte de Carlos, que agia para impedir que caíssem em poder dos vikings tanto quanto dos vassalos imperiais. Luís e Lotário concorreram pelo controle dos "empórios" comerciais da Frísia, sobretudo Dorestad, na mesma época em que a região era devastada pelos homens do "rei dos daneses". No período em que os normandos atearam fogo em Nantes, Orléans, Tours e Angers, sombreando o leito do Loire, as cidades que fumegaram à margem do rio foram palco da já mencionada luta entre Carlos e Pepino pela coroa da Aquitânia, além de uma espiral de conflitos envolvendo líderes bretões e da revolta liderada pelo conde de Anjou. Amiens, Le Mans, Arras, Colônia,

---

em batalha por um sobrinho rebelado. Ainda assim, o caso ilustra a importância das cidades: seu eventual simbolismo era lastreado pela real condição de centros de poder. Cf. COUPLAND, Simon. *Carolingian Coinage and the Vikings*: Studies on Power and Trade in the 9th century. Aldershot: Ashgate, 2007, (VIII) p. 202.

73. BOYER, Jean-François. Les circonscriptions civiles carolingiénnes à travers l'exemple Limousin. *Cahiers de Civilisation Médiévale*, vol. 39, n. 155, 1996, p. 235-261.

74. AUZIAS, Léonce. *L'Aquitaine carolingienne, 778-987*. Toulouse: Édouard Privat; Paris: Henri Didier, 1937, p. 233; RICHE, Pierre. *The Carolingians*: a family who forged Europe. Philadelphia: University of Pennsylvania Press, 1993, p. 192-193.

Liége, Toulouse, Vienne, Blois: a lista prossegue. A intercessão entre as rivalidades carolíngias e as incursões vikings é extensa.[75]

A proeminência dos nórdicos como atores políticos imperiais consta nas narrativas como sinais marginais, talvez triviais para o olhar moderno. Quando os *Milagres de Saint Riquier* os caracterizaram como homens cuja "natureza os leva a transgredir o direito e, por afeição piedosa, cometer homicídios sangrentos", uma avaliação política foi fixada.[76] A expressão "homicídios sangrentos" não é redundância, mera repetição provocada pela exaltação daquele que narra. É o código cultural para uma mensagem específica, o sinal deixado por uma certeza: o direito *dos reis* está em disputa. Alguns homicídios eram mais preocupantes, pois repercutiam longe, revolvendo os alicerces da sociedade ao provocar prejuízos diretos ao poder para dispor e possuir. Ideologicamente, nem todos sangravam. Como tentei demonstrar ao longo do capítulo anterior, a pena eclesiástica tornava-se mais sensível à presença do líquido vital quando a capacidade de governar era ameaçada. Sinal trivial, posicionamento cabal.

Em 860, uma parcela dos grupos vikings que haviam se retirado do vale do Somme após negociações e trocas de reféns com o rei Carlos retornou ao continente. Os *Milagres de Saint Bertin* narraram assim o episódio: os normandos traíram a "amizade" do rei e, "de acordo com seu costume, tendo fingido como cães, que quanto mais provocados, mais atacam", regressaram "sedentos por sangue, famintos por saquear, ávidos por dinheiro e acostumados ao roubo".[77] Tal lista de predicados é uma galeria dos efeitos da deslealdade. A violação da amizade monárquica é a transgressão que provoca transgressões; primeiro motor de uma sucessão de vícios, entre os

---

75. Cf. NELSON, Janet. *Charles The Bald...*, p. 94-95, 131-133, 154-180.
76. MIRACULA SANCTI RICHARII. *Acta Sanctorum*, Aprilis Tomo 3, p. 453; CARMINA CENTULENSIA. MGH PLAC 3, p. 345.
77. MIRACULA SANCTI BERTINI. MGH SS 15/1, p. 509.

quais uma ânsia por sangue. Como tal, a sede sanguinária é a marca de uma degeneração política que precede (e provoca) o ataque. Na frase, "sangue" é o nome para uma brutalidade singular, uma letalidade de tipo específico: que decorria da quebra da palavra empenhada ao monarca. Tipo eminentemente jurídico, já que a formulação as classifica como ilegais, tão ilícitas quanto o roubo. Pode-se arriscar que a frase é fragmento de uma convicção maior. Que destruição e mortandade entravam no mundo de muitas maneiras, mas deveriam ser vistas como verdadeiramente ilegítimas, inquestionavelmente injustas, quando decorressem de traição à boa-fé jurada nas mãos do detentor da coroa. "Sedento por sangue" possui aí os traços de uma fórmula a serviço de uma opinião: não há tipo social pior do que o desertor da autoridade legítima.

A associação entre sangue e violação do governo reaparece nos escritos do bispo de Meaux, Hildegário. Aos seus olhos, os ataques de 862 ao vale do Sena moviam-se por brechas abertas pela indolência. Na realidade, a palavra empregada foi outra: *infidelitas*, "traição". O termo era incisivo, mas a acusação era vaga. O bispo não aponta o dedo, não identifica o traidor. A palavra, no entanto, consta em uma passagem em que o rei Carlos é virulentamente criticado como incapaz de proteger o reino do "mal novamente vomitado pelo mar"; como aquele cuja impotência o obrigava a render ouro e prata à "multidão de normandos". Talvez Hildegário estivesse convencido por uma versão indizível. Que o rei havia sido calculadamente omisso. Que tivesse permitido livre passagem aos saqueadores para devastarem Meaux porque a cidade era epicentro da rebelião deflagrada pelo próprio filho naquele mesmo ano. Acaso o monarca teria encarado a violência pagã como força útil à manutenção da coroa cristã? Historicamente, é difícil ir além da pergunta.[78]

---

78. HILDEGÁRIO. Vita Faronis. MGH SS rer. Merov. 5, p. 201. Cf. ainda: NELSON, Janet. Charles The Bald..., p. 204-206.

Seja como for, o bispo afirma que os normandos navegaram com avidez incomum. "Espoliando proprietários com a espada ensanguentada e o fogo ardente", eles ocuparam a cidade ao cair da noite e, em seguida, atearam fogo. O mosteiro de São Faro foi poupado por milagre – afirmação que pode ocultar o pagamento de um resgate. "O clamor tomou miseravelmente as casas e muitas ruas da cidade e", disse o bispo, "com sangue humano, eles macularam igrejas outrora veneradas, contaminando tudo que encontravam". A cena é comovente: os invasores teriam deixado a cidade arruinada, tomada pelas chamas e por gemidos ensurdecedores, que pulsavam sobre ruas e telhados.[79] Mas o sangue que escorre pela lâmina pagã é tanto uma imagem de perdas humanas quanto de um desvio político. Melhor dizendo, trata-se de um simbolismo do *desvio político como perdas humanas*. Há sangue em função de um julgamento: a cidade de Meaux foi traída e, com ela, seu bispo – o próprio narrador. Ao evocar o derramamento de sangue, nódoa que desfigurou igrejas e manchou tudo o que tocou, o relato classificou o saque como uma abolição momentânea do governo cristão. As passagens sobre a destruição voluntária e os sofrimentos infligidos dão forma a um vívido protesto contra a quebra do pertencimento ao reino franco. Nessa versão, as violências que habitualmente marcavam um saque (os incêndios, as agressões e o morticínio de populações locais) ambientam outra violência, a violação que o narrador considerou ainda maior: a alienação política de uma cidade cristã, convertida em espaço não franco pela indolência do monarca.

Quer fosse narrado como as letras de um livro espiritual ou o brilho viscoso sobre a lâmina da espada, *sangue* era um nome que

---

79. HILDEGÁRIO. Vita Faronis. MGH SS rer. Merov. 5, p. 201-202. HINCMAR. Epístola 23. PL 126, col. 153-154. Sobre a possível trama do emprego de vikings por parte de Carlos contra o filho rebelado, cf. RIESS, Frank. From Aachen to Al-Andalus: the journey of Deacon Bodo (823-876). *Early Medieval Europe*, vol. 13, n. 2, 2005, p. 131-157, especificamente, a nota 34 na página 153.

assinalava uma concorrência política. E este é um dado recorrente para todo o período que vai de 830 a 860.

7 Acreditai no sangue, temei a autoridade

Era manhã do dia 15 de agosto de 862. Em Thérouanne, antiga cidade romana no extremo norte da Gália, um escravo preparava o traje que seu senhor, um cidadão local, usaria durante as festividades da Assunção de Maria. Ele havia cuidado de tudo. Restava a camisa de linho, que deveria ser passada para que "seu senhor a usasse quando fosse à missa". Contudo, assim "que ele começou a passar [a ferro], a vestimenta foi marcada por sangue". A cena se repetiu a cada movimento. "Toda vez que o escravo passava [o ferro], seguia-se sangue, até que todo o restante da vestimenta foi contaminado com sangue". A notícia correu de boca em boca até chegar "ao venerável Bispo Unifredo". O eclesiástico imediatamente "fez com que a camisa fosse trazida até ele e a conservou na igreja como testemunho [do milagre]". E, "uma vez que a festividade não havia sido celebrada pelos habitantes da diocese", Unifredo "ordenou que a solene ocasião fosse então celebrada e observada com a devida honra por todos e a manteve com reverência".[80] A Virgem, enfim, foi adequadamente festejada.

Essa história prodigiosa foi registrada por Hincmar, arcebispo de Reims. De modo geral, é atribuída à devoção mariana do narrador. O episódio moralizante seria uma breve pregação, um

---

80. ANNALES BERTINIANNI. MGH SS Rer. Germ. 5, p. 57-59. Na tradução inglesa, Janet Nelson optou por traduzir *mancipium* – cujo gênero é neutro – por "escrava". Cf. ANAIS DE SAINT-BERTAIN. In: NELSON, Janet L. (Ed.). *The Annals of St-Bertin...* p. 101. Por sua vez, Charles Mériaux traduziu o verbo *levigare*, por "lavar". Optei por "passar à ferro", uma vez que o verbo parece, sobremaneira, associado a polir, suavizar, tornar plano ou tratar com leveza. Cf. MÉRIAUX, Charles. Thérouanne et son diocèse jusqu'à la fin de l'époque carolingienne: les étapes de la christianisation d'après les sources écrites. *Bibliothèque de l'École des Chartes*, vol. 158, n. 2, 2000, p. 377-406.

esforço pontual do arcebispo para promover o culto à Virgem.[81] O desfecho do enredo é incisivo em caracterizar a festividade como um dever cívico. No entanto, há algo intrigante nessa trama concisa, quase irretocável de tão compacta. Quem é o pecador que provoca a reação ensanguentada das forças espirituais? Não é o escravo, que cumpre monotonamente a obrigação doméstica. Também não é "seu senhor", personagem então mencionado na iminência de uma conduta exemplar: ir à missa. Unifredo é aí um pastor sublime. Ele não hesita um instante sequer. Sem vacilar, é ele quem toma a iniciativa para salvaguardar o objeto sagrado e expô-lo publicamente. E é graças a ele que se descobre a identidade do infrator ao final do relato: "todos". Aí está o culpado por não observar, com a devida reverência, a solenidade em honra à Virgem. A constatação, porém, não afugenta a mosca da dúvida que pousou sobre esta leitura. Pois nos vemos na presença de um vulto. Um pecador indefinido, sujeito indeterminado. O próprio relato embaça a silhueta desse personagem. Afinal, como pode se tratar de "todos" se os personagens que aparecem são figuras exemplares, ciosas, inteiramente dedicadas aos preparativos da festividade? Que totalidade era essa que, efetivamente, não incluía todos os habitantes da cidade? Como a negligência narrada pode ser uma responsabilidade de todos e não dizer respeito a todos? O zunido da mosca permanece.

Há uma tensão invulgar nessa pequenina história. Relatos assim jogavam luz sobre o pecador, exibiam o erro em pessoa, como um personagem que, amiúde, ocupava o lugar de referência central. Personalizar falha e culpa era uma espécie de modelo da instrução pastoral.[82] Todavia, na trama, tudo o que há é um pronome indefi-

---

81. DEVISSE, Jean. *Hincmar, archevéque de Reims, 845-882*. Genebra: Droz, 1976, 3 vol., p. 916.
82. Sobre o parâmetro adotado para caracterização do discurso pastoral: ROMIG, Andrew. *Be a Perfect Man*: Christian masculinity and the Carolingian aristocracy. Philadel-

nido: *omnibus*, "todos". Em uma história de personagens precisos, o transgressor é uma figura opaca, oblíqua; já a transgressão é ruidosa, pungente, indiscutivelmente grave, tendo em vista ter feito minar sangue. Muito sangue. Um erro terrível que não deixou pegadas de culpabilidade. Não há quem culpar. O zunido cresce. Como explicar essa tensão? Algo reverbera entre as linhas da história composta por Hincmar. O que o sangue representa? Ele é sinal de advertência sobre algo inquietante, alguma coisa a ser temida e evitada por uma comunidade cristã. Mas o quê? Terá havido uma ocorrência que corresponda à importância do signo e desvele uma coerência implícita nessas linhas? Algo que amarre o sentido dessa história de modo mais coerente do que a negligência de sabe-se lá quem em relação às festividades locais? Vejamos.

A história se passa em agosto de 862. Isso significa pouco mais de um ano após a cidade ter sido incendiada por daneses. Provavelmente, ela caiu em poder dos homens de Weiland. Caso tenha sido assim, o lugar foi atacado por uma força inimiga numerosa, que preenchia dezenas e dezenas de embarcações – "200 navios", segundo Hincmar.[83] Seria essa a referência? Acaso o sangue representava a escala catastrófica da destruição sofrida? Isso explicaria por que as festividades foram revestidas de um caráter compulsório: talvez elas tenham sido transformadas em uma modalidade de reconstrução de uma coletividade destroçada. A celebração seria uma etapa de luto, de superação e retomada da vida comum por parte de uma comunidade abatida, vergada pela perda. Como tal, um imperativo a

---

phia: University of Philadelphia Press, 2017; BROOKER, Courtney. Hypocrisy, performativity, and the Carolingian pursuit of truth. *Early Medieval Europe*, vol. 26, n. 2, 2018, p. 174-202; KRAMER, Rutger. *Rethinking Authority in the Carolingian Empire*. Ideals and expectations during the reign of Louis the Pious (813-828). Amsterdam: Amsterdam University Press, 2019; HEYDEMANN, Gerda. The People of God and the Law: biblical models in Carolingian legislation. *Speculum*, vol. 95, n. 1, 2020, p. 89-131.

83. ANNALES BERTINIANNI. MGH SS Rer. Germ. 5, p. 54-56.

ser rigidamente cumprido, sem exceções ou deslizes; obrigação que não admitiria distinções, a ser acatada "por todos". Uma hipótese possível, mas difícil de ser sustentada.

A imagem de rito de regeneração carece de embasamento. Em primeiro lugar, não há vestígio de destruição catastrófica na própria história. Na realidade, as menções à igreja e à exposição pública da camisa ensanguentada são indícios de preservação patrimonial e de normalidade. O santuário estava de pé, contava com uma cúpula clerical atuante e era regularmente utilizado mesmo após o ataque. O incêndio, ao que parece, não arruinou o espaço urbano, não acarretou danos extensos à igreja e ao clero. Em segundo lugar, essa não foi a primeira vez nem a última que os normandos passaram a cidade "a ferro e fogo". Thérouanne foi atacada em 850, 879, 881.[84] As descrições de devastação são igualmente sumárias em todos esses casos, incluindo o de 861, pano de fundo que precede e ambienta a história contada por Hincmar. E não percamos de vista algo igualmente importante: não há associações entre sangue e desembarque escandinavo nos registros sobre cada um dos ataques. Os relatos são equiparáveis, equivalentes quanto à seriedade dos danos sofridos – que não teriam atingido uma "escala sanguinária". A violência viking, por conseguinte, não parece ter sido excepcional em 861. A sugestão de uma destruição sem igual imposta pelos nórdicos como a ocorrência milagrosamente corrigida se mostra problemática. Se a camisa empapada de sangue era um sinal de regeneração da cidade

---

84. ANNALES BERTINIANNI. MGH SS Rer. Germ. 5, p. 38, 54-56; ANNALES FULDENSES. MGH SS Rer. Germ. 7, p. 41; ANNALES XANTENSES. MGH SS. Rer. Germ. 12, p. 17; FRAGMENTUM CHRONICI FONTANELLENSIS. MGH SS. 2, p. 303; EMENTÁRIO. *De translationibus et miraculis sancti Filiberti*…, p. 61; CHRONICON FONTANELLENSE. In: LAPORTE, Jean (Ed.). *Société de l'Histoire de Normandie*…, p. 85; HILDEGÁRIO. Vita Faronis. MGH SS rer. Merov. 5, p. 201; ANNALES VEDASTINI. MGH SS Rer. Germ. 12, p. 44-46, 61-62; HARIULFO. *Chronique de l'Abbaye de Saint Riquier*…, p. 140-142; ASSER. De Rebus Gestis Aelfridi. In: STEVENSON, William Henry (Ed.). *Asser's Life of King Alfred*…, p, 48.

de um mal singular, é preciso buscá-lo noutra parte. Nossa busca segue aberta. Adiante.

Acaso se trata de um discurso contra a heresia? A superstição, talvez? Seria aquela história o exercício moralizante sobre a ameaça da descrença ou do paganismo? Eis uma possibilidade persuasiva. Afinal, há séculos tais temas funcionavam como alavancas que acionavam a recordação de proezas sagradas por parte do clero latino. Vejamos por esse ângulo. Thérouanne era diocese antiga, fundada há mais de duzentos anos e que contava com dois centros religiosos com prestígio e patrimônio crescentes nas últimas décadas: a comunidade de monges de Saint Bertin e a congregação de cônegos de Saint Omer.[85] Não há registros de acusações de heresia ou dissidências doutrinárias envolvendo a população local. Não me deparei com um histórico recente de resistência ou oposição à autoridade eclesiástica. Portanto, a resposta para a dúvida que nos intriga não parece dizer respeito à diocese ou aos cidadãos. O viking, o escravo e seu senhor estão, portanto, descartados.

Olhemos, então, para outra direção. Miremos o personagem que resta: o bispo. Há muito pouco sobre Unifredo. Sabe-se que havia sido monge. Após viver por muitos anos na abadia de Prüm, ele assumiu o bispado em 856.[86] Logo, o ataque de 861 foi o primeiro que testemunhou como bispo. Muito provavelmente, o primeiro a afetar diretamente sua existência. A vida de monge o havia poupado daquela realidade, já que Prüm permanecia inviolada – demoraria vinte anos até que a abadia caísse em mãos vikings. O efeito sobre o pastor foi impactante, como vim a descobrir folheando outra documentação.

---

85. MÉRIAUX, Charles. Thérouanne et son diocese..., p. 410-404.
86. PLATELLE, Henri. Huntfrid. In: AUBERT, Roger (Dir.). *Dictionnaire d'Histoire et de Géographie Ecclésiastiques*. Paris: Letouzey et Ané, 1995, tomo 25, p. 400-401.

Percorrendo a correspondência do papa Nicolau I encontra-se o fragmento de uma carta enviada a Unifredo. No que resta da epístola, é possível ler a recusa pontifícia a um pedido para deixar o episcopado "por ter sido desalojado pelos normandos", e retornar ao mosteiro. Ao contrário do personagem da história milagrosa, Unifredo vacilou. Não seria indevido cogitar que "desalojado pelos normandos" tenha sido um eufemismo para o fato de ter fugido da cidade às vésperas do ataque. De qualquer modo, ele seguramente tentou renunciar à autoridade eclesiástica. Em Roma, o caso foi considerado grave, pois Nicolau não somente negou o pedido como deu a conhecer quão crítico ele seria como precedente jurídico. O papa viu naquele pedido muito mais do que súplica por compaixão ou pedido por socorro. É pernicioso abandonar o navio para refugiar-se na tranquilidade quando as ondas estão agitadas em tormenta, ele rebateu antes de prosseguir: um pastor não deserta da igreja e não abandona o rebanho aos perseguidores, esse não é o exemplo dos apóstolos e do próprio Deus. Mas, cuidado! – insistiu Nicolau. Permanecer e enfrentar a perseguição não quer dizer tomar parte da guerra ou da resistência. "O clérigo que matar um pagão não deve avançar para os graus superiores", já que combater é "provocar derramamento de sangue", cravou a carta pontifícia. Razão pela qual é "tão ridículo e inconveniente para um clérigo vestir a armadura e se lançar à guerra como é torpe e pernicioso para um laico celebrar uma missa e ministrar o sacramento do corpo e sangue de Cristo".[87]

Aos olhos do papa, uma renúncia em meio à "perseguição dos pagãos" deixava a Igreja exposta a um problema seríssimo, ainda mais inquietante do que o jugo normando. Em tais circunstância, a abdicação clerical poderia significar desfiguração da autoridade eclesiástica perante os poderes seculares. Embora fragmentada, a carta papal revela com clareza o pressuposto: uma invasão era oca-

---

87. NICOLAU I. Epístola 104. MGH Ep. 6, p. 613.

sião propícia à afirmação de prerrogativas e competências seculares, especialmente em função da urgência de uma resposta militar. A guerra favorece os laicos. Caso triunfem sobre o invasor, eles saem fortalecidos. Essa é uma das razões para que um clérigo se mantivesse longe das armas. Ao lutar, ele tomava partido de circunstâncias que desfiguravam a própria posição e terminavam por fortalecer vozes que comandam de fora da Igreja. Para o papa, a guerra era uma força juridicamente vinculante. Ou seja, ela produzia a autoridade capaz de separar o certo do errado e, assim, de incutir reconhecimento, obediência e lealdade. Em cenários assim, instruiu Nicolau, a Igreja será pressionada pelos invasores e pelos próprios poderes cristãos. Sua autoridade depende de desempenhar papéis outros, específicos: nutrir o moral, acalentar os espíritos, amparar os indefesos. A esta altura da argumentação, o problema ganhou novas camadas jurídicas. A súplica do ex-monge aterrorizado se tornou o núcleo de uma questão maior: a urgência em preservar a unidade da autoridade eclesiástica, em fortalecer os limites que a contêm. E então, houve "sangue". Nicolau o menciona por duas vezes, *especificamente* para enfatizar que um clérigo não deve vestir armadura, assim como um laico não deve celebrar missa. Mais que figura retórica, sangue é vestígio de uma experiência real, o eco textual de um acirramento da concorrência pela autoridade cristã.

Isso explicaria a história milagrosa. É provável que o sangue tenha sido associado à diocese de Thérouanne pela repercussão da resposta romana. Que a ruidosa reação papal à deserção do bispo tenha envolvido o nome da cidade em uma reputação sanguinolenta – isto é, inquietante, censurável – antes de Hincmar registrar o relato sobre um escravo e a camisa branca que inexplicavelmente se tornava rubra. A narrativa pode ter sido outra coisa além de um registro encorajado pela devoção à Virgem. Pode ser que essa história prodigiosa seja uma *peça de defesa*, a resposta para uma imputação disciplinar que atinja o arcebispo pessoalmente ao macular a imagem de um dos seus subordinados. Pois tal era o caso: Hincmar era o superior responsável pela diocese de Thérouanne, Unifredo era seu bispo sufragâneo. A reação pontifícia reverberava, negativamente, sobre a autoridade do narrador.

Sob tal prisma, a história não foi escrita para instruir sobre o pecado da população, do "senhor" ou do escravo, mas para reparar a fama de Unifredo (e, com ela, a do próprio narrador), para que ele passasse à posteridade redimido de uma falha séria.[88] O milagre era uma resposta certeira às implicações vinculadas ao caso. Juridicamente, era como uma contraprova completa. Ao narrá-la, Hincmar sacou uma mensagem poderosa: sim, houve algo gravíssimo, todos sabemos disso; a história de Thérouanne leva a sangue, é notório; mas se o sangue é sinal de que a autoridade esteve em risco nesse lugar, o Bispo Unifredo não foi culpado por seu surgimento; pois ele imediatamente o acolheu, preservou e exibiu em público para ser testemunhado; como pastor zeloso, ele fez daquele aparecimento uma oportunidade para reforçar o senso de dever "de todos". Onde estaria o culpado? A dúvida não parece ser acidental, mas estrategicamente provocada. Embaçar a silhueta do infrator pode ter sido um propósito ditado pela posição de poder, não um descuido, tampouco um equívoco. O rastro do sangue não podia ser negado. Entretanto, assegurava o arcebispo, ele não conduzia até uma transgressão de seu subordinado.

Hincmar aplicou sangue sobre sangue. Dobrou a aposta retórica e superou o efeito depreciativo, quase condenatório, da mensagem disciplinadora enviada por Roma. Ao fio de citações sanguinolentas então urdido pelo papado, ele contrapôs um enredo encharcado de manchas avermelhadas e, com isso, talentosamente, designou um

---

88. Tão séria que a recusa à solicitação Unifredo figuraria no direito canônico como referência normativa, tendo sido incorporada no Decreto de Graciano: FRIEDBERG, Emil (Ed.). *Corpus Iuris Canonici*. Pars Prior: Decretum Magistri Gratiani. Leipzig: Bernhardi Tauchnitz, 1879; C. VII, Q. I, c. 47.

milagre como o álibi de um bispo vacilante perante a audiência das elites do reino e os olhares inquiridores da posterioridade.

7 Vazias estão as veias quando a autoridade está em disputa

"Sangue" é o registro textual de uma *violência política*. Afirmação que também é válida para o período seguinte, que abrange de 860 aos anos de 880. Seu aparecimento numa história que envolve vikings no Império Carolíngio indica que o episódio em questão foi vivido, acima de tudo, como um atentado contra a autoridade. A perda de vidas, a dor e o sofrimento são referências secundárias. Tais temas são auxiliares à narrativa. Com efeito, uma ação normanda, danesa ou simplesmente pagã era "sangrenta" porque representava uma concorrência política que deveria ser revertida ou contida, não porque alcançava um índice extremo de mortes ou destruição. Em 874, por exemplo, normandos lutaram como mercenários em uma batalha que arrancou a seguinte certeza do cronista Regino de Prüm: "raramente tanto sangue foi derramado". Para um leitor dos dias de hoje, eis a senha para a imaginação alçar voo.

A frase é, em nossa visão de mundo, a senha para falar em uma "escala medieval" de morte e sofrimento. Nos servimos de passagens assim para conceber um matadouro a céu aberto: uma paisagem inteira coberta por cadáveres, o resultado de uma batalha épica, um frenesi de matança a se desenrolar por horas e mais horas. No entanto, antes de sermos levados pelas poderosas asas dessa lógica, reparemos como Regino enquadrou a batalha. Ele a dispôs como auge da luta entre dois pretendentes ao ducado da Bretanha, Pacsweten e Gurvand. Portanto, uma guerra civil. Isso não é tudo. Segundo o cronista, o antagonismo tinha esta origem: "nesse ano, Salomão, o rei dos Bretões, foi assassinado traiçoeiramente por seus duques Pacsweten e Gurvand. Ambos desejaram o trono, mas não entraram em acordo sobre como partilhá-lo, pois Pacsweten contava com maior número de adeptos".[89] Uma guerra civil dentro de uma conspiração – ou uma conjuração. Aos olhos de Regino, dificilmente houve concorrência mais acirrada pelo controle sobre a Bretanha. A palavra "sangue" não indica uma aproximação estatística da mortandade; uma noção, ainda que vaga, sobre números e totais de vidas perdidas. Ela ressignifica a notícia sobre a matança, fazendo da morte de muitos o símbolo de um julgamento sobre a magnitude da desordem política. Passemos a outro caso que ilustra o mesmo argumento.

Em 876, o papa João VIII acatou as justificativas do bispo de Bordeaux, Frotário, e autorizou sua transferência para outra sé. Frotário alegou ser incapaz de permanecer na diocese porque os saques vikings deixaram a província desolada e a igreja sem rendas. Entre os argumentos apresentados ao rei para embasar a decisão, o papa assegurou que a autoridade espiritual era móvel, poderia ser deslocada porque "Deus estabeleceu a igreja para a redenção de todo mundo através do precioso sangue de Seu filho".[90] Nas epístolas em que lidou com o caso, João mencionou "a devastação da província de Bordeaux", que foi "desolada pelas perseguições dos pagãos", aludiu a como os normandos "empunharam a espada por toda parte", recordou em diferentes passagens as "aflições" provocadas pelas "espadas dos gentios". Mas "sangue" só é mencionado quando a autoridade da igreja está em jogo.

Os eclesiásticos do século IX narravam diversas violências. E narrando, avaliavam e selecionavam aquelas a ser reconhecidas como primordiais, a ser consideradas primeiro e com maior atenção que as demais. A violência era percebida como mais grave quando

---

89. REGINO DE PRÜM. Chronicon. MGH SS Rer. Germ. 50, p. 107-108.
90. JOÃO VIII. Epístola 9. MGH Ep. 7, p. 9. Cf. ainda: JOÃO VIII. Epístolas 13, 14, 38. MGH Ep. 7, p. 11-13, 37.

havia maior ameaça à manutenção do poder para dispor de homens, terra e riquezas. Isso não implica indiferença à vida, à dor, à privação. Implica, sim, que tais casos tenham sido vividos como ocorrências transitivas, isto é, perdas que pouco duravam, que não criavam uma falta consumada, conduzindo usualmente a um dano maior. Para as elites medievais, em especial, a clerical, eram perdas toleráveis. A ocorrência intransitiva, a falta completa e permanente, aquela então classificada como intolerável, era a transferência do poder ou uma subtração da autoridade e da posse. Essa é a violência que nos chega como sangrenta, como se pode ler no trecho dos *Anais de Saint Vaast* sobre o desembarque de um "grande exército viking" no continente em 879: "os normandos não cessaram de devastar a igreja e matar e capturar o povo cristão. [...] Em novembro, gananciosos por incendiar e destruir, sedentos por sangue humano, pela destruição e ruína do reino, [eles] estabeleceram seu acampamento, para invernar no mosteiro de Gendt".[91] Sangue humano, destruição e ruína "do reino". A sede de sangue era apetite pelo governo e pela autoridade.

Pois era assim entre os próprios cristãos, no interior do Império. Esse apetite não é um atributo exclusivo dos pagãos. Observe-se como Notker, um erudito monge de Saint Gall, tomou partido de Arnulfo, duque da Baviária, na disputa com o imperador. A relação do duque com Carlos III foi irreparavelmente danificada em 884, quando Arnulfo juntou forças a aristocratas da Panônia em guerra contra aliados imperiais. Sua intervenção em favor dos rebeldes custou caro. A derrota desgastou a autoridade do duque, abriu caminho para que Carlos distribuísse postos públicos e enclaves fortificados no interior da Baviária, colocando por terra as pretensões de Arnulfo à sucessão imperial.[92] Ainda assim, Notker o considerava a melhor

---

91. ANNALES VEDASTINI. MGH SS Rer. Germ. 12, p. 44-46.
92. MACLEAN, Simon. *Kingship and Politics in the Late Ninth Century*: Charles the Fat and the end of the Carolingian Empire. Cambridge: Cambridge University Press, 2003, p. 134-144.

alternativa ao trono. Ao narrar a conduta de Carlos em 886, que, se levada a termo, asseguraria a coroa a outro magnata, o monge se pôs a bradar como se falasse diretamente ao duque: "que vossa espada, já temperada no sangue dos normandos, resista a ela! Que a espada de vosso irmão Carlomano, que também está manchada com o sangue daqueles, junte-se à vossa".[93] Descrever o sangue, fosse ele cristão ou normando, era engajar-se em um debate sobre o poder monárquico, formulando uma convicção sobre a transmissão da autoridade para governar, seus rumos e descaminhos.

Sangue infundia *força política* à narrativa. Embutia intensidade à cena ao torná-la a situação-limite para a presença de algo específico: a autoridade. Aquele que surgia na trama em contato com a cor rubra tocava a prerrogativa para decidir e ordenar, tornando-se símbolo de uma proximidade com o trono. Da proximidade almejada, pretendida como a participação que fortalecia o poder – caso de Arnulfo aos olhos de Notker – tanto quanto da que era repudiada, temida como perturbação da cadeia de comando, como veio a ser o caso de Ademar, veterano das lutas 885/886 imortalizado pelos versos de *As guerras da cidade de Paris*.

Diz o poema que, certa noite, enquanto o rei Eudes dormia, Ademar, "seu parente infiel", emboscou guerreiros leais à coroa, fugindo da mesma maneira que passou à ação, "sorrateiramente". Ademar se moveu nas sombras, fora das vistas e longe dos ouvidos de todos. Todos, exceto o poeta, Abbo, que enxergou o que lhe corria no coração quando ele já não podia ser alcançado: Ademar partiu "alegrando-se do sangue derramado".[94] O gozo sanguinário realça o personagem, cujos atos adquirem, então, uma intensidade duplicada. Ademar não apenas mata. Mata como bárbaro, destilando prazer homicida. Tal re-

---

93. NOTKER BALBULUS. Gesta Karoli Magni. MGH SS Rer. Germ. N.S., p. 78.
94. ABBO DE SAINT GERMAIN-DES-PRÉS. Bella Parisiacae Urbis. MGH Poetae 4/1, p. 113.

putação, contudo, aparece de repente, feito rodopio poético. Algumas linhas antes, ele era louvado por trucidar, implacável, um sem-número de daneses: "Ademar, aquele que vem como o vento" – assim anunciou um verso, como se proclamasse a chegada de um herói descido do Olimpo. Do matador providencial fez-se um facínora cruel, e a razão para a repentina mudança de fama era política. O veterano deveria ser lembrado como rival terrível. Não porque tenha protagonizado carnificina sem igual, como se tivesse começado a amontoar corpos sem ninguém para lhe deter – essa não me parece ser a lógica que sustenta a cena. Mas porque a figura de Ademar repercutia diretamente sobre a autoridade de Eudes: era um parente régio rebelado. Desde a manhã sangrenta protagonizada pelos netos de Carlos Magno em Fontenoy, no idos de 841, essa era, ainda mais do que em tempos anteriores, uma situação-limite para os detentores do poder e seus partidários.

Alusões ao sangue expressavam avaliações sobre a integridade da autoridade – a eclesiástica incluída. Era assim a ponto de o enredo gorgolejar sangue quando a narrativa ingressava na câmara palaciana, mas não quando percorria o campo de batalha. Os *anais de Fulda*, por exemplo, inscreveram a presença de sangue ao caracterizar a atmosfera de rivalidades que impregnava as sucessões pontifícias, mas o tornaram invisível ao recordar a colisão dos exércitos. Trata-se do registro sobre o ano de 882. "Os normandos incendiaram o porto chamado na língua frísia 'Deventer', onde São Liafwin permanece, com grande perda de vidas". É tudo. As linhas não são tingidas. Ao que se segue uma notícia a respeito da morte de João VIII: "Marino, que já era bispo, o sucedeu, em oposição à lei canônica". E então o leitor é conduzido a um episódio marcante. "Um homem muito rico chamado Gregório [...] foi morto por seu colega no pátio de São Pedro e todo o chão da igreja por onde ele foi arrastado ficou desfigurado com o seu sangue".[95] Não há correlação

---

95. ANNALES FULDENSES. MGH SS Rer. Germ. 7, p. 101.

explícita entre a sucessão papal e a morte do romano abastado. Os fatos vêm à tona como eventos independentes – contemporâneos, sincronizados, mas independentes. Contudo, é possível defender que o analista se serviu deste último para formular um julgamento sobre aquele. O que quero dizer é que o narrador fixou um critério de julgamento, não necessariamente uma causalidade.

Mencionar o pavimento ensanguentado pode ser a reprodução de uma notícia ou de um testemunho averiguado, mas *é também um ato classificatório*, a ação que atrela um fato a um valor. Símbolo crítico, sinal potente entre as narrativas carolíngias, a referência ao sangue fazia com que a proximidade entre a ascensão de Marino e a morte miserável do rico romano fosse um emparelhamento. Os acontecimentos se tocam e se comunicam, com o segundo – pela força do simbolismo – englobando o primeiro, encapsulando-o em suas propriedades inquietantes. O julgamento, portanto, é que a sucessão foi muito além de afrontar a lei canônica. Aos olhos do narrador, a figura de Marino expunha a autoridade papal a riscos graves, letais, tão corrosivos à vida quanto um assassinato. Em se tratando da Sé de Roma, onde a autoridade havia sido edificada sobre uma pedra, o chão coberto por um vermelho quente era uma poderosa declaração política.

Símbolo-base da proximidade com a autoridade, o sangue, ao ser narrado, dirigia o reconhecimento da violência, registrando-a como primazia dos riscos ao poder político. Referência que, por sua vez, condicionava o reconhecimento dos riscos à vida e ao corpo. Aí está a *similaridade qualitativa* das incursões vikings ao longo de todo o século IX. As invasões foram parte de uma realidade repleta de descontinuidades e de alternâncias. Sua ocorrência era múltipla, descentrada e, em diversos casos, descoordenada. Entretanto, por mais que não fosse imediatamente perceptível para os medievais, esses eventos eram parte de uma mesma realidade: francos e nórdicos mediam forças sobre uma fronteira aberta à concorrência pelo poder governamental. Dos anos 790 aos 880, normandos, daneses ou pagãos protagonizaram uma contínua – ainda que irregular – expansão política. Estamos habituados a ler sobre os efeitos devastadores dos vikings sobre o Império Carolíngio, mas as invasões não eram investidas meramente destrutivas. Havia uma lógica de competição, um padrão de disputa. Padrão que era familiar aos próprios francos: porque o conheciam, porque o experimentavam no interior da Cristandade, foram capazes de registrá-lo como um fio de alusões documentais ao sangue. Saques, incêndios, batalhas e devastações não eram choques entre civilizações, não eram pontos de colisão entre dois mundos diferentes, mas a trágica intercessão entre sociedades que se conheciam bem e disputavam o controle legítimo (a efetiva posse) sobre terra, riqueza e poder. A expressão "a violência viking" assinala a realidade dessa concorrência no interior do Império Carolíngio.

* * *

6
Um arremate: o que foi a violência viking?

"A realidade é impiedosa, porque não são os deuses que habitam a Terra."
Ernest Becker, 1973.

1 Uma visão geral

Entre 750 e 800, a linhagem carolíngia se impôs como vértice de uma hegemonia continental. O Império consistia nisso, em uma hegemonia, numa teia de relações em que o predomínio de uma dinastia se entrecruzava com as posições de poder das elites locais. Um arranjo dinâmico e tenso, cujo equilíbrio era constantemente ajustado e renegociado através de cooptações e punições, de concessões e repressões, de alianças e guerras.[1] Esse mesmo dinamismo acarretou uma interiorização de relações sociais carolíngias. Redes de poder e de enriquecimento operadas pelas elites imperiais chegavam cada vez mais longe, conectando diversas regiões do que hoje chamamos de Europa. O norte do mundo cristão foi uma das fronteiras deslocadas, dilatadas ao ponto de abraçar um horizonte ainda mais amplo. A hegemonia carolíngia encurtou a distância entre os modos de vida dos francos e dos escandinavos. Em meio século, a presença do

---

1. Cf. AIRLIE, Stuart. *Power and its Problems in Carolingian Europe*. Londres/Nova York: Routledge, 2012; DE JONG, Mayke. The Empire that was always decaying: the Carolingians (800-888). *Medieval Worlds: Comparative and Interdisciplinary Studies*, vol. 1, n. 2, 2015, p. 6-25; MACLEAN, Simon. *Kingship and Politics in the Late...*, p. 1-22.

"Reino dos Francos" entre os nórdicos cresceu em importância. O exercício do poder baseado no controle direto sobre mercados, empórios, centros de cunhagem, sítios fortificados e cidades[2] penetrou no tecido social dos reinos da Escandinávia – eles próprios afetados por transformações internas como a nucleação política, a formação de redes mercantis de longa distância e o impacto social do desenvolvimento urbano doméstico.[3] Comportamentos e hábitos das elites nórdicas foram pressionados pela integração carolíngia. A proximidade social aguçou a percepção da fronteira existente entre eles.

Uma demanda crescente por objetos de luxo, tesouros e moedas foi incrustada no repertório de obrigações sociais e deveres rituais de reis e aristocratas do norte. Não como margens de lucro. Essa demanda não era uma "relação econômica" como compreendemos hoje em dia.[4] Esses objetos eram vividos como "insígnias da vitória"; bens e moedas eram ambicionados como marcas de autoridade, indicadores de superioridade e imposição. Em outras palavras, formada por diversas reservas de bens que supriam expectativas nórdicas por distinção e hierarquização, a hegemonia carolíngia

---

2. Cf. McCORMICK, Michael. *Origins of the European Economy*: Communications and Commerce (300- 900). Cambridge: Cambridge University Press, 2001; VERHULST, Adriaan. *The Carolingian Economy*. Cambridge: Cambridge University Press, 2002; SILVA, Marcelo Cândido da. Valor e cálculo econômico na Alta Idade Média. *Tempo*, vol. 26, n. 1, 2020, p. 147-163.

3. THRSTON, Tina. *Landscapes of Power, Landscapes of Conflict*: state formation in the south Scandinavian Iron Age. Nova York: Kluwer, 2002; ASHBY, Steven. What really caused the Viking Age? The social content of raiding and exploration. *Archaeological Dialogues*, vol. 22, n. 1, 2015, p. 89-106; ASHBY, Steven; COUTU, Ashley; SINDBÆK, Søren. Urban networks and Arctic outlands: craft specialists and reindeer antler in Viking towns. *European Journal of Archaeology*, vol. 18, n. 4, 2015, p. 679-704; BAUG, Irene; SKRE, Dagfinn; HELDAL, Tom; JANSEN, Øystein. The beginning of the Viking Age in the West. *Journal of Maritime Archaeology*, vol. 14, 2019, p. 43-80; WINROTH, Anders. *The Conversion of Scandinavia...*, p. 12-22.

4. Sobre o dimensionamento do econômico, cf. SILVA, Marcelo Cândido da. A 'economia moral' e o combate à fome na Alta Idade Média. *Anos 90*, v. 20, n. 38, 2013, p. 43-74.

abriu novos horizontes de atuação para as sociedades guerreiras escandinavas. O século IX foi palco de um contínuo – ainda que irregular, variável – influxo populacional rumo a horizontes novos e alargados para a concorrência por poder e conquista. Essa "febre por prata", o apetite por bens associados a elevado *status* social entre os escandinavos, não era um fenômeno do século VIII, mas foi significativamente intensificada e difundida.[5] Em 790, esse influxo foi intermitente e pontual, razão pela qual Alcuíno o julgou muito menos grave do que as guerras civis no interior dos reinos cristãos. A partir da década de 830, o acirramento das instabilidades e divisões carolíngias modificaram o cenário: a concorrência entre os nórdicos pela riqueza e pelo poder imperiais passou a ocorrer em meio ao acirramento da concorrência entre os próprios francos pela riqueza e pelo poder imperiais. A escalada de invasões consistiu em uma faceta de uma realidade maior criada por uma sobreposição de competições. Francos e vikings, cristãos e pagãos eram, mais do que nunca, adversários em um mesmo jogo.

As mobilizações aristocráticas suprarregionais, a fortificação de áreas estratégicas – como rios e zonas litorâneas – e as alterações das prioridades monárquicas frearam essa escalada de invasões por diversas vezes. Redes de recrutamentos viabilizadas por condes e abades, pontes fortificadas e iniciativas de mobilização fiscal e militar conduzidas pelos reis contiveram certas incursões, forçaram a retirada de "piratas normandos" e, em alguns contextos, impuseram um redirecionamento de conduta que levava os nórdicos a singrar para outros litorais ou a dobrar o joelho como vassalos. Porém, a escalada da competição não foi revertida. No cômputo das décadas, os êxitos francos eram intervalos, diminuições momentâneas no ritmo de chegada dos competidores vikings. Entre altos e baixos

---

5. COOIJMANS, Christian. *Monarchs and Hydrarchs*..., p. 48-68; HEDEAGER, Lotte. Scandinavia before the Viking Age. In: BRINK, Stefan; PRICE, Neil (Ed.). *The Viking World*. Londres/Nova York: Routledge, 2008, p. 11-22.

durante as décadas de 840 e 870, esse influxo atingiu novo pico nos anos de 880, realidade que surgiu de modo emblemático no registro do monge Abbo sobre o cerco a Paris em 885/886. Essa unidade que trespassou décadas foi documentada nos relatos sobre a violência viking. Em especial, na caracterização de certos episódios como sangrentos. Levado a cabo ao longo deste livro, o estudo desse emprego altamente seletivo das referências ao sangue permite sustentar outras duas conclusões gerais, dispostas a seguir.

2 Da violência medieval

A *primeira* diz respeito à realidade da violência. Os episódios mencionados como sangrentos assinalam momentos de intensificação dessa concorrência pelo poder que era tanto franca quanto viking. Associar, direta ou indiretamente, um saque, um incêndio, um cerco, uma batalha ou uma devastação "pagã" com *sangue* era uma maneira de registrar um momento crítico de uma *violência política* amplamente disseminada e multifacetada. A violência viking, portanto, não ocorria como uma rajada de brutalidade que rasgava um cotidiano pacífico, um ato violento que irrompia e perturbava um convívio não violento. Os capítulos deste livro permitem defender um argumento em sentido oposto: a violência viking extraía propósito e gravidade do cotidiano franco, não contra ele. O século IX foi, sem dúvida, marcado por confrontos entre vikings e francos, mas tais confrontos eram, a um só tempo, condição e consequência de vikings *versus* vikings, francos *versus* francos. O surgimento da palavra sangue em uma narrativa é evidência de uma violência ruidosa, impactante e vivida como um gradiente, isto é, uma realidade com escalas e com medidas mutáveis, que, de um relato a outro, assumem diferentes significados, incorporam pesos distintos e provocam outras reações e impactos. Essa diversidade movente nos adverte a não subestimar a violência, não a considerar óbvia ou meramente factual. Isso quer dizer, entre outras coisas, que o silêncio faz parte dos modos de vivenciar a violência – que está lá, portanto, mesmo quando a palavra sangue não aparece. Sangue é um sinal, um indício, um entre muitos outros possíveis. As violências medievais foram ocorrências complexas, que não serão suficientemente analisadas em conta-gotas ou através da quantificação de unidades homogêneas.

A *segunda* conclusão consiste em declaração fundamental: tratava-se, de fato, de violência. Ainda que disseminados, não obstante enraizados no cotidiano, os conflitos não eram banais, normais, comuns. Tampouco eram engrandecidos ou romantizados. As menções ao sangue são esclarecedoras sobre esse sentido. Mesmo quando derramado de crianças e mães inocentes, laicos indefesos e religiosos martirizados, quer tenha surgido milagrosamente no céu ou em uma camisa engomada para a missa, o sangue era mancha. Era agente de contaminação, o líquido que, ao correr, desfigurava ruas e igrejas, revelava vulnerabilidade e insegurança, deixando nua a fragilidade do vencido e do desamparado. Era a marca da guerra ilícita, da negligência catastrófica, da usurpação impronunciável e da perda de identidade. Escrevê-lo no pergaminho era acusar uma ferroada no coração. Motivo pelo qual *sangue* se tornava uma figura de evocação. Não meramente de vingança, mas da força do direito como um todo. Dizê-lo era uma maneira de provocar um dever de fazer cessar, coibir, preservar e reparar. Acontecimentos sangrentos envolvendo vikings e francos foram, para as elites carolíngias, ocasiões aterradoras e perturbadoras, que as levavam ao protesto, à repulsa, à indignação. A narrativa dos registros não é de apologia ao derramamento de sangue, mas de denúncia. De modo que a eventual exaltação de tais ocorrências como tragédias gloriosas ou sua naturalização como as erupções do "espírito de uma época" são, com elevada probabilidade, *atitudes modernas.* São tentativas de usar o passado medieval como propaganda, de recrutá-lo para os arsenais de autojustificativas de ideologias autoritárias e nacionalistas que são nossas, que nos pertencem como época e sociedade.

A *violência primordial era política*. A violação da integridade física e psicológica era secundária quando comparada à violação do governo e da autoridade. Em certos casos, o sofrimento e a morte eram, inclusive, elementos auxiliares em uma narrativa que visava sensibilizar sobre as perdas da coroa ou do magnata local. Isso pode parecer inadmissível e aviltante, o retrato de um mundo onde não se desejaria viver – o autor que escreve este livro pensa assim. Não obstante a diferença em relação à nossa época, apesar da distância tangível em relação a ideias e valores considerados fundamentais por milhões no século XXI, é possível compreender que tais atos não eram vividos como ocorrências naturais, não eram encarados com conformismo ou benevolência. Havia direcionamentos e normas sobre os modos de vivê-los. As elites carolíngias, sobretudo as clericais, detinham o *poder de designar a violência* em diferentes escalas e em casos diversos. Com efeito, uma guerra era considerada mais violenta do que outras, o incêndio de um mosteiro poderia suscitar mais protestos textuais do que a escravização de vilas inteiras. Essa capacidade de tornar a violência mais presente em certos casos – e de ocultá-la decisivamente em outros – era estratégia social, uma engenharia ideológica. Era parte de repertórios de ações orientadas para a manutenção da posição social, do patrimônio, da hierarquia. Isso, contudo, não é o mesmo que cultuar as violências. Aliás, a estratégia funcionaria, seria convincente, se o que fosse vivido como violência não fosse cultuado, mas repudiado. Uma parte expressiva do poder das elites medievais consistia em induzir a formação de consensos sobre o que deveria ou não ser visto como violência. E esse trabalho consistia, em grande medida, em canalizar o escândalo, orquestrar a indignação, orientar a repulsa.

O Império Carolíngio foi regido por uma cultura de força bélica, mas não por uma "cultura de violência". O que emergia como *vio-*

lentia não era simplesmente incorporado ao cotidiano, justificado como costume e legitimado como norma ou estética. A violência era, então, classificada segundo intrincada e duradoura competição política. Uma relação histórica. Coletivamente, não era pulsão, instinto ou reação natural. Mas um somatório de experiências demarcado pelo poder das elites carolíngias para determinar o que violava a condição humana. Não consigo encarar essa ideia senão como uma conclusão trágica. No passado medieval (somente nele?), lidava-se com a violência de maneiras estratégicas e seletivas em relação a dor, privação, perdas físicas e psicológicas. Culturalmente, nem todos sangravam. Sofrimentos e mortes eram matéria de uma contabilidade política. Eram organizados entre os caracteristicamente visíveis e invisíveis, distribuídos entre primários e secundários, hierarquizados em relevância e humanidade por força das conveniências, dos privilégios, de interesses e rumos das disputas pelo poder. Por outro lado, algo nessa mesma conclusão me cativa como promessa e utopia.

A história da violência viking no Império Carolíngio é a história da designação de limites para a conduta humana. Sobre onde situar as comportas que deveriam represar as ações destrutivas, os comportamentos nocivos, as ideias que absorvem e diminuem a vida. Limites instáveis, constantemente manipulados, que podiam ser feitos e desfeitos ao sabor do poder. Porém, ainda assim, limites. E como dizia Ernest Becker, "se existe uma trágica limitação da vida, também existe a possibilidade".[6] A possibilidade de uma abertura para lidar com essa limitação. Para adaptar-se, mover-se rumo a outra percepção das mazelas, dos pesadelos e abismos que integram a existência humana. Se é possível traçar um limite para o que a violência pode ser, também é possível partilhar novas posturas de

---

6. BECKER, Ernest. *A Negação da Morte*. Uma abordagem psicológica sobre a finitude humana. Rio de Janeiro: Record, 2020, p. 317.

coragem, responsabilidade coletiva, resistência e inventividade em nome daquilo que ela não pode ser. A não violência é a possibilidade que também existe.

Mais do que herança dos mortos, a história é chance para os vivos.

* * *

Referências bibliográficas

Documentos Históricos Impressos

ABBO DE SAINT GERMAIN-DES-PRÉS. Bella Parisiacae Urbis. MGH Poetae 4/1, p. 72-121.

ADAMS, Anthony; RIGG, A. G. A verse translation of Abbo of St. Germain's "Bella Parisiacae urbis". *The Journal of Medieval Latin*, vol. 14, 2004, p. 1-68.

ADMONITIO GENERALIS. MGH Cap. 1, p. 52-62.

ADONIS. Chronicon. MGH SS 2, p. 315-323.

ADREVALDO DE FLEURY. Miraculis Sancti Benedicti. MGH SS 15/1, p. 474-497.

ADRIANO II. Epístolas. MGH Ep. 6, p. 691-765.

AGNELO DE RAVENNA. Liber Pontificalis Ecclesiae Ravennatis. MGH SS. Rer. Lang., p. 265-391.

AIMON. Historia Miraculorum et Translationum ob irruptones Normannicas. *Acta Sanctorum* Maii 6, p. 786-795.

ALCUÍNO. Carmina, IX. MGH PLAC 1, p. 160-351.

ALCUÍNO. Epístolas. MGH Epp 4, p. 1-481.

ANDRÉ DE BERGAMO. Historia. MGH SS Rer. Lang., p. 220-230.

ANNALES BERTINIANNI. MGH SS Rer. Germ. 5., p. 1-154.

ANNALES ENGOLISMENSES. MGH SS 16, p. 485-487.

ANNALES FULDENSES. MGH SS Rer. Germ. 7, p. 1-107.

ANNALES HILDESHEIMENSES. MGH SS rer. Germ. 8, p. 1-69.

ANNALES LUNDENSES. MGH SS 29, p. 185-209.

ANNALES NIVERNENSES. MGH SS 13, p. 88-91.

ANNALES REGNI FRANCORUM. MGH SS Rer. Germ. 6, p. 1-178.

ANNALES ROTOMAGENSIS. MGH SS 26, p. 490-506.

ANNALES VEDASTINI. MGH SS Rer. Germ. 12, p. 40-82.

ANNALES XANTENSES. MGH SS. Rer. Germ. 12, p. 1-39.

BEDA, O VENERÁVEL. Historia Ecclesiasticam Gentis Anglorum. In: PLUMMER, Charles (Ed.). *Venerabilis Baedae Opera Historica*. Oxford: Clarendon Press, 1864, tomo I.

BÖHMER, Johann Friedrich. *Regesta Imperii. I Die Regesten des Kaiserreichs unter den Karolingern, 751-918*. Innsbruck: Verlag der Wagner'schen Universitäts-Buchhandlung, 1908.

BUTLER, Cuthrbert (Ed.). *Sancti Benedicti Regula Monachorum*. Friburgo: Herder, 1927.

CAPITULA PISTENSIA. MGH Cap. 2, p. 332-337.

CAPITULA POST CONVENTUM CONFLUENTINUM MISSIS TRADITA. MGH Cap. 2, p. 297-301.

CARLOS MAGNO. Diplomas. MGH DD Karl I.

CARMINA CENTULENSIA. MGH PLAC 3, p. 265-368.

CHRONICON AQUITANICUM. MGH SS 2, p. 252-253.

CHRONICON FANI SANCTI NEOTI. In: STEVENSON, William Henry (Ed.). *Asser's Life of King Alfred, together with the Annals of Saint Neots erroneously ascribed to Asser*. Oxford: Clarendon Press, 1904.

CHRONICON FONTANELLENSE. In: LAPORTE, Jean (Ed.). *Société de l'Histoire de Normandie*, ser. 15, 1951.

CHRONICON NORMANNORUM. MGH SS 1, p. 532-536.

CHRONICON SANCTI MAXENTII PICTAVENSIS. In: MARCHEGAY, Paul; MABILLE, Émille (Ed.). *Chroniques des Églises d'Anjou*. Paris: Jules Renouard, 1869.

CLAUDIANO. *Works, Volume I.* Cambridge: Harvard University Press (Loeb Classical Library 135), 1922.

CONCÍLIO DE MEAUX/PARIS 845. MGH Concilia 3, p. 81-132.

CONCILIUM AQUISGRANENSE. MANSI vol. 14, p. 147-246; 671-736.

CONCILIUM PARISIENSE IV. MANSI vol. 14, col. 529-601.

CONCILIUM TRICASSINUM. MANSI 15, col. 791-802.

DASS, Nirmal. *Viking Attacks on Paris*: the Bella parisiacae urbis of Abbo of Saint-Germain-des-Prés. Paris/Louvain/Dudley: Peeters, 2007.

DE SYNODIS IN GERMANIA, GALLIA ET ITALIA. MANSI vol. 12, co. 355-382.

DEL HOYO, Javier; GAZAPO, Bienvenido. *Annales del Imperio Carolingio*. Madrid: Ediciones Akal, 1997.

DRONKE, Ernst Friedrich Johan (Ed.). *Codex Diplomaticus Fuldensis*. Cassel: Fischer, 1850, vol. 1.

EDICTUM APUD PISTAS. MGH Cap. 2, p. 312-328.

EMENTÁRIO. De translationibus et miraculis sancti Filiberti. In: POUPARDIN, René (Ed.). *Monuments de l'Histoire des Abbayes de Saint-Philibert*. Paris: Alphonse Picard, 1905.

EPISTOLA SYNODI AD BRITONES. Mansi, 15, col. 534-537.

EPISTOLA SYNODI CARISIASENSIS AD HLUDOWICUM REGEM GERMANIAE DIRECTA. MGH Cap. 2, p. 427-441.

FLODOARDO. Historia Remensis Ecclesiae. MGH SS 13, p. 405-599.

FOLCUIN. Gesta Abbatum Sancti Bertini Sithiensium. MGH SS 13, p. 600-643.

FRAGMENTUM CHRONICI FONTANELLENSIS. MGH SS. 2, p. 301-304.

FRIEDBERG, Emil (Ed.). *Corpus Iuris Canonici*. Pars Prior: Decretum Magistri Gratiani. Leipzig: Bernhardi Tauchnitz, 1879.

GAROFALO, Salvatore (Ed.). *Biblia sacra Vulgatae editionis Sixti V Pont. Max. iussu recognita et Clementis VIII auctoritate edita*. Turim: Marietti, 1965.

GRANT, Arthur James (Ed.). *Early Lives of Charlemagne by Eginhard and the Monk of St. Gall*. Londres: Chatto & Windus, 1926.

GREGÓRIO DE TOURS. *Libri Historiarum X*. MGH SS Rer. Merov. 1/1, p. 1-537.

GUÉRARD, François Morand. *Cartulaire de l'Abbaye de Saint-Bertin*. Paris: Imprimerie Royale, 1841.

GUIZOT, François. *Collection des Mémoires Relatifs à l'Histoire de France*. Paris: J.L.J. Brière, 1824, vol. 4.

HARIULFO. *Chronique de l'Abbaye de Saint Riquier*. Paris: Alphonse Picard, 1894.

HERÓDOTO. *Histories, Volume II*: Books 3-4. Cambridge: Harvard University Press (Loeb Classical Library 137), 1928.

HILDEGÁRIO. Vita Faronis. MGH SS rer. Merov. 5, p. 171-206.

HILPERICI ABBATIS ARULENSIS EPISTOLA. In: BOUQUET, Martin (Ed.). *Recueil des Historiens des Gaules et de la France*. Paris: Imprimerie Royale, 1870, tomo 7.

HINCMAR DE REIMS. Epistola ad simplices suae dioceseos. In: GUNDLACH, Wilhel. "Zwei Schriften des Erzbischofs Hinkmar von Reims". *Zeitschrift für Kirchengeschichte*, vol. 10, 1889, p. 258-309.

HINCMAR DE REIMS. Epístolas. MGH Ep. 8.

HINCMAR DE REIMS. Opera. PL 125.

HISTORIA SANCTI FLORENTII SAMURENSIS. In: MARCHEGAY, Paul; MABILLE, Émille (Ed.). *Chroniques des Églises d'Anjou*. Paris: Jules Renouard, 1869.

HOLDER-EGGER, Oswald. *Monumenta Bertiniana Minora*. MGH SS, 15/1, p. 507-534.

IRVINE, Susan (Ed.). *The Anglo-Saxon Chronicle*: a collaborative edition, vol. 7 MC E. Cambridge: D. S. Brewer, 2004.

JOÃO VIII. Epístolas. MGH Ep. 7, p. 1-272.

LIBELLUS PROCLAMATIONIS ADVERSUS WENILONEM. MGH Cap. 2, p. 450-453.

LUCIANO DE SAMÓSATA. *Works, Volume I*. Cambridge: Harvard University Press (Loeb Classical Library 14), 1913.

LUPO DE FERRIÈRES. Epistolas. MGH Ep. 6, p. 1-126.

MACLEAN, Simon (Ed.). *History and Politcs in Late Carolingian and Ottonian Europe*: The Chronicle of Regino of Prüm and Adalbert of Magdeburg. Manchester: Manchester University Press, 2009.

MIRACULA MARTINI ABBATIS VERTAVENSIS. MGH SS Rer. Merov. 3, p. 564-575.

MIRACULA SANCTAE GENOVEFAE. *Acta Sanctorum* Januarii 1, p. 147-152.

MIRACULA SANCTI BERTINI. MGH SS 15/1/1, p. 509-521.

MIRACULA SANCTI GENULFI. MGH SS. 15/2, p. 1.204-1.213.

MIRACULA SANCTI PRUDENTII MARTYRIS. *Acta Sanctorum* Octobris 3, p. 333-378.

MIRACULA SANCTI REMACLI STABULENSIBUS. MGH SS 15/1, 431-443.

MIRACULA SANCTI RICHARII. *Acta Sanctorum*, Aprilis Tomo 3, p. 441-464.

MONACHUS SANGALLENSIS. De Carolo Magno. In: JAFFÉ, Philippus (Ed.). *Bibliotheca Rerum Germianicarum*. Berlin: Weidman, 1867, vol 4.

NELSON, Janet L. (Ed.). *The Annals of St-Bertin*: Ninth-Century Histories. Manchester & Nova York: Manchester University Press, 1991.

NICOLAU I. Epístolas. MGH Ep. 6, p. 257-690.

NITARDO. Historiarum Libri Qvattvor. In: HOLDER, Alfred (Ed.). *Nithardi Historiarum Libri Qvattvor*. Freiburg & Leipzig, 1895.

NOTKER BALBULUS. Gesta Karoli Magni. MGH SS Rer. Germ. N.S. 12, p. 1-93.

O'KEEFFE, Katherine O'Brien (Ed.). *The Anglo-Saxon Chronicle*: a collaborative edition, vol. 5 MC C. Cambridge: D. S. Brewer, 2001.

PASCÁCIO RADBERTO. Expositio in Lamentationes Jeremiae. PL 120, col. 1059-1267.

PLÍNIO, O VELHO. *Natural History, Volume I*: Books 1-2. Cambridge: Harvard University Press (Loeb Classical Library 330), 1938.

PLUTARCO. *Lives*, Volume I. Cambridge: Harvard University Press (Loeb Classical Library 46), 1914.

PRUDÊNCIO. Annales Bertiniani (Trecensis Annales). MGH SS 1, p. 434-454.

PRUDÊNCIO. *Works II*. Cambridge: Harvard University Press (Loeb Classical Library 398), 1953.

PSEUDO CIPRIANO. De XII abusivis saeculi. In: HARTEL, William (Ed.). *Corpus Scriptorum Ecclesiasticorum Latinorum*. Viena: Academiae Litterarum Caesareae, 1871, vol. 3.3.

RATBERTO. Casus Sancti Galli. MGH SS 2, p. 59-183.

REGINO DE PRÜM. Chronicon. MGH SS Rer. Germ. 50, p. 1-153.

REUTER, Timothy (Ed.). *The Annals of Fulda*: Ninth-Century Histories. Manchester & Nova York: Manchester University Press, 1992.

RIMBERTO. Vita Anskarii. MGH SS. Rer. Germ. 55, p. 13-79.

SALÚSTIO. *Catiline's Conspiracy; The Jugurthine War; Histories*. Oxford: Oxford University Press, 2010.

SCHOLZ, Bernhard Walter (Ed.). *Carolingian Chronicles*: Royal Frankish Annals and Nithard's Histories. Ann Arbor: The University of Michigan Press, 1972.

SIMEON DE DURHAM. Historia Regum. In: HOFGSON-HINDE, John. *Symeonis Dunelmensis Opera et collectanea*. Londres: Surtees Society, 1868, vol.1.

TERTULIANO. *Apology*. Cambridge: Harvard University Press, 1931 (Loeb Classical Library).

THOMAS HOBBES. *Leviathan*. Oxford: Oxford University Press, 1998.

THOMAS HOBBES. *The Elements of Law Natural & Politic*. Londres/Nova York: Routledge, 2013.

TITO LÍVIO. *History of Rome*. Cambridge: Harvard University Press, 1940 (Loeb Classical Library), vol. VI.

TRANSLATIO SANCTI GERMANI PARISIENSIS. *Analecta Bollandiana*, vol. 2, 1883.

VERSUS DE BELLA QUAE FUIT ACTA FONTANETO. MGH PLAC 2, p. 138-139.

VEYRARD-COSME, Christiane. *La Vita Beati Alcuini (IXe S.)*: Les Inflexions d'un discours de sainteté. Paris: Institut d'Études Augustiniennes, 2017.

VITA ALCUINI. MGH SS 15/1, p. 182-197.

WHITELOCK, Dorothy; DOUGLAS, David C.; TUCKER, Susie I. (Ed.). *The Anglo-Saxon Chronicle*. Londres: Eyre and Spottiswoode, 1961.

Estudos

AIRLIE, Stuart. *Power and its Problems in Carolingian Europe.* Londres/Nova York: Routledge, 2012.

ANIDJAR, Gil. *Blood*: a critique of Christianity. Nova York: Columbia University Press, 2016.

ARCINI, Caroline Ahlström. *The Viking Age*: a time of many faces. Oxford/Phildelphia: Oxbow, 2018.

ARMSTRONG, Karen. *Campos de Sangue*: religião e a história da violência. São Paulo: Companhia das Letras, 2016.

ARMSTRONG, Simon. Carolingian coin hoards and the impact of the Viking Raids in the Ninth Century. *The Numismatic Chronicle (1966-)*, vol. 158, 1998, p. 131-164.

ASAD, Talal. On ritual and discipline in medieval Christian monasticism. *Economy and Society*, vol. 16, n. 2, 1987, p. 159-203.

ASHBY, Steven. What really caused the Viking Age? the social content of raiding and exploration. *Archaeological Dialogues*, vol. 22, n. 1, 2015, p. 89-106.

ASHBY, Steven; COUTU, Ashley; SINDBÆK, Søren. Urban networks and Arctic outlands: craft specialists and reindeer antler in Viking towns. *European Journal of Archaeology*, vol. 18, n. 4, 2015, p. 679-704.

AUZIAS, Léonce. *L'Aquitaine carolingienne, 778-987.* Toulouse: Édouard Privat; Paris: Henri Didier, 1937.

BACHRACH, Bernard S. *Caballus et Caballarius* in Medieval warfare. In: CHICKERING, Howell; SEILER, Thomas H. (Ed.). *The Study of Chivalry*: resources and approaches. Kalamazoo: Medieval Institute Publications, 1988, p. 173-211.

BACHRACH, Bernard S. *Early Carolingian Warfare*: prelude to Empire. Philadelphia: University of Pennsylvania Press, 2001.

BARBER, Darren Elliot. *The Heirs of Alcuin*: education and clerical advancement in Ninth-Century Carolingian Europe. University of Leeds (Tese de Doutorado), 2019.

BARNES, Terry L. Reflections on our fascination with Vikings and what it tells us about how we engage with the past. *Medievalists*, 2015. Acesso em 19 de novembro de 2020: https://www.medievalists.net/2015/08/

reflections-on-our-fascination-with-vikings-and-what-it-tells-us-about-how-we-engage-with-the-past/

BARTH, Fredrik. Grupos étnicos e suas fronteiras. In: POUTIGNAT, Phillippe; STREIFF-FENART, Jocelyn. *Teorias da Etnicidade*. São Paulo: Editora da UNESP, 1998, p. 185-228.

BARTHÉLEMY, Dominique. *A Cavalaria*: da Germânia antiga à França do século XII. Campinas: Editora da Unicamp, 2010.

BARTHÉLEMY, Dominique. *The Serf, the Knight, and the Historian*. Ithaca: Cornell University Press, 2009.

BARTLETT, Robert. *Why Can the Dead Do Such Great Things?* Saints and worshippers from the Martyrs to the Reformation. Princeton/Oxford: Princeton University Press, 2013.

BAST, Felix; BHUSHAN, Satej; AHMA AIJAZ, John; ACHANKUNJU, Jackson; PANIKKAR, Nadaraja; HAMETNER, Christina; STOCKER-WÖRGOTT, Elfriede. European species of subaerial green alga Trentepohlia Annulate (Trentepohliales, Ulvophyceae) caused blood rain in Kerala. *Phylogen Evolution Biology*, vol. 3, n. 1, 2015, p. 1-3.

BATTAGLIA, Marco. Identity paradigms in the perception of the Viking diaspora. In: DENTE, Carla; FEDI, Francesca (Ed.). *Journeys through changing landscape*: literature, language, culture and their transnational dislocations. Pisa: Pisa University Press, 2017, p. 279-316.

BAUG, Irene; SKRE, Dagfinn; HELDAL, Tom; JANSEN, Øystein. The beginning of the Viking Age in the West. *Journal of Maritime Archaeology*, vol. 14, 2019, p. 43-80.

BECK, Ori. Rethinking naive realism. *Philosophical Studies*, vol. 176, n. 3, 2019, p. 607–633.

BECKER, Ernest. *A Negação da Morte*. Uma abordagem psicológica sobre a finitude humana. Rio de Janeiro: Record, 2020.

BEER, Jeanette. *In Their Own Words*: practices of quotation in Early Medieval History-Writing. Toronto/Londres: Toronto University Press, 2014.

BERNDT, Guido M. "The Goths Drew their Swords Together". individual and collective acts of violence by Gothic warlords and their war bands. In: ROGGE, Jörg (Ed.). *Killing and Being Killed: Bodies in Battle*. perspectives on fighters in the Middle Ages. Bielefeld: Transcript Verlag, 2017, p. 15-42.

BILDHAUER, Bettina. Blood in Medieval Cultures. *History Compass*, vol. 4, n. 6, 2006, p. 1.049-1.059.

BILDHAUER, Bettina. *Medieval Blood*. Cardiff: University of Wales Press, 2006.

BILLY, Pierre-Henri. Hagiographie et onomastique. In: NADIRAS, Sébastien (Dir.). *Noms de Lieux, Noms de Personnes*: la question des sources. Pierrefitte-sur-Seine: Publications des Archives nationales, 2018, p. 1-14.

BONAVIDES, Paulo. Reflexões sobre nação, Estado social e soberania. *Estudos Avançados*, vol. 22, n. 62, 2008, p. 195-206.

BOQUET, Damien; NAGY, Piroska. *Medieval Sensibilities*: a history of emotions in the Middle Ages. Cambridge: Polity Press, 2018.

BOYER, Jean-François. Les circonscriptions civiles carolingiennes à travers l'exemple Limousin. *Cahiers de Civilisation Médiévale*, vol. 39, n. 155, 1996, p. 235-261.

BROOKER, Courtney. Hypocrisy, performativity, and the Carolingian pursuit of truth. *Early Medieval Europe*, vol. 26, n. 2, 2018, p. 174-202.

BRUNDAGE, James. The limits of the war-making power: the contribution of the medieval canonists. In: REID JR., Charles J. (Ed.). *Peace in a Nuclear Age*: the Bishops' Pastoral Letter in perspective. Washington: The Catholic University of America Press, 1986, p. 69-85.

BUC, Philippe. Ritual and interpretation: the early medieval case. *Early Medieval Europe*, vol. 9, n. 2, 2000, p. 183-210.

BULLOUGH, Donal. *Alcuin*: achievement and reputation. Leiden: Brill, 2004.

BUTT, John. *Daily Life in the Age of Charlemagne*. Westport/Londres: Greenwood Press, 2002.

BYNUM, Caroline Walker. *Wonderful Blood*: theology and practice in Late Medieval Northern Germany and Beyond. Philadelphia: University of Pennsylvania Press, 2007.

BYNUM, Caroline. *Jesus as Mother*: studies in the spirituality of the High Middle Ages. Berkeley: University of California Press, 1982.

CARELLA, Bryan. Alcuin and the Legatine Capitulary of 786: the evidence of scriptural citations. *The Journal of Medieval Latin*, vol. 22, 2012, p. 221-256.

CESARIO, Marilina. Fyrenne Dracan in the Anglo-Saxon Chronicle. In: HYER, Maren Clegg; FREDERICK, Jill (Ed.). *Textiles, Text, Intertext*: essays in honour of Gale R. Owen-Crocker. Woodbridge: The Boydell Press, 2016, p. 153-170.

COATES, Simon. The bishop as benefactor and civic patron: Alcuin, York, and episcopal authority in Anglo-Saxon England. *Speculum*, vol. 71, n. 3, 1996, p. 529-558.

COLLINS, Roger. *Charlemagne*. Londres: Macmillan Press, 1998.

CONSTAMBEYS, Marios; INNES, Matthew & MACLEAN, Simon. *Carolingian World*. Cambridge: Cambridge University Press, 2011.

COOIJMANS, Christian. *Monarchs and Hydrarchs*. The conceptual development of Viking activity across the Frankish Realm (c. 750-940). Londres/Nova York: Routledge, 2020.

COOPER, Helen. *Shakespeare and the Medieval World*. Londres/Nova Delhi/Nova York/Sydney: Bloomsbury, 2010.

COSTRINO, Artur. Alcuíno. In: SOUZA, Guilherme Queiroz; NASCIMENTO, Renata Cristina de Sousa (Org.). *Dicionário: Cem Fragmentos Biográficos*. A Idade Média em trajetórias. Goiânia: Editora Tempestiva, 2020, p. 153-158.

COUPLAND, Simon. *Carolingian Coinage and the Vikings*: studies on power and trade in the 9th century. Aldershot: Ashgate, 2007.

COUPLAND, Simon. The Carolingian army and the struggle against the Vikings. *Viator*, vol. 35, 2004, p. 49-7.

COUPLAND, Simon. The Rod of God's Wrath or the People of God' Wrath? The Carolingian theology of the Viking invasions. *The Journal of Ecclesiastical History*, vol. 42, n. 04, 1991, p. 535-554.

COUPLAND, Simon. The Vikings on the continent in myth and history. *History*, vol. 88, n. 290, 2003, p. 186-203.

COWEN, Alice. *Writing Fire and Sword*: the perception and representation of violence in Viking Age England. (Tese de Doutorado) University of York, 2004.

CRIADO, Constantino; DORTA, Pedro. An unusual 'blood rain' over the Canary Islands (Spain). The storm of January 1999. *Journal of Arid Environments*, vol. 55, n. 4, 2003, p. 765-783.

CROIX, Sarah; VAN DER PLUIJM, Nelleke IJssennagger. Cultures without borders? Approaching the cultural continuum in the Danish--Frisian coastal areas in the Early Viking Age, *Scandinavian Journal of History*, s. vol., 2019, p. 1-23.

CROSS, Katherine. "But that will not be the end of the calamity": why emphasize Viking disruption? In: BINTLEY, Michael D.J.; LOCKER, Martin; SYMONS, Victoria; WELLESLEY, Mary (Ed.). *Stasis in the Medieval West? Questioning change and continuity.* Nova York: Palgrave MacMillan, 2017, p. 155-178.

D'HAENENS, Albert. *Les Invasions Normandes en Belgique au IXe siècle. Le phénomène et sa repercussion dans l'historiographie medieval.* Louvain: Publications Universitaires de Louvain, 1967.

DE HAAN, Willem. Violence as an essentially contested concept. In: BODY-GENDROT, Sophie; SPIERENBURG, Pieter (Ed.). *Violence in Europe*: historical and contemporary perspectives. Nova York: Springer Science, 2008, p. 27-40.

DE JONG, Mayke. The Empire that was always decaying: the Carolingians (800-888). *Medieval Worlds: Comparative and Interdisciplinary Studies*, vol. 1, n. 2, 2015, p. 6-25.

DEPREUX, Philippe. Nithard et la Res Publica: un regard critique sur le règne de Louis le Pieux. *Médiévales*, vol. 22-23, 1992, p. 149-161.

DEVISSE, Jean. *Hincmar, archevéque de Reims, 845-882.* Genebra: Droz, 1976, 3 vol.

DOWNHAM, Clare. The earliest Viking activity in England? *The English Historical Review*, vol. 132, n. 554, 2017, p. 1-12.

DUCKETT, Eleanor Shippley. *Alcuin, Friend of Charlemagne*: his world and his work. Nova York: Macmillan Co., 1951.

DUQUE, Fábio de Souza. *Os diplomas e a governança nos reinos Anglo-Saxões*: Mércia e o Wessex entre os séculos VIII e IX. (Dissertação de Mestrado), Universidade de São Paulo, 2018.

DUTTON, Paul Edward. Observations on Early Medieval weather in general, Bloody Rain in particular. In: DAVIS, Jennifer R.; McCORMICK, Michael (Ed.). *The Long Morning of Medieval Europe*: new directions in Early Medieval Studies. Londres/Nova York: Routledge, 2016, p. 167-180.

EAGLETON, Terry. *A Ideia de Cultura*. São Paulo: EdUNESP, 2005.

EARL, Donald. *The Political Thought of Sallust*. Cambridge: Cambridge University Press, 1961.

ELIOTT, Andrew B. R. *Medievalism, Politics and Mass Media*: appropriating the Middle Ages in the Twenty-first Century. Cambridge: D. S. Brewer, 2017.

ELLIS, Caitlin. Remembering the Vikings: violence, institutional memory and the instruments of history. *History Compass*. Publicado em 9/12/2020: https://onlinelibrary.wiley.com/doi/full/10.1111/hic3.12644.

EMPOLI, Giuliano da. *Os Engenheiros do Caos*. São Paulo: Vestígio, 2020.

ENDERS, Jody. *The Medieval Theater of Cruelty*: rhetoric, memory, violence. Ithaca/Londres: Cornell University Press, 2002.

ERIKSEN, Christoffer Basse. Circulation of blood and money in Leviathan-Hobbes on the economy of the body. In: BEK-THOMSEN, Jakob; CHRISTIANSEN, Christian Olaf; GAARSMAND JACOBSEN, Stefan; THORUP, Mikkel (Ed.). *History of Economic Rationalities*: economic reasoning as knowledge and practice authority. Dordrecht: Springer, 2017, p. 31-41.

FIALON, Sabine. Semen est sanguis christianorum (Apol. 50, 13). Tertullien et l'hagiographie africaine (iie-vie siècles). In: LAGOUANÈRE, Jérôme; FIALON, Sabine (Ed.). *Tertullianus Afer*: Tertullien et la littérature chrétienne d'Afrique. Turnhout: Brepols Publishers, 2015, p. 105-138.

FORTE, Angelo; ORAM, Richard; PEDERSEN, Frederik. *Viking Empires*. Cambridge: Cambridge University Press, 2005.

FRANK, Roberta. Viking atrocity and skaldic verse: The Rite of the Blood-Eagle, *English Historical Review*, vol. 99, 1984, p. 332-343.

FREYRE, Gilberto. *Novo Mundo nos Trópicos*. São Paulo: Editora Nacional/Edusp, 1971.

FROMM, Erich. *The Anatomy of Human Destructiveness*. Nova York/Chicago/São Francisco: Holt, Rinehart and Winston, 1973.

FROMM, Erich. *The Heart of Man*: it's genius for good and evil. Nova York/Evanston/Londres: Harper & Row, 1964.

GARIPZANOV, Ildar; GEARY, Patrick; URBANCZYK, Przemyslaw (Ed.). *Franks, Northmen, and Slavs*. Turnhout: Brepols, 2008.

GARRISON, Mary Delafield. *Alcuin's World through his Letters and Verse*. (Tese de Doutorado), University of Cambridge, 1995.

GEARY, Patrick. *O Mitos das Nações*. São Paulo: Conrad Editora do Brasil, 2005.

GIANNETTI, Eduardo. *Auto-Engano*. São Paulo: Companhia das Letras, 1997.

GILLINGHAM, John. Fontenoy and after: pursuing enemies to death in France between the Ninth and the Eleventh Centuries. In: FOURACRE, Paul; GANZ, David (Ed.). *Frankland*: the Franks and the world of the Early Middle Ages. Manchester: Manchester University Press, 2008, p. 242-265.

GILLMOR, Carroll. The logistics of fortified bridge building on the Seine under Charles the Bald. *Anglo-Norman Studies*, vol. 11, 1988, p. 87-106.

GILLMOR, Carroll. War on the rivers: Viking numbers and mobility on the Seine and Loire, 841-886. *Viator*, vol. 19, 1988, p. 79-109.

GINZBURG, Carlo. *Mitos, Emblemas e Sinais*: morfologia e história. São Paulo: Companhia das Letras, 1989.

GINZBURG, Carlo. *O Fio e os Rastros*: verdadeiro, falso, fictício. São Paulo: Companhia das Letras, 2007.

GINZBURG, Carlo. *Olhos de Madeira*. Nove reflexões sobre a distância. São Paulo: Companhia das Letras, 2001.

GITMAN, Lawrence. *Princípios da Administração Financeira*. São Paulo: Pearson, 2004, p. 84.

GLEASON, Michael. Water, water, everywhere: Alcuin's Bede and Balthere. *Mediaevalia*, vol. 24, 2003, p. 75-100.

GODMAN, Peter. *The Bishops, Kings, and Saints of York*. Oxford: Clarendon Press, 1982.

GOLDBERG, Eric J. *Struggle for Empire*: kingship and conflict under Louis The German, 817-876. Ithaca/Londres: Cornell University Press, 2009.

HALSALL, Guy. *Warfare and Society in the Barbarian West 450-900*. Londres: Routledge, 2003.

HARTOG, François. *The Mirror of Herodotus*: the representation of the Other in the writing of history. Berkeley/Los Angeles/Londres: University of California Press, 1988.

HAYWOOD, John. *Northmen*: the Viking Saga, AD 793-1241. Nova York: St. Martin's Press, 2015.

HEDEAGER, Lotte. Scandinavia before the Viking Age. In: BRINK, Stefan & PRICE, Neil (Ed.). *The Viking World*. Londres/Nova York: Routledge, 2008, p. 11-22.

HELLMANN, S. (Ed.) *Texte und Untersuchungen zur Geschichte der Altchristlichen Literatur*, s. 3, n. 4, 1909, p. 32-60.

HEYDEMANN, Gerda. The People of God and the Law: biblical models in Carolingian legislation. *Speculum*, vol. 95, n. 1, 2020, p. 89-131.

HOEFLTCH, M. H. The Speculator in the governmental theory of the Early Church. *Vigiliae Christianae*, vol. 34, n. 2, 1980, p. 120-129.

HONNETH, Alex. *Luta por Reconhecimento*. A gramática moral dos conflitos sociais. São Paulo: Editora 34, 2009.

HUBBARD, Ben. *The Viking Warrior*: the Norse Raiders who terrorized Medieval Europe. Londres: Amber Books, 2015.

HUIZINGA, Johna. *El concepto de la historia y otros ensayos*. Cidade do México: Fondo de Cultura Económica, 1980.

IMPARA, Elise. Medieval violence and criminology: using the Middle Ages to understand contemporary 'motiveless' crime. *Journal of Theoretical & Philosophical Criminology*, vol. 8, n. 1, 2016, p. 26-36.

INNES, Matthew. "He never even allowed his white teeth to be bared in laughter": the politics of laughter in the Carolingian Renaissance. In: HALSALL, Paul (ed.), *Humour, History and Politics in Late Antiquity and the Early Middle Ages*. Cambridge: Cambridge University Press, 2002, p. 131–156.

INNES, Matthew. Memory, orality and literacy in an Early Medieval Society, *Past and Present*, vol. 158, 1998, p. 3-36.

INNES, Matthew. *State and Society in the Early Middle Ages*: the Middle Rhine Valley, 400-1000. Cambridge: Cambridge University Press, 2000.

ISSAC, Steven. Terrorism in the Middle Ages: the seeds of later developments. In: LAW, Randall D. (Ed.). *The Routledge History of Terrorism*. Londres/Nova York: Routledge, 2015, p. 46-59.

JACOBSEN, Barry M. The Vikings: an enduring fascination! *The Deadliest Blogger: Military History Page,* 2017. Acesso em 19 de novembro de 2020: https://deadliestblogpage.wordpress.com/2017/07/11/the-vikings-an-enduring-fascination/.

JAEGER, Carl Stephen. "Seed-sowers of Peace": the uses of love and friendship at court and in the kingdom of Charlemagne. In: WILLIAMS, Mark (Ed.). *The Making of Christian Communities in Late Antiquity and the Middle Ages.* Londres: Anthem Press, 2005, p. 77-92.

JENKINS, Philip. *The Lost History of Christianity*: the thousand-year golden age of the Church in the Middle East, Africa, and Asia – and how it died. Nova York: Harper One, 2008.

JESCH, Judith. *The Viking Diaspora.* Nova York: Routledge, 2015.

JONES, George Fenwick. The treatment of bloodshed in Medieval and Modern Literature. *Studia Neophilologica,* vol. 70, 1998, p. 83-88.

KERSHAW, Paul. Laughter After Babel's Fall: misunderstanding and miscommunication in the Early Middle Ages. In: HALSALL, Paul (Ed.), *Humour, History and Politics in Late Antiquity and the Early Middle Ages.* Cambridge: Cambridge University Press, 2002, p. 179–202.

KERSHAW, Paul. *Peaceful Kings*: peace, power, and the early medieval imagination. Oxford: Oxford University Press, 2011.

KEYNES, Simon. The West Saxon Charters of King Æthelwulf and his sons. *English Historical Review,* vol. 109, 1994, p. 1.109–1.149.

KIRBY, David P. *The Earliest English Kings.* Londres/Nova York: Routledge, 1991.

KLINE, Daniel T. (Ed.). *Digital Gaming Re-imagines the Middle Ages.* Nova York: Routledge, 2014.

KORSTEN, Frans Willem. Bodies in pain and the transcendental organization of history in Joost van den Vondel. In: DIJKHUIZEN, Jan Frans van; ENENKEL, Karl A. E. (Ed.). *The Sense of Suffering*: constructions of physical pain in Early Modern culture. Leiden: Brill, 2009, p. 377-402.

KOSELLECK, Reinhart. *Futuro Passado*: contribuição à semântica dos tempos históricos. Rio de Janeiro: Contraponto/Editora PUC-Rio, 2006.

KRAMER, Rutger. *Rethinking Authority in the Carolingian Empire*. Ideals and expectations during the Reign of Louis the Pious (813-828). Amsterdã: Amsterdam University Press, 2019.

KURRILD-KLITGAARD, Peter; SVENDSEN, Gert Tinggaard. Rational bandits: plunder, public goods, and the Vikings. *Public Choice*, vol. 117, 2003, p. 255–272.

LANGACKER, Ronald. *Foundations of Cognitive Grammar*. Stanford: Stanford University Press, 1987, vol. 1.

LANGER, Johnni (Org.). *Dicionário de História e Cultura da Era Viking*. São Paulo: Hedra, 2017.

LEBECQ, Stéphane. *Marchands et Navigateurs Frisons du Haut Moyen Âge*, vol. I. Lille: Presses Universitaires de Lille, 1983.

LEEMANS, Johan (Ed.). *More Than a Memory*: the discourse of martyrdom and the construction of Christian identity in the history of Christianity. Leuven/Paris/Dudley: Peeters, 2005.

LEHR, Peter. *Pirates*: a new history, from Vikings to Somali raiders. Nova Haven/Londres: Yale University Press, 2019.

LEJA, Meg. The Making of Men, Not Masters: right order and lay masculinity according to Dhuoda and Nithard. *Comitatus: A Journal of Medieval and Renaissance Studies*, vol. 39, 2008, p. 1-40.

LENDINARA, Patrizia. The third book of the "Bella Parisiacae Urbis" by Abbo of Saint-Germain-des-Prés and its Old English gloss. *Anglo-Saxon England*, vol. 15, 1986, p. 73-89.

LIPOVETSKY, Gilles. *A Felicidade Paradoxal*: ensaio sobre a sociedade de hiperconsumo. São Paulo: Companhia das Letras, 2007.

LIPOVETSKY, Gilles; SERROY, Jean. *A Estetização do Mundo*: viver na era do capitalismo artista. São Paulo: Companhia das Letras, 2015.

LOGAN, Francis Donald. *The Vikings in History*. Nova York/Londres: Routledge, 2005.

LOHRMANN, Dietrich. Alcuin und Karl der Große im Winter 769. *Frühmittelalterliche Studien*, vol. 52, n. 1, 2018, p. 81-97.

LOHRMANN, Dietrich. Alcuin und Karl der Große vor ihrem Treffen 781 in Parma. *Frühmittelalterliche Studien*, vol. 49, n. 1, 2015, p. 1-20.

LÖNNROTH, Lars. The Vikings in history and legend. In: SAWYER, Peter (Ed.). *The Oxford Illustrated History of Vikings*. Oxford: Oxford University Press, 1997, p. 225-249.

LYNCH, Joseph H. *Simonical Entry into Religious Life from 1000 to 1260*: a social, economic, and legal study. Columbus: Ohio University Press, 1976.

MACLEAN, Simon. *Kingship and Politics in the Late Ninth Century*: Charles the Fat and the end of the Carolingian Empire. Cambridge: Cambridge University Press, 2003.

MACLEAN, Simon. Shadow Kingdom: Lotharingia and the Frankish World, c.850-c.1050. *History Compass*, 2013, vol. 11, n. 6, p. 443-457.

MAHON, Richard Mc.; EIBACH, Joachim; ROTH, Randolph. Making sense of violence? Reflections on the history of interpersonal violence in Europe. *Crime, Histoire & Sociétés / Crime, History & Societies*, vol. 17, n. 2, 2013, p. 5-26.

MALBOS, Lucie. Les raids Vikings à travers le discours des moines occidentaux: de la dénonciation à l'instrumentalisation de la violence (fin VIIIe - IXe siècle), *Hypothèses 2012: travaux de l'École Doctorale d'Histoire*. Paris, Publications de la Sorbonne, 2013.

MALVESSI, Oscar Luiz. *Capital de Giro*: políticas e modelos. (Dissertação de Mestrado) Fundação Getúlio Vargas, 1982.

McCORMICK, Michael. *Eternal Victory*. Triumphal rulership in Late Antiquity, Byzantium, and the Early Medieval West. Cambridge: Cambridge University Press, 1986.

McCORMICK, Michael. *Origins of the European Economy*: communications and commerce (300-900). Cambridge: Cambridge University Press, 2001.

McGUSHIN, Patrick. *Caius Sallustius Crispus Bellum Catilinae*. A Comentary. Leiden: Brill, 1977.

McKITTERICK, Rosamond. *History and Memory in the Carolingian World*. Cambridge: Cambridge University Press, 2004.

McKITTERRICK, Rosamond. *Frankish Kingdomns under the Carolingians, 751-987*. Londres: Longman, 1983.

MEENS, Rob. *Penance in Medieval Europe, 600-1200*. Cambridge: Cambridge University Press, 2014.

MELLENO, Daniel. *Before They Were Vikings*: Scandinavia and the Franks up to the death of Louis the Pious. (Tese de Doutorado) University of California, 2014.

MELLENO, Daniel. *North Sea Networks*: trade and communication from the Seventh to the Tenth Century. *Comitatus*: A Journal of Medieval and Renaissance Studies, vol. 45, 2014, p. 65-89.

MÉRIAUX, Charles. Thérouanne et son diocèse jusqu'à la fin de l'époque carolingienne: les étapes de la christianisation d'après les sources écrites. *Bibliothèque de l'École des Chartes*, vol. 158, n. 2, 2000, p. 377-406.

MERLET, René (Ed.). *La Chronique de Nantes*. Paris: Alphonse Picard, 1896.

MEYERSON, Mark D.; THIERY, Daniel; FALK, Oren (Ed.). *"A Great Effusion of Blood"?* Interpreting Medieval Violence. Toronto: University of Toronto Press, 2004.

MIDDLETON, Paul (Ed.). *The Wiley Blackwell Companion to Christian Martyrdom*. Oxford: Wiley-Blackwell, 2020.

MILLET, Victor; SAHM, Heike. *Narration and Hero*: recounting the deeds of heroes in literature and art of the Early Medieval Period. Göttingen: De Gruyter, 2014.

MILLS, Robert. *Suspended Animation*: pain, pleasure and punishment in Medieval Culture. Londres: Reaktion Books, 2005.

MOORE, Michael Edward. *A Sacred Kingdom*: bishops and the rise of the Frankish Kingship, 300-800. Washington: The Catholic University of America Press, 2011.

MOORE, Michael Edward. The Attack on Pope Formosus: papal history in an Age of Resentment (875-897). In: KOTECKI, Radosław; MACIEJEWSKI, Jacek (Ed.). *Ecclesia et Violentia*: violence against the Church and violence within the Church in the Middle Ages. Cambridge: Cambridge Scholars Publishing, 2014, p. 184-208.

MORDEN, Lesley Ann. *How much material damage did the Northmen actually do to Ninth-Century Europe?* (Tese de doutorado) Simon Fraser University, 2007.

MOSS, Candida. *The Myth of Persecution*: how early Christians invented a story of martyrdom. Nova York: Harper Collins, 2013.

MUCHEMBLED, Robert. *Uma História da Violência*: do fim da Idade Média aos nossos dias. Rio de Janeiro: Forense Universitária, 2012.

NEALE, Stephen. *Encarando os Fatos*. São Paulo: Editora da UNESP, 2016.

NELSON, Janet. Anglo-Saxon England, c. 500-1066. In: SAUL, Nigel (Ed.). *The Oxford Illustrated History of Medieval England*. Oxford: Oxford University Press, 2000.

NELSON, Janet. *Charles the Bald*. Londres/Nova York: Longman, 1992.

NELSON, Janet. *King and Emperor*: a new life of Charlemagne. Oakland: University of California Press, 2019.

NELSON, Janet. Religion and politics in the reign of Charlemagne. In: KÖRNTGEN, Ludger; WASSENHOVEN, Dominik (Ed.). *Religion and Politics in the Middle Ages*: Germany and England by Comparison. Göttingen: De Gruyer, 2013, p. 17-30.

NELSON, Janet. The Frankish Empire. In: SAWYER, Peter (Ed.). *The Oxford Illustrated History of the Vikings*. Oxford: Oxford University Press, 1997, p. 19-47.

NELSON, Janet. The Franks and the English in the Ninth Century reconsidered. In: SZARMACH, Paul E.; ROSENTHAL, Joel T. (Ed.). *The Preservation and Transmission of Anglo-Saxon Culture*: selected papers from the 1991 Meeting of the International Society of Anglo-Saxonists. Kalamazoo: Western Michigan University, 1997, p. 141-158.

NIERMEYER, Jan Frederik. *Mediae Latinitatis Lexicon Minus*. Leiden: Brill, 1976.

NOBLE, Thomas. The papacy in the Eighth and Ninth Centuries. In: McKITTERICK, Rosamond (Ed.). *The New Cambridge Medieval History, c.700-c.900*. Cambridge: Cambridge University Press, 1995, vol. 2, p. 563-586.

O'CONNELL, Michael. Blood begetting blood: Shakespeare and the mysteries. In: MORSE, Ruth; COOPER, Helen; HOLLAND, Peter (Ed.). *Medieval Shakespeare*: past and present. Cambridge: Cambridge University Press, 2013, p. 177-189.

PAGE, Raymond Ian. "*A Most Vile People*": Early English historians on the Vikings. Londres: Viking Society for Northern Research, 1987.

PARKER, Philip. *The Northmen's Fury*: a history of the Viking World. Londres: Vintage, 2014.

PINKER, Steven. *Os Anjos Bons de Nossa Natureza*: por que a violência diminuiu. São Paulo: Companhia das Letras, 2013.

PLATELLE, Henri. Huntfrid. In: AUBERT, Roger (Dir.). *Dictionnaire d'Histoire et de Géographie Ecclésiastiques*. Paris: Letouzey et Ané, 1995, tomo 25, p. 400-401.

PRICE, Neil. "Laid waste, plundered, and burned": Vikings in Frankia. In: FITZHUGH, William W.; WARD, Elisabeth I. (Ed.). *Vikings*: The North Atlantic Saga. Washington & Londres: Smithsonian Institution Press, 2000, p. 116-126.

PRICE, Neil. Viking armies and fleets in Brittany: a case study for some general problems. In: BEKKER-NIELSEN, Hans; NIELSEN, Hans Frede (Ed.). *Beretning fra treogtyvende Tværfaglige Vikingesymposium*. Odense: Odense University Press, 1991, p. 7-24.

PRONIN, Emily; GILOVICH, Thomas; ROSS, Lee. Objectivity in the eye of the beholder: divergent perceptions of bias in self versus others. *Psychological Review*, vol. 111, n. 3, 2004, p. 781–799.

RAAIJMAKERS, Janneke. *The Making of the Monastic Community of Fulda, c.744-c.900*. Cambridge: Cambridge University Press, 2012.

RAFFIELD, Ben. "Plundering the territories in the manner of the Heathens": Identifying Viking Age battlefields in Britain, *Rosetta*, vol. 7, 2009, p. 22-43.

RAMBRIDGE, Kate. Alcuin, Willibrord, and the cultivation of faith. *Haskins Society Journal*, vol. 14, 2003, p. 15-32.

RENSWOUD, Irene van. The art of disputation: dialogue, dialectic and debate around 800. *Early Medieval Europe*, vol. 25, n. 1, 2017, p. 38-53.

REUTER, Timothy (Ed.). *The Medieval Nobility*: studies on the ruling classes of France and Germany from the Sixth to the Twelfth Century. Amsterdã: North-Holland Publishing Company, 1979.

REUTER, Timothy. *Medieval Polities & Modern Mentalities*. Cambridge: Cambridge University Press, 2006.

RICHE, Pierre. *The Carolingians*: a family who forged Europe. Philadelphia: University of Pennsylvania Press, 1993.

RICHES, Samantha; BILDHAUER, Bettina. Cultural representations of the boy. In: KALOF, Linda (Ed.). *A Cultural History of the Human Body*. Oxford: Bloomsbury, 2014, p. 181-202.

RICOEUR, Paul. *A Memória, a História, o Esquecimento*. Campinas: Ed. Unicamp, 2007.

RICOEUR, Paul. *História e Verdade*. Rio de Janeiro: Editora Forense, 1968.

RIESS, Frank. From Aachen to Al-Andalus: the journey of Deacon Bodo (823–76). *Early Medieval Europe*, vol. 13, n. 2, 2005, p. 131-157.

RIO, Alice. (2015). Waltharius at Fontenoy? Epic heroism and Carolingian political thought. *Viator*, vol. 46, n. 2, 2015, p. 41-64.

ROJAS GABRIEL, Manuel. ¿La amnesia sobre la batalla? Nitardo y el choque campal de Fontenoy (841). In: DE LA LLAVE, Ricardo Córdoba; DEL PINO GARCÍA, José Luís; CABRERA SÁNCHEZ, Margarita (Coord.). *Estudios en Homenaje al Profesor Emilio Cabrera*. Córdoba: Universidad de Córdoba, 2015, p. 481-500.

ROMIG, Andrew. *Be a Perfect Man*: christian masculinity and the Carolingian aristocracy. Philadelphia: University of Philadelphia Press, 2017.

ROSÉ, Isabelle. Interactions between monks and the lay nobility (from the Carolingian Era through the Eleventh Century). In: BEACH, Alison I.; COCHELIN, Isabelle (Ed.). *The Cambridge History of Medieval Monasticism in the Latin West*. Cambridge: Cambridge University Press, 2020, p. 579-598.

ROSENBERG, Mark; BUTCHART, Alexander; MERCY, James; NARASIMHAM, Vasant; WATERS, Hugh; MARSHAL, Maureen. Interpersonal violence. In: JAMINSON, Dean T. et alii (Ed.). *Disease Control Priorities in Developing Countries*. Washington: The World Bank, 2006, p. 755-770.

ROUX, Jean-Paul. *Le Sang*. Mythes, symbols et réalité. Paris: Fayard, 1988.

RUST, Leandro Duarte. *Bispos guerreiros*: violência e fé antes das Cruzadas. Petrópolis: Vozes, 2018.

RUST, Leandro Duarte. Uma calamidade insaciável: espaço urbano e hegemonia política em uma história dos incêndios (880-1080). *Revista Brasileira de História*, vol. 36, n. 72, 2016, p. 61-84.

SÁNCHEZ-ALBORNOZ, Claudio. Invasiones normandas a la España cristiana durante el siglo IX. *Settimane di Studio del Centro Italiano di Studi sull'Alto Medioevo*, vol. 16, 1968, p. 367-408.

SANTANA, Braulino Pereira de. Morfologia e léxico atacam as palavras. *Estudos Linguísticos e Literários*, n. 48, 2013, p. 130-148.

SANTOS, Luiz A. de Castro; MORAES, Cláudia; COELHO, Vera Schattan P. Os anos 80: a politização do sangue. *Physis-Revista de Saúde Coletiva*, vol. 2, n. 1, 1992, p. 107-149.

SAWYER, Peter. *The Age of the Vikings*. Nova York: St. Martin's Press, 1972.

SCHOVE, Justin. Sunspots, Aurorae and Blood Rain: the spectrum of time. *Isis*, vol. 42, n. 2, 1951, p. 133-138.

SCHUTZ, Herbert. *The Carolingians in Central Europe, Their History, Arts, and Architecture*: a cultural history of Central Europe. Leiden: Brill, 2004.

SEARLE, Eleanor. *Predatory Kingship and the Creation of Norman Power, 840-1066*. Berkeley: University of California Press, 1988.

SEARLE, John R. *Seeing Things as They Are*: a theory of perception. Oxford: Oxford University Press, 2015.

SEARLE, John R. *The Construction of Social Reality*. Nova York: The Free Press, 1995.

SIGURDSON, Erika Ruth. Violence and historical authenticity: rape (and pillage) in popular Viking fiction. *Scandinavian Studies*, vol. 86, n. 3, 2014, p. 249-267.

SILVA, Marcelo Cândido da. A 'economia moral' e o combate à fome na Alta Idade Média. *Anos 90*, v. 20, n. 38, 2013, p. 43-74.

SILVA, Marcelo Cândido da. *A Realeza Cristã na Alta Idade Média*. São Paulo: Alameda, 2008.

SILVA, Marcelo Cândido da. *Uma História do Roubo na Idade Média*. Belo Horizonte: Fino Traço, 2014.

SILVA, Marcelo Cândido da. Valor e cálculo econômico na Alta Idade Média. *Tempo*, vol. 26, n. 1, 2020, p. 147-163.

SIMMEL, Georg. *Ensaios sobre Teoria da História*. Rio de Janeiro: Contraponto, 2011.

SINDBAEK, Søren. Broken links and black boxes: material affiliations and contextual network synthesis in the Viking World. In: KNAPPETT, Carl (Ed.). *Network Analysis in Archaeology*: new approaches to regional interaction. Oxford: Oxford University Press, 2013, p. 71-94.

SKODA, Hannah. *Medieval Violence*: physical brutality in Northern France, 1270-1330. Oxford: Oxford University Press, 2013.

SLUHOVSKY, Moshe. *Patroness of Paris*: rituals of devotion in Early Modern France. Leiden: Brill, 1998.

SMYTH, Alfred P. *Scandinavian Kings in the British Isles, 850–880*. Nova York: Oxford University Press, 1977.

SOBREIRA, Victor Borges. *Epístolas e cultura política no reino de Carlos, o calvo*: o abade Lupo de Ferrières (829-862). (Tese de Doutorado), Universidade de São Paulo, 2017.

SOMERVILLE, Angus; McDONALD, Russel Andrew. *The Vikings and Their Age*. Toronto: University of Toronto Press, 2013.

SOUBIRAN, Jean. Prosodie et métrique des Bella Pansiacae Urbis d'Abbon. *Journal des Savants*, vol. 1, 1965, p. 204-331.

SPIERENBURG, Pieter. *A History of Murder*: personal violence in Europe from the Middle Ages to the Present. Cambridge: Polity Press, 2008.

STEFAŃCZYK, Andrzej. Doctrinal controversies of the Carolingian renaissance: Gottschalk of orbais' teachings on predestination. *Roczniki Filozoficzne*, vol. 65, n. 3, 2017, p. 53-70.

STONE, Rachel; WEST, Charles (Ed.). *Hincmar of Rheims*: life and work. Manchester: Manchester University Press, 2015.

STORY, Joanna. *Carolingian Connections*: Anglo-Saxon England and Carolingian Francia, c. 750–870. Londres/Nova York: Routledge, 2016.

STURTEVANT, Paul. *The Middle Ages in Popular Imagination*: memory, film and Medievalism. Londres: I.B. Taurus, 2018.

TAYLOR, John. *Cognitive Grammar*. Oxford: Oxford University Press, 2002.

THOMAS, Rebecca. The Vita Alcuini, Asser and scholarly service at the court of Alfred the Great. *The English Historical Review*, vol. 134, n. 566, 2019, p. 1-24.

THRSTON, Tina. *Landscapes of Power, Landscapes of Conflict*: state formation in the South Scandinavian Iron Age. Nova York: Kluwer, 2002.

TRACY, Larissa. *Torture and Brutality in Medieval Literature*: negotiations of national identity. Woodbridge: D.S. Brewer, 2012.

TRACY, Larissa. Vikings: brutal and bloodthirsty or just a misunderstanding? *Medievalists*, 2015. Acesso em 09 de junho de 2020: https://www.medievalists.net/2015/02/vikings-brutal-bloodthirsty-just-misunderstanding/

VERHULST, Adriaan. *The Carolingian Economy*. Cambridge: Cambridge University Press, 2002.

WALLACE-HADRILL, John Michael. *The Vikings in Francia*. Reading: University of Reading, 1975.

WALLACH, Liutpold. Alcuin on virtues and vices: a manual for a Carolingian soldier. *The Harvard Theological Review*, vol. 48, n. 3, 1955, p. 175-195.

WAWN, Andrew. The Vikings and the Victorians: inventing the Old North in 19th-Century Britain. Woodbridge: D.S. Brewer, 2002.

WEST, Charles. "Fratres, omni die videtis cum vadit istud regnum in perdicionem": Abbo of Saint-Germain and the crisis of 888. *Reti Medievali Rivista*, vol. 17, n. 2, 2016, p. 301-317.

WEST, Charles. Knowledge of the past and the judgement of history in Tenth-Century Trier: Regino of Prüm and the lost manuscript of Bishop Adventius of Metz. *Early Medieval Europe*, 2016, vol. 24, n. 2. p. 137-159.

WHITE, Joshua R.; CERVENY, Randall S.; BALLING JR., Robert C. Seasonality in European red dust/"blood" rain events. *American Meteorological Society*, 2012, p. 471-476.

WHITTOCK, Martyn; WHITTOCK, Hannah. *The Vikings*: from Odin to Christ. Oxford: Lion Hudson, 2018.

WICKHAM, Chris. *O Legado de Roma*: iluminando a Idade das Trevas. Campinas: Editora da Unicamp, 2019.

WINROTH, Anders. *The Conversion of Scandinavia*: Vikings, merchants, and missionaries in the remaking of Northern Europe. Nova Haven/Londres: Yale University Press, 2012.

WINROTH, Anders. Viking violence. In: GORDON, Matthew; KAEUPER, Richard; ZURNDORFER, Harriet (Ed.). *The Cambridge World History of Violence, 500-1500*. Cambridge: Cambridge University Press, 2020, p. 100-120.

WOOD, Andy. Collective violence, social drama and rituals of rebellion in Late Medieval and Early Modern England. In: CARROLL, Stuart (Ed.). *Cultures of Violence*: interpersonal violence in historical perspective. Nova York: Palgrave MacMillan, 2007, p. 99-116.

WOOD, Ian. *The Merovingian Kingdoms, 450-751*. Londres/Nova York: Longman, 1994.

WORMALD, Patrick C. Viking studies: whence and whither? In: FARRELL, Robert. T. (Ed.). *The Vikings*. London: Phillimore, 1982, p. 128–153.

ŽIŽEK, Slavoj. *Violência*: seis reflexões laterais. São Paulo: Boitempo, 2014.

CULTURAL

Administração
Antropologia
Biografias
Comunicação
Dinâmicas e Jogos
Ecologia e Meio Ambiente
Educação e Pedagogia
Filosofia
História
Letras e Literatura
Obras de referência
Política
Psicologia
Saúde e Nutrição
Serviço Social e Trabalho
Sociologia

CATEQUÉTICO PASTORAL

Catequese
Geral
Crisma
Primeira Eucaristia

Pastoral
Geral
Sacramental
Familiar
Social
Ensino Religioso Escolar

TEOLÓGICO ESPIRITUAL

Biografias
Devocionários
Espiritualidade e Mística
Espiritualidade Mariana
Franciscanismo
Autoconhecimento
Liturgia
Obras de referência
Sagrada Escritura e Livros Apócrifos

Teologia
Bíblica
Histórica
Prática
Sistemática

REVISTAS

Concilium
Estudos Bíblicos
Grande Sinal
REB (Revista Eclesiástica Brasileira)

VOZES NOBILIS

Uma linha editorial especial, com importantes autores, alto valor agregado e qualidade superior.

VOZES DE BOLSO

Obras clássicas de Ciências Humanas em formato de bolso.

PRODUTOS SAZONAIS

Folhinha do Sagrado Coração de Jesus
Calendário de mesa do Sagrado Coração de Jesus
Almanaque Santo Antônio
Agendinha
Diário Vozes
Meditações para o dia a dia
Encontro diário com Deus
Guia Litúrgico

CADASTRE-SE
www.vozes.com.br

EDITORA VOZES LTDA.
Rua Frei Luís, 100 – Centro – Cep 25689-900 – Petrópolis, RJ
Tel.: (24) 2233-9000 – Fax: (24) 2231-4676 – E-mail: vendas@vozes.com.br

UNIDADES NO BRASIL: Belo Horizonte, MG – Brasília, DF – Campinas, SP – Cuiabá, MT
Curitiba, PR – Fortaleza, CE – Juiz de Fora, MG – Petrópolis, RJ – Recife, PE – São Paulo, SP